EXAMPRESS®
安全衛生教科書

一般社団法人

JN016997

安全衛生
教　科　書

第3版

# メンタルヘルス・マネジメント®検定

## II種　III種　テキスト&問題集

公式テキスト
**第5版**
対応

SE
SHOEISHA

# 本書の使い方

　本書は、メンタルヘルス・マネジメント検定のⅡ種とⅢ種の学習を効率的に進められるよう構成したサブテキストです。

　本書は、主にⅡ種を受験する方のための本ですが、管理職の方にとってもセルフケアは非常に重要です。そこで、Ⅲ種を併願する方や、またⅢ種は受験しないけれど、もう少し詳しいセルフケアについて知りたいという方のために、第5章でⅢ種のセルフケアについてポイントを絞って解説しています。

　メンタルヘルス・マネジメント検定の試験問題の多くは、公式テキストである『メンタルヘルス・マネジメント検定試験公式テキスト（第5版）Ⅱ種 ラインケアコース』『メンタルヘルス・マネジメント検定試験公式テキスト（第5版）Ⅲ種 セルフケアコース』（大阪商工会議所編、中央経済社、2021年）から出題されます。本書ではこの本を「公式テキスト」と略記しています。

**頻出度**
その節のテーマの重要性を★マークの3段階で示しています。多くなるほど重要です。

**対応コース**
Ⅱ種（2種）とⅢ種（3種）どちらに対応しているかを示しています。

**ここがポイント**
出題のポイントを示しています。

**キーワード**
重要なキーワードを赤色で示しています。これは赤シートで消えます。赤シートを使いながら覚えてください。

---

## 01. 従業員の メンタルヘルスの状況

| ❷ | 頻出度 ★★ |
| ❸ | 頻出度 ★★★ |

**ココが ポイント**
● 近年の従業員のストレスの状況は？
● 仕事と余暇への考え方の変化は？

### ◎仕事上での主なストレスの原因

　国や多くの機関がメンタルヘルスの調査を行っています。平成30年労働安全衛生調査（2018年）によると、「仕事や職業生活に関することで、強いストレスとなっていると感じる事柄がある」と回答した人は58.0%と全体の過半数。男女別では、男性59.9%、女性55.4%と男性の方がやや多くなっています。

　また、「強いストレス」があると回答した人を就業形態別にみると、正社員61.3%、契約社員55.8%、パートタイム労働者39.0%、派遣労働者59.4%となっており、原因は次の図のとおりで、また性別により傾向が異なります。

**●強いストレスの原因**

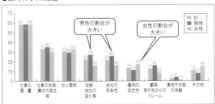

出典　厚生労働省「平成30年労働安全衛生調査」

男女全体で、
①仕事の質・量(59.4%)　②仕事の失敗、責任の発生等(34.0%)
③対人関係(31.3%)

2

注：本書では、視覚的にわかりやすくするため、Ⅱ種を「2種」、Ⅲ種を「3種」として表記しています。

## ●学習のステップ

**ステップ1** まずは本文をしっかり理解！

2種のみ受験の方は「第5章以外すべて」に、2種と3種を併願する方は「すべての章」に、まずはざっと目を通してください。次に赤字や下線を意識しながら、再度読んでください。最後に力試し問題を解いてみましょう。

**ステップ2** 「理解度チェック」で章全体を再確認！

本文の内容が理解できているかどうかを確認してみましょう。

**ステップ3** 「模擬問題」にチャレンジ！

模擬問題を2種と3種で1回分ずつ掲載しています。実際の試験時間（2時間）以内で解いて、本試験の感覚をつかみましょう。

---

さらに、相談相手がいるのは男性91.2%、女性94.9%。相談相手は、男性の第1位が上司・同僚、第2位が家族・友人であるのに対して、女性の第1位は家族・友人、第2位が上司・同僚です。年代別では、年齢が高くなるほど相談相手がいる人が減少する傾向にあります。

◎仕事と余暇の考え方

「日本人の意識調査」（2018年、NHK放送文化研究所が5年ごとに実施）によると、1970～80年代にかけて大きく考え方が変わり、「仕事志向」の人が減少し、「仕事と余暇の両立志向」の人が増加しました。理想の職場というのは「仲間と楽しく働ける仕事」が最多で、次に「健康を損なう心配がない仕事」となっています。人間関係については、「全面的つきあい」を望む人はまだ多いものの減少傾向にあり、「形式的つきあい」を望む人が増えています。

メンタルヘルスへの対応は、このような労働者の意識の変化を考慮しながら行うことが重要です。

**下線**
試験で問われる内容です。

**重要！覚えておこう** ストレスと職業形態の関係

2018年の「労働安全衛生調査」で「強いストレス」があると回答した人を職業形態別にみると、正社員の61.3%、派遣労働者59.4%、契約社員55.8%、パートタイム労働者39.0%の順に割合が大きい。

**重要！覚えておこう**
特に重要なことをまとめています。こちらも覚えましょう。

力試し問題

ストレスの原因となる「対人関係」には、ハラスメントも含まれているよ

次の文章が正しいか誤りかを答えなさい。

■1 「仕事や職業生活に関することで強いストレス」となっている原因は、男女全体では、「対人関係」（31.3%）が第1位である。

■2 「仕事や職業生活に関することで強いストレス」がある人を就業形態別にみると、派遣労働者、パートタイム労働者、契約社員、正社員の順に多い。

■3 男性の相談相手の第1位は、「家族・友人」である。

■4 現在の理想の職場は「仲間と楽しく働ける仕事」と回答する人が最多である。

解説
■1 × 第1位は「仕事の質・量」で59.4%。 ■2 × 正社員、派遣労働者、契約社員、パートタイム労働者の順で多い。 ■3 × 第1位は「上司・同僚」。 ■4 ◯

3

**力試し問題**
重要なポイントが理解できたかどうかを確認できます。

# メンタルヘルス・マネジメント検定の概要

## ◎メンタルヘルス・マネジメント検定とは？

メンタルヘルス・マネジメント検定は、大阪商工会議所が主催する試験で、正式には「メンタルヘルス・マネジメント®検定試験」といいます。企業の経営者や人事・労務管理スタッフ、管理職、従業者がそれぞれのコースに分かれ、各々の立場で必要かつ適切なメンタルヘルスケアを学ぶことができる試験です。

近年、さまざまな産業ストレスを背景に職場のメンタルヘルス不調者が増えています。メンタルヘルス不調者の増加は、企業の経営に影響を及ぼすだけではなく、場合によっては訴訟問題にも発展しかねません。企業にメンタルヘルス対策への取り組みが強く求められるという状況のなか、メンタルヘルス・マネジメント検定に向けた学習は、企業が対策を進める際の、社員教育の一環となっています。

検定には、次の3つのコースがあります。本書はこのうちⅡ種とⅢ種の学習書です。

- **Ⅰ種（マスターコース）**：経営者や人事・労務管理スタッフ用のコース。メンタルヘルス対策を社内で推進するために必要な知識（さまざまな取り組みや教育研修、またルールづくりなど）について学びます。
- **Ⅱ種（ラインコース）**：管理職用のコース。部下が心の病を発症しないよう、また発症した場合への対応など、部門や課でメンタルヘルス対策を推進するために必要な知識を学ぶことができます。
- **Ⅲ種（セルフケアコース）**：一般従業員用のコース。自身の心のケアをできるようストレスや対処についての知識を学ぶことができます。

## ●メンタルヘルス・マネジメント検定Ⅱ種・Ⅲ種の試験情報

| 項目 | 内容 | | |
|---|---|---|---|
| 出題方式 | マークシート方式による選択問題 | 制限時間 | 2時間 |
| 出題範囲 | 公式テキストの基礎知識とその応用力が問われる。出題範囲は基本的に公式テキストに準じるが、最近の法令などからも出題されることがある | | |
| 合格基準 | 100点満点、70点以上で合格 | | |
| 受験資格 | 年齢・性別・学歴・国籍による制限はない | | |
| 受験料 | Ⅱ種：7,480円、Ⅲ種：5,280円（税込み） | 試験日程 | 11月・3月の年2回 |
| 受験地 | 札幌、仙台、新潟、さいたま、千葉、東京、横浜、浜松、名古屋、京都、大阪、神戸、広島、高松、福岡から選択<br>※当日の受験場所は、受験料支払い後に郵送されてくる受験票に記載される | | |

注：試験情報は本書刊行時点の情報です。最新情報は公式HPでご確認ください。

## ◎申し込み日程と方法

　2021年6月現在、受験地・コースごとに受験申込者数の定員が設定されています。申し込み期間はおよそ10日間ですが、申込期間内であっても定員に達した受験地・コースから申込受付が終了するため、注意しましょう。日程は、必ず公式HP（http://www.mental-health.ne.jp）で確認してください。

　また、申し込みはインターネットから行います。受験料の支払い方法として、「クレジットカード決済」か「コンビニ店頭決済」を選択することができます。

---

メンタルヘルス・マネジメント検定試験センター
TEL：06-6944-6141（土日・祝日・年末年始を除く10:00〜17:00）
メール：公式HPの「お問い合わせフォーム」より送信可能

---

## ◎試験の傾向と学習方法

　試験は、公式テキストから広くまんべんなく出題されます。過去に何回も問われた傾向に沿った問題ももちろん出題されますが、出題傾向とは異なる問題もあれば、応用的な問題も出されます。単語の意味を問うような問題や条文の細かい内容を問う問題も出題されます。最近の合格率はⅡ種は50〜60%台、Ⅲ種は70〜80%台と比較的高めですが、公式テキストの文章を丸暗記するのではなく、内容をしっかり理解することが重要となっています。

　また、統計データは最新のものから出題されることがあります。さらに各年度の試験は、その年の4月1日時点で成立している法令に準拠して出題されますので、最新の情報をチェックしましょう。

　本書は、特に覚えておきたい重要なポイントを整理していますので、本書を「要点整理」「学習のまとめ」としてお使いいただくと、より理解が進みます。また、市販されている過去問題集とともに利用していただくと、合格レベルに達する知識を得ることができます。

## ◎試験当日に注意したいこと

　試験当日は、①受験票、②筆記用具（鉛筆と消しゴム）、③身分証明書（顔写真入り）の3点は忘れずに持参します。忘れがちなのが「腕時計」です。机の上には、上記3点以外のものは置いてはいけないことになっていますが、試験会場には時計が設置されていない場所もありますので、腕時計を身につけていくとよいでしょう。

　また、試験が始まったら、慌てずしっかり問題を読みましょう。問題は、4つの選択肢から「適切なもの」または「不適切なもの」を1つ選ぶ形式ですので、それぞれの選択肢において○×を判定していきますが、選択肢のなかには、適切にみえる文章中にわずかに不適切な文言が紛れている場合があります。さらっと読むと正しい文章のように思えますので、しっかり読んで細かいところまで確認することが大事です。

目次

本書の使い方 ……………………………………………………………… ii

メンタルヘルス・マネジメント検定の概要 ……………………………… iv

第1章 **メンタルヘルスケアとは** ❷種③種 …………… 1

01. 従業員のメンタルヘルスの状況 ❷種・③種 ……………… 2

02. メンタルヘルスケアの重要性 ❷種・③種 ……………… 4

03. 労働安全衛生法と安全配慮義務 ❷種 ……………… 6

04. メンタルヘルス対策への法規制 ❷種 ……………… 8

05. 労働災害とは ❷種 ……………… 10

06. 職場におけるハラスメント問題 ❷種 ……………… 12

07. メンタルヘルスケアの基本的な考え方 ❷種 ……………… 14

08. メンタルヘルスケアの進め方 ❷種 ……………… 16

09. 過重労働による健康障害防止 ❷種 ……………… 20

コラム 認知的アプローチ① ……………… 23

10. ストレスチェック制度 ❷種 ……………… 24

11. 自殺対策基本法ほか ❷種 ……………… 26

12. 事業者にとっての意義 ❷種 ……………… 28

13. ケアの方針と計画、実施、評価まで ❷種・③種 ……………… 32

理解度チェック ……………………………………………………………… 34

第2章 **ストレスと メンタルヘルスの基本** ❷種③種 …………… 35

14. ストレスとは ❷種・③種 ……………… 36

15. ストレスによる健康障害のメカニズム ❷種・③種 ……………… 38

16. 産業ストレスとは ❷種・③種 ……………… 40

17. ライフサイクルとストレス その① ❷種・③種 ……………… 42

18. ライフサイクルとストレス その② ③種 ⸺⸺⸺⸺ 44

19. メンタルヘルス不調とうつ ②種・③種 ⸺⸺⸺⸺ 46

20. うつ以外のメンタルヘルス不調 その① ②種・③種 ⸺⸺ 48

21. うつ以外のメンタルヘルス不調 その② ②種・③種 ⸺⸺ 50

22. 心身症と発達障害 ②種・③種 ⸺⸺⸺⸺⸺⸺⸺ 52

23. メンタルヘルス不調の現れ方と対処 ②種 ⸺⸺⸺⸺ 56

24. 心の健康問題に対する正しい態度 ②種・③種 ⸺⸺⸺ 58

　　 コラム 最近よく聞くレジリエンス（Resilience）って? ⸺⸺ 61

25. 障害者差別解消法と改正障害者雇用促進法 ②種・③種 ⸺ 62

　　 理解度チェック ⸺⸺⸺⸺⸺⸺⸺⸺⸺⸺⸺⸺⸺ 64

## 第3章 職場環境等の評価と改善 ②

⸺⸺⸺⸺⸺ 65

26. 管理監督者によるマネジメント ②種 ⸺⸺⸺⸺⸺ 66

27. 管理監督者の役割は ②種 ⸺⸺⸺⸺⸺⸺⸺⸺⸺ 70

28. ストレスとなる職場環境のとらえ方 ②種 ⸺⸺⸺⸺⸺ 72

29. 職場環境のチェックポイントと対応 ②種 ⸺⸺⸺⸺⸺ 74

　　 コラム グルグルまわる考えに対して ⸺⸺⸺⸺⸺⸺ 75

30. 職場のストレス要因と調査 ②種 ⸺⸺⸺⸺⸺⸺⸺ 78

31. 職場の改善方法 ②種 ⸺⸺⸺⸺⸺⸺⸺⸺⸺⸺ 82

32. 対策の評価と改善の課題 ②種 ⸺⸺⸺⸺⸺⸺⸺⸺ 84

　　 理解度チェック ⸺⸺⸺⸺⸺⸺⸺⸺⸺⸺⸺⸺⸺ 86

## 第4章 従業員のメンタルヘルスケアと 管理監督者自身のセルフケア ②

⸺ 87

33. 従業員のストレス要因に気づく ②種 ⸺⸺⸺⸺⸺⸺ 88

34. 管理監督者が注意すべきその他のストレス要因 ②種 ⸺ 94

35. ストレスの予防 ②種 ⸺⸺⸺⸺⸺⸺⸺⸺⸺⸺⸺ 96

36. 過重労働の予防 ②種 ⸺⸺⸺⸺⸺⸺⸺⸺⸺⸺ 100

37. ストレスへの対処法 ②種 ⸺⸺⸺⸺⸺⸺⸺⸺⸺ 102

38. 周囲からのサポート **2**種 ———————————— 104

39. プライバシーへの配慮とその注意点 **2**種 ———— 106

40. 管理監督者自身のセルフケア **2**種 ———————— 110

　(コラム)　認知的アプローチ② ———————————— 111

理解度チェック ——————————————————————— 112

第5章 **セルフケア──**
**ストレスへの気づき方と対処方法** **③**種 ·· 113

41. 過重労働の及ぼす健康への影響 **③**種 ————— 114

42. 安全配慮義務と自己保健義務 **③**種 —————— 116

43. 早期対応の重要性 **③**種 ————————————— 118

44. ストレスに気づく **③**種 ————————————— 120

45. ストレス反応の現れ方 **③**種 ———————————— 124

46. いつもと違う自分に気づくには **③**種 ————— 126

47. 職業性ストレス簡易調査票とは **③**種 ———— 128

48. ストレスを軽減する方法 **③**種 ———————— 130

49. ストレス緩和要因：ソーシャルサポートとは **③**種 — 136

50. ソーシャルサポートを充実させるには **③**種 — 138

51. ストレスへの対処：コーピングとは **③**種 ——— 140

52. 自発的な相談の重要性 **③**種 ———————————— 144

53. 良好なコミュニケーションのために **③**種 ——— 146

54. カウンセリングの実際 **③**種 ———————————— 148

理解度チェック ——————————————————————— 150

第6章 **部下からの相談の対応** **②**種 ———————— 151

55. 相談対応の基本 **②**種 ————————————————— 152

56. いろいろなコミュニケーション **②**種 ————— 154

　(コラム)　意外と難しいゆっくりと休むこと ———— 157

　(コラム)　相談者の心をほぐす積極的傾聴法 ———— 158

57. 従業員の異変に気づくポイント **②**種 ·············· 160

　　コラム　同僚にメンタルヘルス不調のサインがみられたら ···· 163

58. 部下の話を聴くことの意味 **②**種 ····················· 164

59. こころの病に気づいたときの対応 **②**種 ·············· 166

60. 危機対応とリスクマネジメント **②**種 ·············· 168

理解度チェック ···················································· 172


第7章　**社内外資源との連携と**
　　　　**プライバシーへの配慮 ②**種**③**種 ·············· 173

61. 社内資源とは **②**種・**③**種 ························ 174

62. 社外資源とは **②**種・**③**種 ························ 180

63. 医療機関の種類と選び方 **②**種・**③**種 ············· 184

64. メンタルヘルス不調の治療 **②**種・**③**種 ············ 186

65. 社外資源との連携の必要性と方法 **②**種 ·············· 190

理解度チェック ···················································· 192


第8章　**職場復帰支援の方法 ②**種 ························· 193

66. 心の健康問題で休職した従業員への復職支援 **②**種 ········· 194

67. 管理監督者としての復職支援のポイント **②**種 ········· 198

68. プライバシー保護と職場復帰支援の注意点 **②**種 ········· 204

69. 治療と仕事の両立を支援するためには **②**種 ·············· 206

理解度チェック ···················································· 210


**模擬試験** ······································································ 211

**2種**　模擬試験 ·················································· 212

解答・解説 ··························································· 236

**3種**　模擬試験 ·················································· 244

解答・解説 ··························································· 266

# はじめに

　今や優れた企業は、トップ自らが先頭に立ち、メンタルヘルスやEAP（従業員支援プログラム）の整備に力を注いでいるのが現状です。というのも、良い経営者は、従業員が心身ともに健康で、エンゲイジメントの高い企業は、職場の生産性も高く、事業が長続きするということに気づいているからです。また、2015年に始まったストレスチェック制度により、高ストレス者へのケアや職場環境改善への取り組みによる職場のストレス防止策が求められるようになりました。しかしながら、こういうプログラムを進めるための社内専門家はまだまだ足りません。

　こうした背景のもと、大阪商工会議所主催の「メンタルヘルス・マネジメント検定」の内容は、メンタルヘルスの重要な知識をどこまで覚えられたかを問うものであり、現在では人事労務担当者や管理監督者だけでなく、働く人の多くがメンタルヘルス検定を通して職場のメンタルヘルスの知識を身につけてきました。この学びの機会は、日本が世界に先駆けて実施している教育でもあります。

　本書は、「メンタルヘルス・マネジメント検定」のⅡ種（ラインケアコース：管理監督者対象）と、Ⅲ種（セルフケアコース：一般社員、新入社員対象）の両方に対応する形で構成しており、また働く人の誰もが経験する内容をまとめています。テキストは、現場のエキスパートが最新の問題を精査し、受験に適したポイントと模擬問題に絞り込んでいます。

　ぜひ、一人でも多くの方が検定に合格され、自らと周りの職場改善、活気のある職場に向けた知力と行動力を得られることを願っております。

一般社団法人国際EAP協会日本支部
理事長　市川佳居

第1章
# メンタルヘルスケアとは

# 01. 従業員の メンタルヘルスの状況

 ● 近年の従業員のストレスの状況は？
● 仕事と余暇への考え方の変化は？

## ◎仕事上での主なストレスの原因

　国や多くの機関がメンタルヘルスの調査を行っています。平成30年労働安全衛生調査（2018年）によると、「仕事や職業生活に関することで、強いストレスとなっていると感じる事柄がある」と回答した人は **58.0%** と全体の過半数。男女別では、男性59.9%、女性55.4%と男性の方がやや多くなっています。

　また、「強いストレス」があると回答した人を就業形態別にみると、正社員61.3%、契約社員55.8%、パートタイム労働者39.0%、派遣労働者59.4%となっており、原因は次の図のとおりで、また性別により傾向が異なります。

### ●強いストレスの原因

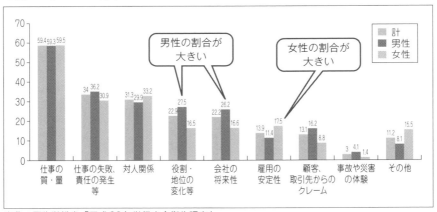

出典：厚生労働省「平成30年労働安全衛生調査」

---

男女全体で、
①仕事の質・量（59.4%）　②仕事の失敗、責任の発生等（34.0%）
③対人関係（31.3%）

---

さらに、相談相手がいるのは男性91.2%、女性94.9%。相談相手は、男性の第1位が上司・同僚、第2位が家族・友人であるのに対して、女性の第1位は家族・友人、第2位が上司・同僚です。年代別では、年齢が高くなるほど相談相手がいる人が減少する傾向にあります。

## ◎仕事と余暇の考え方

「日本人の意識調査」（2018年、NHK放送文化研究所が5年ごとに実施）によると、1970〜80年代にかけて大きく考え方が変わり、「仕事志向」の人が減少し、「仕事と余暇の両立志向」の人が増加しました。理想の職場というのは「仲間と楽しく働ける仕事」が最多で、次に「健康を損なう心配がない仕事」となっています。人間関係については、「全面的つきあい」を望む人はまだ多いものの減少傾向にあり、「形式的つきあい」を望む人が増えています。

メンタルヘルスへの対応は、このような労働者の意識の変化を考慮しながら行うことが重要です。

**重要！覚えておこう**
### ストレスと職業形態の関係
2018年の「労働安全衛生調査」で「強いストレス」があると回答した人を職業形態別にみると、正社員の61.3%、派遣労働者59.4%、契約社員55.8%、パートタイム労働者39.0%の順に割合が大きい。

### 力試し問題

ストレスの原因となる「対人関係」には、ハラスメントも含まれているよ

**次の文章が正しいか誤りかを答えなさい。**

1　「仕事や職業生活に関することで強いストレス」となっている原因は、男女全体では、「対人関係」（31.3%）が第1位である。

2　「仕事や職業生活に関することで強いストレス」がある人を就業形態別にみると、派遣労働者、パートタイム労働者、契約社員、正社員の順で多い。

3　男性の相談相手の第1位は、「家族・友人」である。

4　現在の理想の職場は「仲間と楽しく働ける仕事」と回答する人が最多である。

#### 解説
1×　第1位は「仕事の質・量」で59.4%。　2×　正社員、派遣労働者、契約社員、パートタイム労働者の順で多い。　3×　第1位は「上司・同僚」。　4○

# 02. メンタルヘルスケアの重要性

● 不調者・自殺者の状況は？
● メンタルヘルスケアの取り組みにはどんなものがある？

## ◎メンタルヘルス不調者数の傾向

　2018年の「労働安全衛生調査」（厚生労働省）によると、過去1年間にメンタルヘルス不調により連続1カ月以上休業した労働者がいる事業所の割合は全体で6.7%で、50人以上の事業所では26.4%を超えています。一方、退職した労働者がいる事業所の割合は全体で5.8%、50人以上の事業所では14.6%です。

　また、公益財団法人日本生産性本部の職場のメンタルヘルスに関する調査（2019年）によると、32.0%の企業が心の病は増加傾向にあると回答しており、30歳代、次いで10～20歳代が心の病が多い年齢層であるとされています。うつ病や認知症など心の健康問題がこれまで以上に国全体で取り組むべき課題になっていることを受け、2011年、厚生労働省は、地域医療の基本方針となる医療計画に盛り込む疾病として、がん、脳卒中、急性心筋梗塞、糖尿病に精神疾患を加えた「五大疾病」とする方針を打ち出しました。

● 過去1年間におけるメンタルヘルス不調により連続1カ月以上休業または退職した労働者数階級別事業所割合

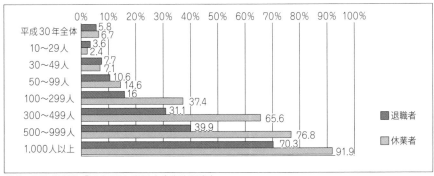

出典：厚生労働省「平成30年労働安全衛生調査」

4

## ◎自殺者数の傾向

　警察庁の統計では、1998年に自殺者が急増し、以降14年間にわたり連続して3万人を超えていました。2012年には3万人を下回り、以降減少傾向にあります。自殺の原因は複雑で多様ですが、直前には精神健康面の不調や心の病があることが多いとされています。

## ◎メンタルヘルスケアの意義

　心の病を発症した場合、作業効率が低下したり、長期休業が必要になったりすることがあります。その結果、周囲の負担が増え、全体の成果が落ちます。したがって、メンタルヘルスケアは個人の問題だけではなく、組織全体での取り組みが必要です。対策を組織ぐるみで効果的に行うことにより、職場の活性化や効率向上が期待できます。また、管理監督者の働きかけによるチームワークの改善、業務分担の調整、部下への配慮等により、ストレスが軽減できます。

　「労働安全衛生調査」（厚生労働省、2018年）によると、メンタルヘルス対策に取り組んでいる事業所は、59.2%と、ここ5年間で大きな変化はありません。労働者数の多い事業所ほど取り組んでいる割合が高い傾向があります。内容は、①労働者のストレスチェック、②労働者への教育研修や情報の提供、③相談対応の体制整備の順に多くなっています。管理監督者の活動に力を入れている企業では、精神面での不調者増加に抑止効果がみられます。また、メンタルヘルスに対して事業者の責任が追及されて民事訴訟になったり、労災認定されたりするケースも増加しています。

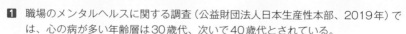

心の病が増加傾向の企業では、「職場での助け合いやコミュニケーションの機会が減った」と答える割合が多いよ

**力試し問題**

### 次の文章が正しいか誤りかを答えなさい。

**1** 職場のメンタルヘルスに関する調査（公益財団法人日本生産性本部、2019年）では、心の病が多い年齢層は30歳代、次いで40歳代とされている。

**2** 「五大疾病」とは、がん、脳卒中、急性心筋梗塞、糖尿病に精神疾患を加えたものである。

**3** 自殺者数は2000年に初めて3万人を超え、以降2011年まで連続して3万人を超えていた。

**解説** ・・・・・・・・・・・・・・・・・・・・・・・・・・・・・・・・・・・・・・・・・・・・・・・・・・・・・・・・・・・・・・・・・・・・・・・・・・・・・・・・・・
**1** ×　30歳代、次いで10〜20歳代。　**2** ○　**3** ×　2000年ではなく、1998年。

# 03. 労働安全衛生法と 安全配慮義務

2種
頻出度
★★★

ココが
ポイント

- 健康管理に関する
  公法的規制・私法的規制とは？
- 安全配慮義務とは？　履行者とは？

## ◎健康管理に関する公法的規制

労働安全衛生法は、「労働者の安全及び衛生に関しては、労働安全衛生法の定めるところによる」（労働基準法第42条）という規定を受けて、1972年に制定されました。

> **労働安全衛生法の目的**：「職場における労働者の安全と健康を確保する」
> 「快適な職場環境の形成を促進する」（最低の労働条件基準を定めている）

労働安全衛生法は取締法規であり、これに違反した場合は一定の範囲で刑事罰の対象（履行が担保されていること）になります。

## ◎健康管理に関する私法的規制

事業者は労働安全衛生法を遵守していても、安全配慮義務に違反すると民法や労働契約法に基づき、民事上（私法）の損害賠償責任を問われることがあります。安全配慮義務の内容を検討する際には、労働安全衛生法の規定を考慮します。

### ●安全配慮義務に違反した場合の損害賠償責任

> **不法行為責任**：不法行為による損害賠償（民法709条）
> 「故意又は過失によって他人の権利又は法律上保護される利益を侵害した者は、これによって生じた損害を賠償する責任を負う。」
> **契約責任**：債務不履行による損害賠償（民法415条）
> 「債務者（事業者）がその債務の本旨に従った履行をしないときは、債権者は、これによって生じた損害の賠償を請求することができる。（以下略）」

　従来は「不法行為責任」による損害賠償が問われてきましたが、1975年の最高裁判決以降、「安全配慮義務」という概念が認められるようになり、「契約責任」による損害賠償を問われるケースが増えています。

　安全配慮義務は、実定法ではなく、裁判例の積み重ねにより認められてきましたが、2008年施行の労働契約法で明文化されました。

> 安全配慮義務：労働者の安全への配慮（労働契約法５条）
> 「使用者は、労働契約に伴い、労働者がその生命、身体等の安全を確保しつつ労働することができるよう、必要な配慮をするものとする。」

## ◎安全配慮義務の履行者

　雇用契約の当事者は事業者ですので、安全配慮は事業者が義務を負います。また、実際に安全配慮義務を履行するのは業務上の指揮命令を行う権限を有する管理監督者です。日常から従業員に接しており、健康状態を把握し、作業の内容・量を調整する立場にある管理監督者の役割は重要です。

**重要！覚えておこう**

### 安全配慮義務

安全配慮義務には、業務の遂行に伴う疲労や心理的負荷等が過度に蓄積して労働者の心身の健康を損なうことがないよう注意しなければならない義務も含まれる（メンタルヘルス不調も含まれる）。

> 公法は「国家と個人の間の法律関係」を、私法は「個人同士の法律関係」を指しているよ

## 力試し問題

### 次の文章が正しいか誤りかを答えなさい。

1　労働安全衛生法に違反した場合は、一定の範囲で刑事罰の対象となる。

2　労使で合意が得られた場合、労働安全衛生法で定めた基準を下回る労働環境で労働することはかまわない。

3　事業者は労働安全衛生法を守っていれば、損害賠償責任を問われることはない。

4　安全配慮義務は労働契約法（2008年施行）に明記された。

### 解説

1○　2×　労使で合意があった場合でも、基準を下回ってはいけない。　3×　事業者に過失があった場合、民事上の損害賠償を請求されることがある。　4○

# 04. メンタルヘルス対策への法規制

2種

頻出度
★★

**ココが
ポイント**
- 従業員の健康管理問題に関する法律とは？
- 公法的規制と私法的規制とは？

## ◎公的法規制と私法的規制

公法とは「国家と私人との法律関係」を規定する法律で、国や公共団体などに関連する行政法などがあげられます。公法的規制では、国＝組織、私人＝従業員と見立てます。私法とは「私人と私人との法律関係」を規定する法律で、民法などがあげられます。

従業員の健康管理問題については、公法的規制と私法的規制の両面からの理解が求められます。

たとえば、労働安全衛生法は「職場における労働者の安全と健康を確保するとともに、快適な職場環境の形成を促進すること」を目的としています。

一方で、従業員の健康管理問題においては「使用者は，その雇用する労働者に従事させる業務を定めてこれを管理するに際し，業務の遂行に伴う疲労や心理的負荷等が過度に蓄積して労働者の心身の健康を損なうことがないよう注意する義務を負う」と、安全配慮義務（労働契約法）に基づいて民事上の損害賠償の責任を負うこともあります。

### ●メンタルヘルス対策に関する法規制の例

| 関連法 | 制度名など | 内容 |
|---|---|---|
| 労働安全衛生法関連 | 労働者の心の健康の保持増進のための指針（2006年） | 事業者の健康保持増進措置に関する努力義務の一内容 |
| | ストレスチェック制度（2015年） | 労働者の心理的な負担等を把握する一次予防 |
| | 個人情報の保護 | 個人情報の適正な管理のための措置の義務づけ |
| 労働基準法 | 災害補償責任 | 労働者にメンタルヘルス不調が生じた場合の責任 |
| 自殺対策基本法 | | 自殺対策の強化 |
| アルコール健康障害対策基本法 | | アルコールによる健康障害の予防 |

| 関連法 | 制度名など | 内容 |
|---|---|---|
| 労働基準法 | 働き方改革 | 長時間労働の防止 |
| 男女雇用機会均等法 | ハラスメントの防止対策義務 | セクハラ、マタハラの防止対策に関する法制化 |
| 労働施策総合推進法 | ハラスメントの防止対策義務 | パワハラの防止対策に関する法制化 |

## ◎ワーク・エンゲイジメントやダイバーシティ

　仕事にやりがいを感じて熱心に取り組むことができており、仕事から活力を得ていきいきしている状態をワーク・エンゲイジメントといい、職場づくりにおいては、これを向上させていくことが重要といわれます。その方法のひとつとして、多様な人材活用（ダイバーシティ）があります。

　具体的には、女性労働者の活躍推進、高齢者雇用の促進、障害者の雇用促進などがあげられており、男女雇用機会均等法や育児介護休業法、高齢者雇用促進法、障害者雇用促進法、発達障害者支援法などにおいて法規制がされています。

　その他にも、柔軟な働き方への環境整備（ICT活用のテレワークや副業・兼業など）や、病気や子育て・介護等と仕事の両立、外国人材の雇用なども含まれます。

### 重要！覚えておこう SOGI（Sexual Orientation Gender Identity）ハラスメント

性的指向や性自認に関するハラスメントのことをSOGIハラスメント（ソジハラ）と呼び、パワハラ防止対策指針にもソジハラやアウティング（性的指向や性自認について本人の望まない形で暴露すること）の防止が盛り込まれている。

### 力試し問題

**次の文章が正しいか誤りか答えなさい。**

1　「労働者の心の健康の保持増進のための指針」は労働基準法に基づいて定められている。

2　メンタルヘルス不調と長時間労働との間には関連があるといわれている。

3　パワーハラスメントの防止対策は法律により定められていない。

### 解説

1×　労働安全衛生法に基づいて定められている　2○　3×　2020年6月から労働施策総合推進法により法制化がされた。

# 05. 労働災害とは

ココが
ポイント

● 労災事故と民事訴訟は？
　どのように労災は認定されるか？
● 労働者災害補償保険法による保険給付

## ◎労働災害（労災）

　労働災害とは「労働者の就業に係る建設物、設備、原材料、ガス、蒸気、粉じん等により、又は作業行動その他業務に起因して、労働者が負傷し、疾病にかかり、又は死亡すること」（労働安全衛生法2条1項）です。

## ◎労働基準法上の災害補償責任と労働者災害補償保険（労災保険）

　労働災害が発生すると、企業は、労働基準法上の災害補償責任（療養補償、休業補償、障害補償、遺族補償、葬祭料）と、民事上の損害賠償責任により、従業員の損害を填補しなければなりません。

　労働基準法上の災害補償責任については、履行を担保するために、労働者災害補償保険法（労災保険法）が定められています。労災保険から、労働基準法上の災害補償責任に相当する保険給付が行われた場合、企業はその部分については補償の責めを免れるとされています（労働基準法84条）。

### ●労災保険の給付　★：労働基準法の災害補償責任として企業に支払いが義務づけられている

| 療養（補償）給付 | 医療機関で療養を受ける場合 | |
| --- | --- | --- |
| 休業（補償）給付 | 疾病療養のため労働できず、賃金をもらえない場合 | ★ |
| 障害（補償）給付 | 傷病が治癒して障害等級にあたる身体障害が残った場合 | |
| 遺族（補償）給付 | 労働者が死亡した場合 | |
| 葬祭料 | 労働者が死亡した場合 | |
| 傷病（補償）年金 | 療養開始後1年6カ月たっても治癒しないで傷病等級にあたる場合 | |
| 介護（補償）給付 | 一定の障害補償給付、傷病補償年金給付を受給し、常時または随時介護を受けている場合 | |

　労災保険給付は、企業に過失がなくても従業員に給付が行われます。しかし、補償内容は損害の一部に限られます。財産上の損害、たとえば休業補償給付は

平均賃金に定率を乗じたものです。また、慰謝料は給付の対象にはなりません。

　企業に過失があった場合は、労災保険で塡補されない損害（慰謝料や逸失利益など）について、従業員より民事上の損害賠償請求訴訟を起こされることがあります。また、労災保険法に基づく給付がされた場合に、すでに給付された金額は損益相殺の対象となり損害額の対象から除外され、特別支給金は損害の補塡の性質を持たないため控除の対象からは除外されます。

## ◎労働災害の認定

　労災保険の保険給付は、従業員本人または遺族が、労働基準監督署長に請求します。労働基準監督署長は、仕事との因果関係を調査・検討し、認定の可否を決定します。労災認定には2つの要件を満たす必要があります。

　　①業務遂行性：従業員が事業者の指揮命令下にあること
　　②業務起因性：業務に伴う危険が具体化したもので業務と疾病に因果関係が認められるもの。業務上の疾病の種類は施行規則に規定がある

　精神障害の労災申請が行われた場合、「心理的負荷による精神障害の認定基準」により業務上外を判断します。2011年の改正では次の点が改められました。

　　①出来事と出来事後の総合評価を行う
　　②極度の長時間労働を月160時間程度の時間外労働と明示した
　　③心理的負荷「強」「中」「弱」の具体例を記載した
　　④ハラスメントやいじめが長期間継続する場合、6カ月を超えて評価する
　　⑤複数の出来事がある場合の具体的な評価方法を記載した

　セクシュアルハラスメントについて、パワーハラスメントについても、上記認定基準により業務上外の判断がされることになります。

### 力試し問題

**次の文章が正しいか誤りかを答えなさい。**

1　企業には労働基準法上の災害補償責任として、療養補償、休業補償、障害補償、遺族補償、葬祭料がある。

2　労災認定の要件の一つ「業務起因性」とは、従業員が事業者の指揮命令のもと行われたことを示す。

3　労災保険法に基づく保険給付において、逸失利益は補塡される。

### 解説 ･･････････････････････････････････････････････････････････････

1○　2×　これは「業務遂行性」の説明である。　3×　補塡されない。

# 06. 職場における ハラスメント問題

2種

頻出度
★★★

ココが
ポイント

● ハラスメントの認定はどのようにされる？
● セクハラ・パワハラ・マタハラのポイント

## ◎職場のハラスメント問題の増加

　近年、職場のハラスメントに起因する精神障害の発症が問題となっています。精神障害の労災申請が行われた場合には、「心理的負荷による精神障害の認定基準」（厚生労働省、2011年）により、内容や程度・継続状況、会社の対応の有無などを踏まえて業務上外を判断します（88ページ参照）。

## ◎セクシュアルハラスメント（セクハラ）

　1999年4月改正の男女雇用機会均等法において「職場において行われる性的な言動に対する女性労働者の対応により女性労働者がその労働条件につき不利益を受け（対価型セクハラ）、または性的な言動により女性労働者の就業環境が害されること（環境型セクハラ）」とセクハラの明文化がされ、事業主に配慮義務が求められるようになりました。2007年の改正では、男女の区別をなくすことや、配慮義務ではなく措置義務とすることなどが改められています。

## ◎マタニティハラスメント（マタハラ）

　女性労働者の婚姻、妊娠、出産を理由に不利益な取り扱いをすることは、男女雇用機会均等法において前から禁止されていましたが、広島中央保健生活協同組合事件（2014年10月23日最高裁判決）以降、マタニティハラスメント（マタハラ）と呼ぶようになり、法的な規制が検討されるようになりました。
　2016年3月には男女雇用機会均等法が改正され、妊娠・出産等に関するハラスメント防止措置義務が新設され、2017年1月以降施行されています。

## ◎パワーハラスメント（パワハラ）

　もともとパワハラの概念自体が不明瞭でしたが、2012年3月に厚生労働省

の「職場のいじめ・嫌がらせ問題に関する円卓会議」が行われ、「職場のパワーハラスメントの予防・解決に向けた提言」が出されたことによりパワハラへの一定の定義づけがなされました。

---

**パワハラの6類型**

① 暴行・傷害　　　　②脅迫・名誉棄損・侮辱・ひどい暴言

③ 隔離・仲間外し

④ 業務上明らかに不要なことや遂行不可能なことの強制、仕事の妨害

⑤ 業務上の合理性なく、能力や経験とかけ離れた程度の低い仕事を命じることや仕事を与えないこと

⑥ 私的なことに過度に立ち入ること

---

2015年5月に厚生労働省から「パワーハラスメント対策導入マニュアル」が出され、2016年7月には、同マニュアルの第2版が公表され、実施手順等が示されました。さらに、2019年5月の労働施策総合推進法の改正では、事業者に対して措置義務を課したほか、パワハラを次のように定義しました。

---

① 職場での優越的な関係を背景とした言動であること

② 業務上必要で相当とされる範囲を超えていること

③ 労働者の職業環境が害されること

以上の3つすべての要件を満たすもの

---

認定基準においては、ひどい嫌がらせ、いじめ、暴行を受けた場合や、または退職の意思がないにもかかわらず執拗に退職を求めるような行為は、心理的負荷の強度は「強」となることがあります。

### 力試し問題

**次の文章が正しいか誤りかを答えなさい。**

1 職場のハラスメントに起因する精神障害が発症した場合には、「心理的負荷による精神障害の認定基準」（厚生労働省、2011年）に基づいて業務上外の判断がされる。

2 性的な発言や人格否定が含まれるような発言が継続的に行われていたとしても、身体接触が認められない場合は、心理的負荷の程度が「強」になることはない。

**解説**・・・・・・・・・・・・・・・・・・・・・・・・・・・・・・・・・・・・・・・・・・・・・・・・・・・・・・

1○　2×　身体接触がない場合でも、負荷は「強」になりうる。

# 07. メンタルヘルスケアの基本的な考え方

**2種**

頻出度
★★★

**ココが
ポイント**

● メンタルヘルスケア指針の考え方は？
● 4つのケアとは？

## ◎ 指針策定と労働安全衛生法の改正

メンタルヘルスに関して策定された指針には主に次のものがあります。

| 年 | 概　　　　要 |
|---|---|
| 2000年 | 「事業場における労働者の心の健康づくりのための指針（旧指針）」心の健康づくり推進の具体的な取り組みが初めて示される。行政指導通達であり、法律ではないので強制力はない |
| 2001年 | 「職場における自殺の予防と対応」（中央労働災害防止協会、2010年に改訂） |
| 2004年 | 「心の健康問題により休業した労働者の職場復帰支援の手引き」（厚生労働省、2012年に改訂） |
| 2005年 | 「労働安全衛生法」が改正。面接指導の法制化がされる |
| 2006年 | 「労働者の心の健康の保持増進のための指針（メンタルヘルスケア指針）」 |

## ◎ 「労働者の心の健康の保持増進のための指針」（メンタルヘルスケア指針）の基本的な考え方

職場にはさまざまなストレス要因がありますが、労働者自身がストレスに気づき、対処することが重要です。指針は、一人ひとりの労働者はストレス要因への対応が難しいとしています。まずは事業者がメンタルヘルスケアの積極的な推進を表明し、衛生委員会等（衛生委員会または安全衛生委員会）で現状とその問題点を調査・審議し、問題を解決するための具体的かつ基本的な計画（「心の健康づくり計画」という）を策定します。計画の実施にあたっては、一次予防（メンタルヘルス不調を未然に防止）、二次予防（メンタルヘルス不調の早期発見・対応）、三次予防（休職・復職支援など不調者への対応や再発予防）が行われるようにします。また、これらは4つのメンタルヘルスケアを中長期視点で継続的かつ計画的に推進する必要があるとしています。

## 4つのメンタルヘルスケア

**重要！
覚えて
おこう**

「4つのケア」などという場合は、次のものを指す。

①**セルフケア**：労働者自身によるメンタルヘルスの理解、ストレス
　への気づき、対処、自発的相談

②**ラインケア**：管理監督者による職場環境の把握、改善。労働者か
　らの相談対応。職場復帰支援

③**事業場内産業保健スタッフによるケア**：セルフケア、ラインケア
　が効果的に実施されるための支援。実施計画の立案

④**事業場外資源によるケア**：事業場外資源とのネットワークづく
　り。各種サービスの提供

また、事業者はメンタルヘルスケア推進にあたり、次の点に留意すべきとし
ています。

| | |
|---|---|
| **心の健康問題の特性** | ・把握と評価が容易ではない<br>・発生過程に個人差が大きく、プロセスの把握が困難<br>・健康問題以外の観点から評価される傾向がある<br>・心の健康問題自体に偏見や誤解がある |
| **労働者の個人情報保護<br>への配慮** | 従業員の意思を尊重することが重要（メンタルヘルスケアが<br>効果的に推進されるための条件になる） |
| **人事労務管理との連携** | 心の健康は、職場配置、人事異動、職場組織などの人事労務<br>管理の要因により、大きな影響を受ける。メンタルヘルスケ<br>アは人事労務管理と連携しないと進捗しないケースが多い |
| **家庭・個人生活等の<br>職場以外の問題** | 家庭・個人生活などの職場以外の個人の要因が、職場のスト<br>レス等と複雑に相互に影響している場合も多い |

## 力試し問題

**次の文章が正しいか誤りかを答えなさい。**

**1** 2005年には労働安全衛生法が改正され、面接指導が法制化された。

**2** ストレス要因には、一人ひとりの労働者が対応することで十分である。

**3** 人事労務管理とメンタルヘルスケアはあまり影響がない。

### 解説

**1**○　**2**×　組織的に取り組むことが重要。

**3**×　身体の健康に比べて大きな影響がある。

# 08. メンタルヘルスケアの進め方

②種<br>頻出度<br>★★★

**ココが<br>ポイント**

- 管理監督者教育、職場環境の把握・改善とは？
- 不調への気づきと対応とは？
- ラインケアの留意点とは？

## ◎「労働者の心の健康の保持増進のための指針」の取り組み

2006年のこの指針は、事業場内の関係者が相互に連携し、メンタルヘルスケアを具体的に推進するための取り組みとして、次を挙げています。

### （1）メンタルヘルスケアの教育研修・情報提供の実施

4つのケアが適切に実施されるように職務に応じて次のような教育研修・情報提供が必要になります。

---

**●管理監督者への教育研修・情報提供（ラインケアを促進するため）**

① メンタルヘルスケアに関する事業場の方針

② 職場でメンタルヘルスケアを行う意義

③ ストレスおよびメンタルヘルスケアに関する基礎知識

④ 管理監督者の役割および心の健康問題に対する正しい態度

⑤ 職場環境等の評価および改善の方法

⑥ 労働者からの相談対応（話の聴き方、情報提供および助言の方法等）

⑦ 心の健康問題により休職した者の職場復帰への支援の方法

⑧ 事業場内産業保健スタッフ等との連携およびこれを通じた事業場外資源との連携方法

⑨ セルフケアの方法

⑩ 事業場内の相談先および事業場外資源に関する情報

⑪ 健康情報を含む労働者の個人情報の保護等

---

## （2）職場環境等の把握と改善

　事業者は、まず管理監督者の日常の職場管理、労働者からの意見などから具体的な問題把握を行います。事業場内産業保健スタッフ等は中心的な役割を担い、職場巡視による観察、また労働者・管理監督者からの聞き取り調査やストレスチェックの結果などから職場内のストレス要因を把握・評価します。その結果を受けて、衛生委員会等で検討を行い、職場環境や勤務形態など改善方法等を検討します。

## （3）メンタルヘルス不調への気づきと対応

　メンタルヘルス不調は、早期発見と適切な対応が必要です。このため、事業者は、個人情報保護には注意をしつつも、労働者、管理監督者、家族等からの相談に対して適切に対応できる体制を整備することが求められています。

- 事業者

　メンタルヘルス不調への気づきを促すため、労働者が自発的に相談できる環境を整備する必要があります。ストレスチェック結果の相談窓口としても有効です。

- 管理監督者

　次の従業員に対して、話を聴いて情報提供し、必要に応じて事業場内産業保健スタッフや事業場外スタッフへの相談を促します。

　① ストレスチェックで面接指導が必要との判定が出たのに申し出ない従業員
　② 長時間労働等で蓄積疲労がある従業員
　③ 強度の心理的負荷を伴う出来事を経験した従業員
　④ 個別に配慮が必要な従業員

- 事業場内産業保健スタッフ

　管理監督者と協力して従業員の気づきを促します。それとともに、保健指導、健康相談を行い、必要に応じて医療機関への相談、受診を促します。

- 家族

　メンタルヘルスケアには家族が大きな役割を果たします。事業者は社内報などで、メンタルヘルスケアの基礎知識や相談窓口の情報を家族に提供することが望まれます。

また、労働者の個人情報保護への配慮が必要です。ストレスチェックの結果など労働者個人の心の健康に関する情報は労働者本人に提供されます。事業者はストレスチェックの結果等に基づいて、就業上必要な措置を行うことが重要ではありますが、ストレスチェックの結果等を入手する場合には、個人情報の利用目的や目的外の取り扱いの制限などを説明したうえで、労働者本人の同意を得ることが必要です。

## ◎ラインケアの留意点

　メンタルヘルスケアは、すべての従業員を対象とするものであり、管理監督者の役割が重要であることを認識する必要があります。

　管理監督者は、相談や情報などが集まりやすい立場ですが、従業員に不調が疑われる場合は、自らの判断だけで具体的に対応行動をするのではなく、事業内産業保健スタッフや人事労務管理スタッフと連携し、対応を協議し、指示を受けることが重要です。その際の個人情報の保護に関しては、取得、保管、利用について適切な取り扱いが求められ、次の内容や方法についてルールを作成することが望ましいとされています。

---

①個人情報を扱う者とその権限　②取り扱う情報の範囲
③個人情報管理責任者の選任　④生データの加工　⑤守秘義務

---

## ◎ストレスチェックにおける留意点

　ストレスチェックにおける個人の情報の取り扱いについては、ストレスチェック指針において適切に保護することが求められています。医療機関等の第三者へ提供する場合も本人の同意が原則必要です。そして、医師や保健師などストレスチェック実施者は、労働者の同意がない限り、事業者へ労働者の結果等を提供することは禁止されています。

　「心身の状態に関する情報」の取り扱いについては、労働安全衛生法104条（2018年改正）に明記されました。また、同法の記述に基づき、「事業者が講ずべき措置」として、次の内容が公示されています。

　　① 事業所で定めた健康情報取り扱い規定を労使で共有すること
　　② 労働安全衛生法104条に基づいて健康情報を取り扱うこと

## ◎不利益な取り扱いの禁止

メンタルヘルスケア等を通じて得た労働者の情報は、健康確保に必要な範囲で利用される必要があり、解雇や退職推奨、不当な目的のために行ってはなりません。また、派遣労働者に対して、実情を考慮せずに当該労働者の変更などを行ってもいけません。

## ◎小規模事業場におけるメンタルヘルスケア

常時使用する労働者が50人未満の小規模事業場では産業保健スタッフ等の確保が難しい場合がありますが、衛生推進者または安全衛生推進者をメンタルヘルス推進担当者として選任し、産業保健総合支援センターの地域窓口（通称、地域産業保健センター）の事業場外資源を積極的に活用するなど、可能なところから取り組んでいくことが望ましいとされています。地域産業保健センターでは、全国の労働基準監督署の単位ごとに設置されており、医師による面接指導のサービスを受けることができます。

### 力試し問題

**次の文章が正しいか誤りかを答えなさい。**

**1** 企業規模にかかわらず、指針に従った手順で進めることが重要である。

**2** 管理監督者は、メンタルヘルス不調が疑われる従業員がいた場合、自らの判断で対応することが重要である。

**3** 管理監督者が話を聴き、情報提供し、相談を促すようにすることが重要なのは、長時間労働等で蓄積疲労がある従業員と、個別に配慮が必要な従業員に対してである。

**4** 事業者がストレスチェックなどの結果を入手する場合には、個人情報の保護への配慮から、従業員本人の同意が必要になる。

**5** メンタルヘルスを推進するうえで、人事労務管理部門が意思を表明し、安全衛生委員会が調査・審議を行い、4つのケアを継続的・計画的に実施することは重要である。

**解説**
**1** ✕　小規模事業場では実現可能なことから取り組むことが重要。　**2** ✕　産業保健スタッフや人事労務管理スタッフと連携し、対応を協議し、指示を受けることが重要。
**3** ✕　記述の対象者に加えて、ストレスチェックで面接指導が必要と判定が出たのに申し出ない従業員、強度の心理的負荷を伴う出来事を経験した従業員も含む。　**4** ○
**5** ✕　メンタルヘルス推進の意思を表明するのは、人事管理部門ではなく、事業者。

# 09. 過重労働による 健康障害防止

2種
頻出度
★★★

**ココが ポイント**
- 労働安全衛生法がどのように改正されたか？
- 面接指導の意義、方法、事後措置とは？

## ◎医師による長時間労働者への面接指導の義務づけ

2005年に労働安全衛生法が改正され、長時間労働により疲労が蓄積した労働者への医師による面接指導の実施が事業者に義務づけられました。面接指導の方法・体制などは、衛生委員会等で審議します。事業者は、面接指導対象となる労働者の労働時間を把握してから約2週間以内に、医師へ次の情報を提供します。

> 面接指導対象者の作業環境、労働時間、深夜業の回数や時間数、業務内容、健康診断個人票、問診票、そのほか医師が必要とする情報

面接指導の対象となる労働者は、次の通りです（簡略化した表はp93参照）。

### ●面接指導の対象となる労働者

| 区分 | 週の法定労働時間 | ～80時間※ | 80～100時間※ | 100時間～※ |
|---|---|---|---|---|
| 一般労働者 | 40時間 | 健康への配慮が必要と認めた者への面接指導が望ましい | 申出のあった者に面接指導 | 原則、月100時間を超える時間外・休日労働はできない |
| 研究開発業務従事者 | | | | 面接指導。罰則あり |
| 高度プロフェッショナル制度適用者 | なし | 申出のあった者に面接指導の努力義務 | | 健康管理時間が100時間を超える者に面接指導。罰則あり |

※週40時間を超える1カ月間の時間外・休日労働の時間数、あるいは健康管理時間数（2019年改正の労働安全衛生法より）

産業医などの医師が面接を行う際には、従業員の勤務の状況、疲労の蓄積状況、その他心身の状況を把握して、必要な保健指導をします。面接指導を申し出たことや、その結果によって、従業員に不利益な取り扱いをすることはでき

ません。また、事業者は、衛生委員会などの審議を経て、対象者の範囲を広げることができます。

　面接指導は基本的には対面して行いますが、情報通信機器を用いることも可能となりました（詳細は厚生労働省「基発1119号2号　令和2年11月19日　情報通信機器を用いた面接指導の実施について」を参照）。

　事業者は面接結果に基づいて、医師の意見を勘案し、必要な事後措置（就業場所の変更、作業の転換、労働時間の短縮、深夜業の回数の減少、衛生委員会等への報告など）を講じなければなりません。また、面接結果は5年間保存しなければなりません。

　また、面接指導の対象外労働者（研究開発業務従事者など）であっても、面接指導の実施や面接指導に準ずる措置に努める必要（努力義務）があります。対象者は、①一般労働者や研究開発業務従事者で、事業場において定められた基準に該当するもの、②高度プロフェッショナル制度適用者のうち、面接指導対象者以外で面接を申し出たものです。

## ◎過重労働による健康障害防止のための総合対策

　2002年2月に策定された「過重労働による健康障害防止のための総合対策」が2006年、2011年、2020年に改正され、長時間の過重労働は、疲労の蓄積をもたらす最も重要な要因であり、脳・心臓疾患の発症と関連性が強いとの医学的知見が示されました。また作業環境（温度変化や騒音など）も脳・心臓疾患の発症に関連があるとされています。このため、長時間にわたる過重労働の排除と、疲労の蓄積をさせない健康管理措置の適切な実施が求められています。

## ◎労働時間等の適正化

　事業者は、労働時間の適正化に向けて次の対応が求められています。

### ①時間外・休日労働の削減

- 時間外労働が月45時間を超えて長くなるほど、脳・心臓疾患との関連が強まるとの医学的知見から、時間外・休日労働の協定（36協定）の締結には、限度時間に適合することが求められる
- 実際の時間外労働は月45時間、年360時間である
- 臨時的な特別な事情で労使が合意する場合でも、1カ月100時間未満

（年間6カ月以内、2〜6カ月の平均時間外労働時間は80時間以内）、1年で720時間以内である

- 労働時間については「面接指導を実施するため、厚生労働省令で定める方法」により把握しておく必要がある（タイムカードによる記録、パソコン等の電子機器の使用時間等の記録、などの客観的方法によって把握する）
- 裁量労働制対象者、管理監督者には過重労働にならないように十分な注意喚起を行う

## ②年次有給休暇取得の促進

- 事業者は有給休暇を年5日間、時季を指定して確実に取得をさせる義務がある

## ③労働時間の設定改善

- 有給休暇を取得しやすくするための環境整備や計画的付与などによる取得促進を図る
- 過重労働が原因の健康障害を防ぐため、労働時間等設定改善指針に留意して、必要な措置を行うよう努める

## ◎労働者の健康管理に係る措置の徹底

事業者が労働者の健康を管理するためにとるべき措置として、次の内容があげられます。

## ①健康管理体制の整備や健康診断の実施など

- 産業医の選任や衛生管理者等の選任
- 産業医等に対する労働者の健康管理等の必要な情報の提供
- 健康相談等の体制整備
- 衛生委員会の設置
- 健康診断の実施、その事後措置、保健指導の実施
- 自発的健康診断制度や二次健康診断等給付金制度の活用による健康管理
- 健康保持増進措置の継続的かつ計画的実施や面接指導の実施

## ②長時間労働の面接指導

- 労働時間の状況の把握
- 産業医および労働者への労働時間に関する情報の通知
- 衛生委員会等における調査審議
- 小規模事業場における面接指導等

以上のような対策を行っても、過重労働による業務上の疾病が発生した場合には、原因究明、再発防止の徹底が必要です。

過労死等防止対策白書（2014 〜 2018年）によると、労災認定された事例のうち「月80時間以上の時間外・休日労働をしている割合」は、脳・心臓疾患の人で92%、精神障害の人で38%といわれているよ

### 力試し問題

**次の文章が正しいか誤りかを答えなさい。**

**1** 時間外・休日労働時間がひと月あたり100時間を超え、面接の申出をした一般労働者は、面接指導の対象である。

**2** 事業者は面接の申出をしたという理由で、その従業員は昇給をしないなどの処遇をしてもかまわない。

**3** 面接指導の費用は事業者が負担する。

### 解説 ‥‥‥‥‥‥‥‥‥‥‥‥‥‥‥‥‥‥‥‥‥‥‥‥‥‥‥‥‥‥‥‥‥‥‥‥‥

**1** ×　100時間ではなく、80時間。
**2** ×　面接の申出をしたことで従業員に不利益な取り扱いをしてはいけない。　**3** ○

---

コラム

### 認知的アプローチ①

認知的アプローチは、自身のもののとらえ方のくせ・ゆがみ・思考パターンを把握し、それを修正していくことで、感情やストレスをコントロールする手法です。ストレスにさらされる機会が業務上多くなる管理監督者にとって、ものの見方・とらえ方（認知）はセルフケアに特に重要です。もののとらえ方にどのような認知のゆがみがあるかを分析するために、自動思考を記録するという方法があります。自動思考は、ある場面で瞬間的に浮かんで消えるイメージのことで、これは、その人の心の根底に存在する考え方のくせ「スキーマ」から生じると考えられています。

# 10. ストレスチェック制度

● ストレスチェック制度の
実施義務について

## ◎ストレスチェックの実施

2014年6月にストレスチェック義務化法案とも呼ばれる「労働安全衛生法の一部を改正する法律」が国会で可決・成立、2015年12月1日より施行されることとなり、常時50人以上の労働者を使用する事業場において、年1回の労働者へのストレスチェックが事業者に義務づけられることとなりました。50人未満の場合においても、実施するよう努めることとされています（努力義務）。

ストレスチェックには「職業性ストレス簡易調査票」（57項目）の使用が推奨されており、以下の3つの領域に関して評価を行います。

| ストレス要因 | 心理的負担の原因に関する項目 |
| --- | --- |
| ストレス反応 | 心理的負担による心身の自覚症状に関する項目 |
| 周囲のサポート | ほかの労働者による当該労働者への支援に関する項目 |

## ◎ストレスチェック実施体制

ストレスチェックの実施者は、医師、保健師、一定の研修を受けた歯科医師、看護師、精神保健福祉士、公認心理師などに限られます。実施者は調査票の選定や実施の企画、高ストレス者に該当するかどうか、面接指導が必要かどうかなど結果の評価を行います。また、ストレスチェック実施事務従事者は特に資格は要しませんが、調査票回収やデータ入力、面接指導の推奨などを行うため、労働者の解雇や昇進、異動に対して権限を持つ者はなることができません。

ストレスチェックの実施規定や実施計画、結果の評価方法や高ストレス者の選定基準などは衛生委員会において調査審議がされます。労働者には受検義務はありませんが、事業者、実施者、実施事務従事者は、未受検の労働者に対して受検勧奨を行うことが可能です。ストレスチェックの結果は、実施者が受検者に通知します。実施者は労働者本人の同意がない場合は、結果を事業者へ通

知することはできません。結果は、<u>ストレスの程度、高ストレス者への該当の有無、面接指導の要否</u>の３項目について通知されます。通知には結果受理後１カ月以内に面接の申出を行うことや、申出の窓口や方法を記載します。

●留意事項

　ストレスチェックの結果は労働者の同意なく、事業者に提供されてはいけません。事業場においては「雇用管理に関する個人情報のうち健康情報を取り扱うにあたっての留意事項」（2017年）や、「労働安全衛生法」104条、「労働者の心身の状態に関する指針」（2018年）に沿う必要があります。実施者においてはそれぞれの資格に応じた守秘義務が課されており、罰則があります。また、事業者は労働者の面接指導の申出を理由として、不利益な取り扱いをしてはならないことが<u>労働安全衛生法</u>にて規定されています。

　また、常時50人以上の労働者を使用する事業場は、ストレスチェックの結果等をもとに<u>１年以内</u>ごとに１回、心理的な負担の程度を把握するための検査結果等報告書を<u>所轄労働基準監督署長</u>に提出しなくてはいけません（労働安全衛生規則52条の21）。

　なお、ストレスチェックの実施は義務として法律に規定されましたが、<u>罰則はありません</u>。しかし、事業者にとっては<u>安全配慮義務違反</u>となり、メンタルヘルス不調発生からの損害賠償につながる可能性があります。

## ◎面接指導と事後措置

　面接指導が必要と判定された労働者が面接の申出を行った場合、事業者は<u>医師</u>による面接指導を行う必要があります（労働安全衛生法66条の10）。面接を行った場合は、<u>面接指導の記録</u>を作成して、事業者はそれを５年間保存しなければなりません。面接を行った医師は、就業上の措置に関する意見に加えて、職場環境の改善に関する意見を状況に応じて述べる必要があり、事業者は医師の意見を勘案し、必要に応じて労働者への措置を講じなければなりません。

### 力試し問題

**次の文章が正しいか誤りかを答えなさい。**

　**１**　50人未満の事業場においても、ストレスチェックを行うことが義務づけられている。

**解説** ⋯⋯⋯⋯⋯⋯⋯⋯⋯⋯⋯⋯⋯⋯⋯⋯⋯⋯⋯⋯⋯⋯⋯⋯⋯⋯⋯⋯⋯⋯⋯⋯⋯⋯⋯⋯⋯⋯⋯⋯

　**１** ×　努力義務である。

# 11. 自殺対策基本法ほか

**ココが ポイント**

● 自殺対策基本法制定の背景とは？
● アルコール健康障害への取り組みは？

## ◎自殺対策基本法の制定

1998年に自殺者数が初めて3万人を超えてから2011年まで、14年間にわたり3万人を超える状況が続いていました。自殺は、以前は個人的な問題としてとらえられていましたが、近年では職場における過労やいじめや多重債務など社会問題を反映しているものも多く、自殺対策の必要性から2006年6月に自殺対策基本法が制定されました。

2007年6月には、政府が推進すべき自殺対策の指針として自殺対策の大綱（自殺総合対策大綱）が閣議決定されました。この大綱は5年ごとの見直しをしており、2012年8月の大綱では悩みを抱えた人が必要な支援を受けられるよう支援策の重点的な実施をすることとされました。さらに、2017年の見直しでは以下の目標が追加されています。

① 地域レベルで行う実践的取り組みのさらなる推進
② 若者の自殺対策や、勤務問題が原因の自殺対策のさらなる推進
③ 2026年までに自殺死亡率を30％以上減少させること（2015年比）

啓発活動としては、毎年9月10日〜16日を「自殺予防週間」とし、2010年2月の自殺対策緊急プラン（自殺総合対策会議決定）においては毎年3月を「自殺対策強化月間」と定めています。

2012年以降、自殺者数は3万人を割っていますが、OECD諸国と比較すると日本の自殺率は高水準です。自殺対策の強化を図って2016年3月には自殺対策基本法が改正され、地域自殺対策推進の強化などが盛り込まれています。

## ◎アルコール健康障害対策基本法

不適切な飲酒はアルコール健康障害の原因となります。さらにアルコール健康障害は、本人の健康問題だけではなく、家族への深刻な影響や、飲酒運転、

暴力、虐待、自殺などさまざまな問題に密接に関連します。

　そこで2013年にアルコール健康障害対策基本法が制定されました。この法律では、国や地方公共団体、国民、医師等、健康増進事業実施者に対し、それぞれの責務を定めています。特に、酒類の製造や販売（飲用の提供も含む）を行う事業者に対しては、事業を行うにあたりアルコール健康障害の発生などの防止に配慮するよう努めることとされています。この基本法に基づいて、2016年5月には「アルコール健康障害対策推進基本計画」が定められました。

> **アルコール健康障害とは……**
> アルコール依存症、未成年飲酒、妊婦の飲酒など不適切な飲酒の影響による心身の健康障害

## ◎障害者の雇用の促進等に関する法律（障害者雇用促進法）

　障害者の雇用促進を目的とした障害者雇用促進法により、事業者は身体障害者、知的障害者、精神障害者を一定比率で雇用する義務があります。これを法定雇用率といい、民間企業においては2021年3月に2.2％から2.3％に引き上げられました。

　雇用率を満たしていない事業主からは障害者雇用納付金が徴収され、達成した事業主には障害者雇用調整金が支給されます。

　2013年には法律が改正され、障害者に対する差別の禁止、差別的取り扱いの禁止が制定されるとともに、職場で働くにあたっての支障を改善するための措置（合理的配慮の提供義務）が定められました。

> 2016年4月、自殺対策が内閣府から厚生労働省に移管されたよ

### 力試し問題

**次の文章が正しいか誤りかを答えなさい。**

**1** 日本における自殺者数は1998年以降3万人を下回らずにいる。

**2** 自殺対策大綱は、2007年6月に閣議決定されてから、5年ごとに見直しがされている。

**解説** • • • • • • • • • • • • • • • • • • • • • • • • • • • • • • • • • • • • • • • • • • • • • • • • • • • • • • • • • • • • • •
　**1** × 　2012年以降は3万人を下回っている。　**2** ○

# 12. 事業者にとっての意義

● リスクマネジメントとは？
● ワーク・ライフ・バランスとは？
● 生産性の向上とは？

◎ **リスクマネジメント**

　もし企業内で過労死や過労自殺が発生すると、①安全配慮義務に違反した場合に民事上の損害賠償責任が発生する、②社内に大きな衝撃が走る、③対外的な企業イメージが低下する、などの多くのリスクが存在します。

　また、そこまで至らなくても、強いストレスを感じたり、従業員のメンタルヘルスの悪化を放置していると、集中力・判断力の低下によりミスや事故が発生し、他の従業員、顧客、地域住民の安全と健康を脅かすなどのケースも考えられます。以上から、企業はリスクマネジメントの一環としてメンタルヘルス対策に真剣に取り組む必要があります。

◎ **ワーク・ライフ・バランス**

　「仕事と生活の調和（ワーク・ライフ・バランス）憲章」および「仕事と生活の調和推進のための行動指針」が2007年に政労使合意により内閣府で決定されました。この憲章では、仕事と生活の調和が実現した社会を、「国民一人ひとりが、やりがいや充実感を感じながら働き、仕事上の責任を果たすとともに、家庭や地域生活などにおいても、子育て期、中高年期といった人生の各段階に応じて多様な生き方が選択・実現できる社会」としています。

　ワーク・ライフ・バランスの実現により次のようなことが期待されます。

　　① 就労による経済的自立が可能な社会
　　② 健康で豊かな生活のための時間が確保できる社会
　　③ 多様な働き方・生き方が選択できる社会

## ◎生産性の向上

　強いストレスなどによってメンタルヘルス不調を発症すると、従業員個人の集中力、判断力、生産性が低下するだけではありません。たとえば、休業者が発生した場合に、その業務を分担する残った従業員の負荷も高まるなど、会社全体に影響を及ぼします。

　米国立労働安全衛生研究所（NIOSH）の「健康職場モデル」によると、「従業員の健康や満足感と、組織の業績や生産性は両立できる」とされています。また、相互作用があり、お互いに強化することができるといわれています。

●健康職場モデル（NIOSH）

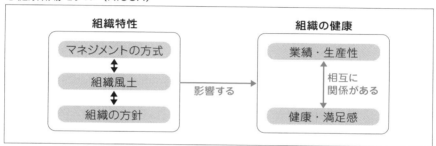

## ◎アブセンティーズムとプレゼンティーズム

　アブセンティーズムは、心身の体調不良が原因による遅刻や早退、就労が困難な欠勤や休職など、健康問題により仕事を欠勤している状態をさしています。また、プレゼンティーズムは、欠勤には至っておらず勤怠管理上には表出しないものの、心身の健康上の問題により業務遂行（パフォーマンス）や生産性が低下している状態をさしています。いずれも、WHO（世界保健機構）によって提唱された健康問題に起因したパフォーマンスの損失を表す概念です。

　データヘルス・健康経営を推進するためのコラボヘルスガイドライン（厚生労働省保険局）を参照すると、健康関連のコストの半数以上をプレゼンティーズムが占めています。また、2015年の東京大学政策ビジョン研究センターの調査では、日本の3企業・組織の健康関連総コストを推計したところ、医療費が全体の15.7%であるのに対し、アブセンティーズムは4.4%、プレゼンティーズムは77.9%を占めており、いずれの調査からもプレゼンティーズムが医療費を上回る健康関連のコストであることが示されています。メンタルヘ

ルス不調や、アレルギー、偏頭痛、生活習慣病などを含め、プレゼンティーズ
ムを含めた健康関連のコストの課題を考えていくことが、今後の健康経営にお
いて重要といえます。

## ◎健康経営

　従業員等の健康管理を経営的な視点で考え、従業員の活力向上や生産性の向
上などの組織の活性化を図り、結果的に業績向上等につながるように戦略的に
実践していくことを健康経営といいます。経済産業省と東京証券取引所は、優
良な健康経営を行う上場企業を健康経営銘柄とし公表しています。また、優良
な健康経営を行う非上場企業や医療法人等についても、経済産業省と日本健康
会議により「健康経営優良法人認定制度」として顕彰する制度があります。

## ◎ワーク・エンゲイジメントとは

　ワーク・エンゲイジメントは「仕事にやりがいを感じている（熱意）」「仕事
に熱心に取り組んでいる（没頭）」「仕事から活力を得ていきいきとしている（活
力）」の3つがそろった状態のことをいい、この対局の状態をバーンアウト（燃
え尽き症候群）といいます。ワーク・エンゲイジメントが高い従業員ほど、心
身が健康でパフォーマンスも良好であることがいわれています。

　ストレスチェックに用いられる「新職業性ストレス簡易調査票（80問）」で
は、ワーク・エンゲイジメントの測定が可能です。

### ●ワーク・エンゲイジメントが高い状態

- 心身の健康が良好で睡眠の質が高い
- 職務満足感や組織への愛着が高い
- 離職や転職の意思や疾病休業の頻度が低い
- 自己啓発学習への動機づけや創造性が高い
- 役割行動や役割以外の行動を積極的に行う
- 適切なリーダーシップ行動が多い

## ◎ワーク・エンゲイジメントを高めるために

　ワーク・エンゲイジメントを考えるモデルのひとつに仕事の要求度―資源モ
デルがあります。このモデルによると、仕事の要求度と自身のコントロールの

バランスが取れていないと、従業員はストレスを感じ、ワーク・エンゲイジメントが低下するといわれています。しかし、仕事の資源が十分にある場合には、要求度の高さに関わらず、ワーク・エンゲイジメントが高まるといわれています。

　つまり、**仕事の要求度**の調整や、**仕事の資源**（人手、正当な評価、上司によるサポート、キャリア開発の機会など）、**個人の資源**（自己効力感やレジリエンスなど）が従業員支援において非常に重要と考えられます。

●仕事の要求度—資源モデル

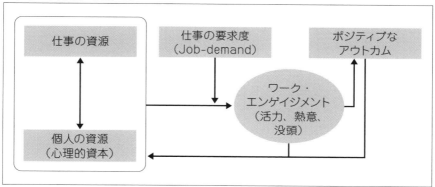

出典：厚生労働省「仕事の要求度—資源モデル」（著者改変）

## 力試し問題

### 次の文章が正しいか誤りかを答えなさい。

**1** 従業員のメンタルヘルスが悪化した場合、ミスや事故が発生しやすくなる。

**2** NIOSHの職業性ストレスモデルによると、従業員の健康や満足感と組織の生産性は両立できるとされている。

**3** メンタルヘルス対策をしてもワーク・ライフ・バランスにはつながらない。

**4** プレゼンティーズムとは、心身の体調不良が原因による遅刻や早退、就労が困難な欠勤や休職など、健康問題により仕事を欠勤している状態を示す。

**5** ワーク・エンゲイジメントが高い従業員は心身の健康を損なう可能性が高い。

### 解説 ・・・・・・・・・・・・・・・・・・・・・・・・・・・・・・・・・・・・・・・・・・・・・・・・・・・・・・・・・・・・・・

**1**○　**2**× 「職業性ストレスモデル」ではなく、「健康職場モデル」。
**3**×　ワーク・ライフ・バランスにも資する。
**4**×　アブセンティーズムの説明である。
**5**×　ワーク・エンゲイジメントが高いと心身の健康状態も良好であることが多い。

# 13. ケアの方針と 計画、実施、評価まで

2種 頻出度 ★
3種 頻出度 ★★★

● 方針の立案と表明はどのようにするか？
● 計画策定、実施、評価はどのようにするか？

## ◎事業者による方針の表明

事業者が意思表明をすることにより、事業活動や個人の評価におけるメンタルヘルスケアの位置づけが明確になります。積極的に取り組むモチベーションにつながり、優先順位も上がります。また、活動時間を取る正当性があり、安心して取り組むことができます。

方針の内容として盛り込むのは、次のとおりです。

① メンタルヘルスの重要性
② 職場全体を巻き込んだ対策
③ プライバシーへの配慮
④ 継続的実施

こうした方針は、職場内に掲示、ウェブサイトに掲示、社内報に掲載、社内メールで送信するなど、目に触れるように周知することが重要です。

## ◎計画の作成と実施、評価

「労働者の心の健康の保持増進のための指針（メンタルヘルスケア指針）」（2006年）では「心の健康づくり計画」に次の7項目を盛り込むとされています。

① 事業者がメンタルヘルスケアを積極的に推進する旨の表明に関すること
② 事業場における心の健康づくりの体制の整備に関すること
③ 事業場での問題点の把握およびメンタルヘルスケアの実施に関すること
④ メンタルヘルスケアを行うために必要な人材の確保および事業場外資源の活用に関すること
⑤ 労働者の健康情報の保護に関すること
⑥ 心の健康づくり計画の実施状況の評価および計画の見直しに関すること
⑦ その他労働者の心の健康づくりに必要な措置に関すること

メンタルヘルスケア体制づくりは、まず必要な役割や手順を文書化し、またその手順を実施できる人材育成が必要です。文書は単に実施要領をまとめたマニュアルを作成するだけでは不十分で、方針を最高位の文書とし、上位文書であるシステム文書と下位文書である実施要領、様式から文書体系を構築します。そして、安全衛生委員会等の既存の安全衛生体制を活用して、役割を明確にしていきます。

また、事業者のリーダーシップのもと、職場のラインが中心となり参画意識を高め、安全衛生部門のスタッフがサポートします。そして、活動のルールを体系化した文書に作成しておきます。

実施計画の策定は、実施システム（体制）と具体的活動スケジュール、目標で構成します。目標は、評価項目と達成目標からなり、方針との関連が明らかになるように設定します。達成目標は、達成状況がわかるように、具体的な数値で設定します。具体的活動スケジュールは年間計画を策定することが一般的ですが、事例が発生するなどの臨時的な活動がスムーズに実施できるようにすることも重要です。

進捗状況は毎月の安全衛生委員会で確認します。そして、目標達成できなかった場合には、原因を分析し改善に結びつけます。目標達成できた場合は、さらなる改善や高めの目標設定をすることが望ましいとされています。

---

**重要！
覚えて
おこう**　**評価の留意点**

継続的実施をするために、評価は優劣をつけるものではなく、改善に結びつけることを目的として行うことが望ましい。

---

### 力試し問題

**次の文章が正しいか誤りかを答えなさい。**

1 　事業者の方針表明により、モチベーションや優先順位が上がる。

2 　事業者が取り決めた方針は、役員や管理職のみで把握しておく。

3 　メンタルヘルスケアの活動は、外部の専門家に任せることが重要である。

**解説**

1 ○　2 ×　職場内の全員が周知できるようにする。

3 ×　安全衛生活動と同様に既存の組織を活用することが重要。

## ■章 理解度チェック

1. 「労働安全衛生調査」（2018、厚生労働省）によると、職場の主なストレスの要因は、男女全体で「仕事の質・量」、「仕事の失敗、責任の発生等」、「対人関係」の順となっている。　　◯

2. 「労働安全衛生調査」（2018、厚生労働省）によると、過去1年間にメンタルヘルス不調により連続1カ月以上休業した労働者がいる事業所の割合は全体で6.7%である。　　◯

3. 事業者が安全配慮義務に違反し、従業員に損害を与えた場合、事業者には民事上の損害賠償責任が生じる。　　◯

4. 実務上も事業者は日常から従業員に接し、健康状態を把握し、作業の内容・量を調整する立場にある。　　×

5. パワハラについては、特別な法的規制は存在しない。　　×

6. 労災保険は事業者に過失があっても支給される。　　◯

7. メンタルヘルスケアの一次予防とは、メンタルヘルス不調の早期発見・対応である。　　×

8. 「心の健康づくり計画」の実施においては、実施状況等を適切に評価し、評価結果に基づき必要な改善を行うことは効果的である。　　◯

9. 時間外労働が100時間を超え、疲労が蓄積している従業員から申出があった場合、医師による面接をする義務については、「過重労働による健康障害防止のための総合対策」で示されている。　　×

10. 「過重労働による健康障害防止のための総合対策」では健康管理措置として、時間外労働の削減、年次有給休暇取得の促進、労働時間の設定改善、労働者の健康管理にかかる措置の実施を示した。　　◯

11. ワーク・ライフ・バランスが実現された場合、個人にとってプラスになることはあっても、事業者にとってプラスになることはない。　　×

12. 達成状況の評価の指標として、「自殺者ゼロ」などの具体的な数値目標を設定することは適切である。　　◯

**解説>4.**「事業者」ではなく「管理監督者」。　**5.**2019年5月に改正された労働施策総合推進法において規定されている。　**7.**早期発見・対応は、二次予防である。　**9.**時間外労働が80時間以上の、疲労が蓄積した従業員の申出があった場合の医師による面接は、労働安全衛生法に規定されている。　**11.**健康の維持増進、優秀な人材の確保、創意工夫など事業者のプラスもある。

第2章

# ストレスと
# メンタルヘルスの基本

# 14. ストレスとは

ココが
ポイント

● ストレッサーとは何か？
● ストレス反応とは何か？　どのようなものがあるか

## ◎ストレッサーとストレス反応

　個人にとって、心理的あるいは身体的負担となるような出来事や要請を**ストレッサー**といいます（ストレス要因、ストレス負荷、ストレス原因ともいう）。ストレッサーは、大きく分けて次の4種類があります。

- **物理的ストレッサー**（騒音、高温など）
- **化学的ストレッサー**（化学物質による刺激など）
- **生物的ストレッサー**（細菌、花粉など）
- **心理社会的ストレッサー**（人間関係など）

　これらのストレッサーによって引き起こされた心理的反応、身体的反応および行動的反応を、**ストレス反応**（またはストレス状態）といいます。ストレス反応には、次のようなものがあります。ストレッサーとストレス反応をまとめて、**ストレス**と総称しています。

### ●主要なストレス反応

| | |
|---|---|
| **身体的反応** | 頭痛、微熱、動悸、胃痛、下痢、便秘、咳、腰痛、高血圧、めまい、不眠、貧血、肩こり、息切れ、など |
| **心理的反応** | 集中力の低下、自信喪失、不安、イライラ、気力低下、抑うつ気分、怒りやすい、忘れっぽい、楽しくない、など |
| **行動的反応** | 過食、飲酒量や喫煙量が増える、浪費、事故、仕事上でミスが増える、欠勤・遅刻が増える、作業能率が落ちる、など |

　こうしたストレス反応が強い状況が続くと、その人の生活習慣や体質によって、うつ病、高血圧症、胃・十二指腸潰瘍、心筋梗塞などの**ストレス病**を引き起こす可能性があります。

## ◎ストレスのメカニズム

　ストレッサーとストレス反応の関係は、空気の入ったゴムボールを手で押してみることにたとえられます。手で押すことが**ストレッサー**、ゴムボールがへこむことが**ストレス反応**です。押す力が強かったり、押されている時間が長かったりすると、元に戻りにくくなります。この状態が**ストレス関連疾患**で、症状は、ストレッサーの強さや持続時間、ストレッサーにさらされる頻度や時期などのほか、個人の受け止め方などによって変化します。

### ●うつ状態・うつ病が発症するプロセス
ストレス反応が長く続き、悪化すると……

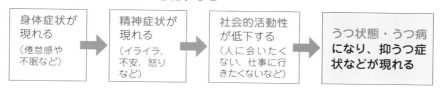

| 身体症状が現れる（倦怠感や不眠など） | → | 精神症状が現れる（イライラ、不安、怒りなど） | → | 社会的活動性が低下する（人に会いたくない、仕事に行きたくないなど） | → | うつ状態・うつ病になり、抑うつ症状などが現れる |

**重要！覚えておこう**

## ストレス反応は3段階で変化
ストレッサーに反応すると、不安や緊張など急性のストレス反応を出す「警告反応期」から、ストレッサーに慣れてきて乗り越えたように感じる「抵抗期」に続き、さらにエネルギーを使い

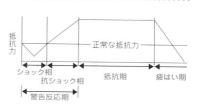

切ってしまう「疲はい期」へと進む。この頃には、初期にストレス反応だったものは、うつ状態や不安障害などの**ストレス関連疾患**となる。

> ストレス反応の初期（警告反応期、抵抗期）はまだ解決しようとする思考があるよ！

### 力試し問題

**次の文章が正しいか誤りかを答えなさい。**

1. 「今度のプロジェクトは、納期もきついし、人間関係も難しくて、ストレスだらけだ」というときの「ストレス」は、ストレス反応のことである。

2. 喫煙や飲酒行動は個人の嗜好なので、ストレスにより引き起こされることはない。

### 解説

1. × ストレス反応ではなく、ストレッサー。
2. × 喫煙量や飲酒量の増加もストレッサーによって引き起こされる行動面のストレス反応である。

# 15. ストレスによる 健康障害のメカニズム

2種 頻出度 ★★★
3種 頻出度 ★★★

ココが
ポイント

● ストレスによって引き起こされる
　健康障害のメカニズムとは？
● 神経伝達物質の働きとメンタルヘルス不調
　との関連は？

## ◎ストレスによる健康障害

　人がストレッサーに直面すると、まず今までの経験に照らし合わせて、その苦痛や負担の度合いが大脳皮質で認知され、評価されます。この情報は大脳辺縁系へと伝達され、不安や不満などの感情を引き起こし、ストレッサーやストレス反応を軽減するための行動も引き起こします。

　この不安や不満などの感情を引き起こすのは、脳内のアドレナリンやノルアドレナリン、ドーパミン、セロトニンなどの神経伝達物質です。不安や抑うつ気分、意欲、活動性などと関連しており、神経伝達物質の生成や伝達が阻害されると、うつ病や不安障害などのメンタルヘルス不調が起こります。

● ストレスによる健康障害のメカニズム

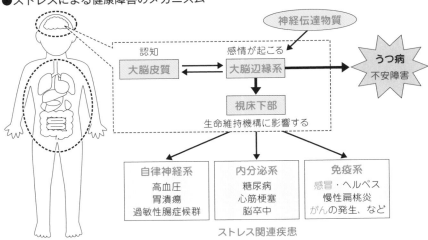

ストレス関連疾患

38

さらに、大脳辺縁系の神経細胞の興奮は、視床下部に伝えられて、自律神経系・内分泌系・免疫系の諸反応（ストレス反応）を引き起こします。

この自律神経系・内分泌系・免疫系は、通常の身体活動を維持し、生体のバランスを保つための系統です。急性の強いストレスや持続的な慢性ストレスがかかると、自律神経系・内分泌系の機能が過活発な状態となり、免疫系が抑制されます。すると、身体のバランスが保てなくなり、健康障害が発生します（たとえば、過労、睡眠不足、心理的な葛藤などのストレスが続くと感冒（かんぼう）にかかったりする）。これが、ストレス病（ストレス関連疾患）にかかる仕組みです。

---

**重要！覚えておこう**　**自律神経系と健康障害**

自律神経系は、不安になったときに動悸がする、落ち込んだときに食欲がなくなるなど、感情（心）と身体を結ぶはたらきをするものでもある。自律神経系には、交感神経と副交感神経があり、身体諸器官はこの両方の支配を受けている。強いストレッサーに直面すると交感神経系が優位となり、アドレナリンやノルアドレナリンの分泌が増え、心拍数・呼吸数が増えて血圧も上昇し、体は臨戦モードとなる。逆に、副交感神経系が優位になると、心拍数・呼吸数は減少して血圧も下がり、休息モードとなる。ストレスが長く続くと、この交感神経系と副交感神経系の切り替えがスムーズにいかなくなる。体は常に緊張状態が続くことになり、その結果、ストレス病となる。

---

### 力試し問題

> ストレスを受けると、インスリン抵抗性は増加するよ

**次の文章が正しいか誤りかを答えなさい。**

**1** ストレッサーに直面すると、今までの経験とは関係なく、負担の大きさや苦痛の程度が大脳皮質で判断される。

**2** 立腹したときに動悸がしたり、気分が沈んだときに食欲がなくなったりするのは、感情や身体と内分泌系の機能が関連している。

**3** 自律神経系では、強いストレッサーに直面すると副交感神経系が優位になる。

**4** ストレス反応が強くなって症状として固定すると、慢性睡眠障害や高血圧症などのストレス関連疾患となる。

#### 解説

**1** ×　負担の大きさなどは「今までの経験」をもとに評価される。
**2** ×　内分泌系ではなく、自律神経系。　**3** ×　副交感神経系でなく、交感神経系。
**4** ○

# 16. 産業ストレスとは

● 職場のストレッサーには、どんなものがある？
● ストレス反応の強弱に影響を与える要因は？

## ◎職業性ストレスの特徴

現代の産業社会は、グローバル化やIT・技術革新の進展など、構造変化を伴う急激な変化に見舞われています。これらに対応するために企業は、リストラや成果主義の導入などの人事制度改革を進めてきましたが、労働環境の変化は労働者のストレスを増加させることとなり、メンタルヘルス不調者も増加しています。また、近年の在宅テレワークの導入では、在宅による孤立感や、生活習慣病の増加などが懸念されています。

特に、職業性ストレスは、研究開発部門、システムエンジニア、企画・管理部門、営業部門などで増加傾向にあります。

## ◎職業性ストレスモデル

職業性ストレスモデルはいくつか種類がありますが、米国立労働安全衛生研究所（NIOSH）が提唱した職業性ストレスモデルは、最も包括的なモデルで、職場のストレスと疾病の発生の関係を総合的に理解できます。これによると、「職場のストレッサー」がストレス反応を引き起こし、さらに「仕事以外の要因」「個人要因」「緩衝要因」が影響を与え、個人のストレス耐性の限界を超えたとき、何らかの健康障害、すなわち疾病が発生すると考えられています。

● NIOSHの職業性ストレスモデル

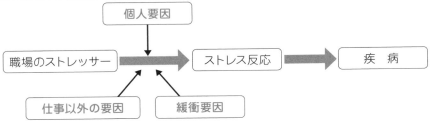

●職業性ストレスモデルの各項目の内容

| 職場のストレッサー | 職場の人間関係、長時間かつ過重な労働、過重なノルマ・責任、仕事への適性や自分の将来への不安、知識不足や経験不足からくる不安、繰り返し・単純作業など仕事に意味や価値が認められない、評価や待遇への不満、作業環境への不満など |
|---|---|
| ストレス反応 | ストレッサーによって引き起こされる反応。身体的反応（疲労感、不眠など）、心理的反応（不安、抑うつなど）、行動的反応（飲酒、欠勤など）がある |
| 疾病 | うつ病、不安障害、適応障害などのメンタルヘルス不調、高血圧や脳卒中、心筋梗塞などの脳・心血管障害、過労死、過労自殺など |
| 個人要因 | 年齢、性別、性格、職種、結婚生活の状況、雇用保証期間、自己評価など |
| 仕事以外の要因 | 家族・友人・親族・隣人等との関係、育児や介護、個人的な出来事など |
| 緩衝要因 | ストレスを和らげたり、健康障害の発生を防いだりするもので、上司や同僚、家族などの人間関係や社会的支援 |

このモデルは、職場のメンタルヘルス対策を進めていくうえでも参考になります。具体的には、たとえば管理監督者は、職場のストレッサーを減らし、緩衝要因を増やすことで従業員のメンタルヘルス不調を予防することができるということになります。

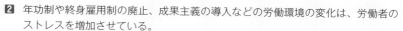
感染症の拡大や経済不況も、労働者のストレスを増加させる原因になるよ

## 力試し問題

### 次の文章が正しいか誤りかを答えなさい。

**1** NIOSHの職業性ストレスモデルは、仕事以外の要因は考慮されていない。

**2** 年功制や終身雇用制の廃止、成果主義の導入などの労働環境の変化は、労働者のストレスを増加させている。

**3** NIOSHの職業性ストレスモデルでは、上司や同僚など周囲からの社会的支援はストレスを和らげ健康障害の発生を防ぐ個人要因となる。

**4** 企業間競争の激化に伴って、特に製造部門で働く人々は職業性ストレスが増えている。

### 解説 ⋯⋯⋯⋯⋯⋯⋯⋯⋯⋯⋯⋯⋯⋯⋯⋯⋯⋯⋯⋯⋯⋯⋯⋯⋯⋯⋯⋯⋯⋯⋯⋯⋯⋯⋯⋯⋯⋯⋯⋯⋯⋯⋯⋯

**1** × 家族などの仕事以外の要因や性別・年齢などの個人要因、社会的支援などの緩衝要因なども取り入れられている。

**2** ○

**3** × 個人要因ではなく、緩衝要因である。

**4** × 製造部門ではなく、研究開発、システムエンジニア、企画・管理、営業部門で増加しているといわれている。

**ココが ポイント**

● 各年齢層でメンタルヘルス不調となる ストレッサーの特徴は？

## ◎それぞれのライフサイクルにおけるストレスの特徴

　労働者の年齢層別のストレスの特徴をNIOSHの職業性ストレスモデルで表すと次のようになります。職場での立場や役割の変化、心身機能の衰え、家族の抱える課題の変化などで、各年齢層でストレッサーが異なってきます。

### ●新入社員や若年労働者（15歳〜30代前半）のストレスの特徴

　新入社員の場合、自由度の高い学生生活から、責任と協調性を求められる社会人へのシフトにストレスを感じ、離職につながることもあります。特に、若年労働者の一部では、メンタルヘルス不調が増加しており、その背景として、「組織への帰属意識が希薄」「外罰傾向」「協調性や忍耐力が乏しい」などの人格的な未熟さが指摘されています。

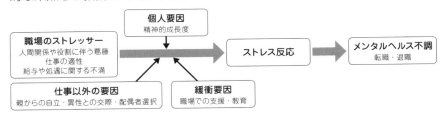

### ●壮年労働者（30代後半〜45歳くらい）のストレスの特徴

　職場では第一線の労働者であると同時にマネージャーでもあり、過重労働になりやすい世代です。家庭生活でも子育ての負担が増えます。

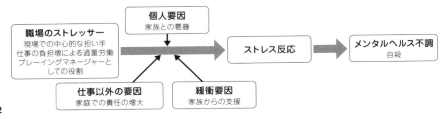

## ●中高年労働者（45歳〜65歳くらい）のストレスの特徴

　職場ではリーダーシップをとる立場になり、一層の成果を出すことが求められますが、加齢による心身機能の衰えに直面します。家庭では、親世代の介護・看取りや子世代の自立など、責任が重くなり負担も増えます。

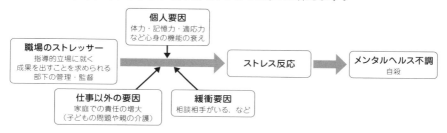

## ●高年齢労働者（65歳以上）のストレスの特徴

　定年を迎え自身の病気などのストレスは高まりますが、勤労意欲は高く保たれ給与や処遇についての改善要求も高いという特徴があります。記銘力や想起力（流動性知能）は40歳ごろをピークに低下しますが、知識や経験を活かして総合的に判断する能力（結晶性知能）は、80歳まで経験とともに向上し続けるといわれています。

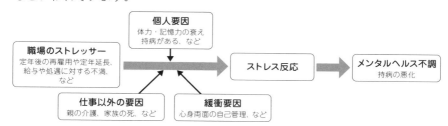

### 力試し問題

**次の文章が正しいか誤りかを答えなさい。**

**1** 新入社員は、社会人として責任や協調性が求められることにより、ストレスを感じることがある。

**2** 高齢の労働者は、記銘力や想起力、総合的に判断する能力が低下していく。

**解説** •••••••••••••••••••••••••••••••••••••••••••••••••••••••••••••••••••••••••

　**1**○　**2**×　総合的に判断する能力は、80歳になるまで経験とともに上昇するといわれている。

# 18. ライフサイクルと ストレス その②

 **ココが
ポイント**

● **女性労働者や非正規雇用者がメンタルヘルス
不調となるストレッサーの特徴は？**

## ◎女性労働者のストレスの特徴

　厚生労働省が2018年に行った「労働安全衛生調査」では、「仕事や職業生活に関することで強いストレス」があると回答した労働者は、男性が59.9%、女性が55.4%と男性の方がやや高い数値を示していますが、対人関係や雇用の安定性においては、女性の方が悩みを抱えていることが示されています。

●**女性労働者が抱えやすいストレス**

| 職場におけるストレス | 役割、ハラスメント、人間関係、キャリア、出産後の職場復帰、非正規雇用など雇用形態など |
| --- | --- |
| 家庭におけるストレス | 家事、家庭内暴力（DV）やモラルハラスメント（精神的暴力）、育児・介護など |
| 女性の生物学的特有のストレス | 月経痛、月経前症候群、更年期障害、出産に伴う精神的・身体的疲労など |

　事業場でのセクハラやマタハラ対策は少しずつ進んでいるものの、日本労働組合総連合会が2014年に行った調査によると、セクハラ被害は28.9%、マタハラ被害は21.4%の女性が経験していました。セクハラの被害は正社員に、マタハラの被害は派遣社員に多くなっています。

　また、管理職に占める女性の割合は、2020年の「男女共同参画白書」では14.8%であり、課長以上はいまだ少ないのが現状です。女性が仕事を継続し、キャリアを形成していくうえでハラスメントや結婚・妊娠・出産等への無理解・支援不足がストレス要因となっていることが考えられます。

　家庭においても、旧来の性別役割分担業感（男性は外で仕事、女性は家庭で家事や育児を担当するという考え方）は依然存在しており、子どものいる女性労働者は、同じ職場の男性労働者や単身女性に比べてストレスが高いことが指摘されます。また、女性の生物学的特有のストレスについても、生理休暇の取得しにくさなどが報告されています。

## ◎女性労働者のストレス対策

2015年に制定された女性活躍推進法（2019年改正）では、国や地方公共団体、従業員301人以上の事業場の事業主は、女性採用比率、勤続年数の男女差、労働時間の状況、女性管理職比率を把握し、改善のための行動計画を策定・公表することが求められました。具体的な対策としては、ハラスメント対策、産業保健スタッフによる支援、育児休暇や男性の育児参加促進のための社内制度、長時間労働の抑制、有給休暇活用促進などがあげられます。

## ◎非正規雇用者のストレスの特徴

2021年の「労働力調査」（総務省）では、役員を除く雇用者数は2020年平均で5,629万人（男性3,010万人、女性2,620万人）で、そのうち正規の職員・従業員数は3,539万人（男性2,345万人、女性1,194万人）、非正規の職員・従業員数は2,090万人（男性665万人、女性1,425万人）と報告がされています。中でも女性労働者は、正規雇用者1,194万人に対して非正規雇用者が1,425万人と、非正規雇用の割合が高いことがわかります。

2018年の厚生労働省の「労働安全衛生調査」では、雇用の安定性に「強いストレス」があると答えている派遣労働者や契約社員の割合が高いことが挙げられています。また、非正規雇用者の中にも、正規雇用を希望していたが職がなく不本意ながら非正規雇用になった者と、自ら希望して非正規雇用になった者では、不本意に非正規雇用になった者の方がストレスは高く、自発性の有無やポジティブなキャリア観を持つことは重要であることが考えられます。

> 民間企業の女性管理職の割合は、係長級18.9%、課長級11.4%、部長級6.9%だよ

### 力試し問題

**次の文章が正しいか誤りかを答えなさい。**

**1** 労働安全衛生調査（厚生労働省、2018年）によると、「対人関係」に強いストレスがあると回答した労働者は、男性の方が多かった。

**2** 男女共同参画白書（2020年）によると、日本における女性管理職の割合は、14.8%である。

### 解説 ••••••••••••••••••••••••••••••••••••••••••••••••••••

**1** ×　女性の方が多い。　**2** ○

# 19. メンタルヘルス不調と うつ

2種 頻出度 ★★★
3種 頻出度 ★★★

ココが ポイント

● メンタルヘルス不調とは？
● うつ病の特徴は？

## ◎メンタルヘルス不調

　厚生労働省の「労働者の心の健康の保持増進のための指針（2006年）」によると、メンタルヘルス不調とは「精神および行動の障害に分類される精神障害や自殺のみならず、ストレスや強い悩み、不安など、労働者の心身の健康、社会生活および生活の質に影響を与える可能性のある精神的および行動上の問題を幅広く含むものをいう」と定義されています。精神疾患だけでなく、出勤困難や無断欠勤および職場での人間関係のストレスや仕事上のトラブル、多量飲酒など行動上の問題を幅広く含む、心の不健康状態を総称する用語です。

　職場のトータル・ヘルスプロモーション・プラン（THP：心身両面にわたる健康づくり）においては、2020年3月の見直しにより、若い年代から健康増進の取り組みを行うことや、集団に対して働きかけること（ポピュレーションアプローチ）などが推進されています。

　労働者にみられるメンタルヘルス不調・精神疾患には、うつ病、躁うつ病、統合失調症、アルコール依存症、パニック障害、適応障害、睡眠障害などがあります。ここでは、まず、うつ病をとりあげます。

## ◎うつ病

　人口の1～3%にみられる疾病で、一生のうち一度でもうつ病にかかったことのある人は7%前後とされています。社会適応のよかった人に起こりやすく、主症状は「憂うつ感」「不安」「おっくう感」「全身倦怠感」などが混在しますが、初期には全身倦怠感、頭重感、食欲不振などが自覚されるため、本人は身体の病気と受け止めやすく、うつ病と気づきにくい傾向があります。

　興味の減退と快体験の喪失が2週間以上継続し、毎日何気なく繰り返してきた行為がつらくなってきた場合は、うつ病が疑われます。

- **朝**：早朝に目が覚める、朝に気分が重く、体が重く感じる、など
- **仕事**：午前中はやる気が起こらない、集中力がない、判断力が低下する、人と会うのがおっくうになる、仕事に対する意欲を失う、など
- **生活**：好きだった活動に興味を失う、昼過ぎまでは気分が重い、涙もろくなる、「消えてしまいたい」と考えてしまう、など
- **身体**：不眠、食欲不振、だるい、疲れやすい、頭重感、性欲減退、など

うつ病となってしまったら、まずは休養、次に薬物療法、さらに心理療法・精神療法などが用いられます。原則としては次の対応を行います。

- **療養**：業務から完全に解放されることが必要。休養と服薬による心理的疲労回復が治療の中心で、3～6カ月程度の自宅療養が必要なことも多い
- **復職**：上司からの支援を受けつつ段階的に復帰するが、6カ月程度の通院・服薬は必要。復帰しやすい職場風土の醸成も管理監督者の重要な仕事である

**重要！覚えておこう**　**若年層のうつ病の特徴**

近年、仕事や人間関係のつまずきなどを契機に、比較的たやすくメンタルヘルス不調に陥り休職する事例が若年層に増加している。彼らの特徴として、組織への帰属意識の希薄さ、自己愛の強さ、自己中心的、責任感の弱さ、協調性や忍耐力の乏しさ、他罰傾向など人格的な未熟さが指摘されている。また、これらを背景にしたうつ病がみられるようになり、新型うつ、現代型うつ、未熟型うつなどと呼ばれている。このタイプには休養と服薬により心理的疲労回復を図るという従来の対応では不十分で、生活指導や精神療法などを中心としたかかわりが求められるようになっている。

> うつ病は、気分の重さなどのほかに、全身倦怠感や疲れやすさなど身体症状も出るよ

**力試し問題**

**次の文章が正しいか誤りかを答えなさい。**

1. 何に対しても興味が持てず、何をしても楽しくない状態が4週間続けば、うつ病と診断される。
2. 若年層にみられる新しいタイプのうつ病の治療には、長期の休養が必要である。

**解説**

1 ×　4週間ではなく、2週間。　2 ×　長く休ませるだけでは回復が見込めず、病気の背景となっている未熟な人格に働きかけることが必要といわれている。

# 20. うつ以外の メンタルヘルス不調 その①

ココが
ポイント

● 躁うつ病、統合失調症の特徴は？
● アルコール依存症者の職場での問題行動とは？

## ◎躁うつ病

人口の0.5％前後にみられます。「うつ病」と、うつとは対照的な「躁病」という2つの病態が認められます。特徴には次のものがあります。

- 睡眠時間が減少していても、活動が増加する
- 自尊心が高く、言動は抑制や配慮に欠ける。結果として尊大で横柄な態度になり、職場でのトラブルにつながることが少なくない
- 大きな声でよくしゃべり、非現実的な内容となる
- 症状が進行すると、言動にまとまりがなくなり、パフォーマンスは低下し、逸脱行動に出たりする
- 自分が病気であるという意識（病識）に乏しく、治療につなげにくい

躁うつ病は「双極性障害」と呼称され、主に2つの類型で分けられます。

| 双極Ⅰ型障害 | 入院治療の必要な明確な躁状態を伴うもの |
|---|---|
| 双極Ⅱ型障害 | 躁状態は比較的軽度で、入院に至らないもの |

Ⅰ型を躁うつ病と診断されることが多くありましたが、気分の高揚やイライラが4～5日間続く抑うつ状態の場合は、Ⅱ型の可能性を視野に入れることが望ましいと考えられます。

## ◎統合失調症

生涯有病率は0.55％とされ、10代後半から30代前半の若者に発症しやすい疾患です。症状は感情と意欲の面に目立ち、特徴的な症状は次のものがあります。

- 妄想：周りの様子を自分に結びつけて悪さをされていると思い込む被害妄想、自分は優れていると思い込む誇大妄想、など
- 幻聴：自分の悪口が聞こえる、嫌な噂話が聞こえる、など

陽性症状（妄想や幻聴など）が消えた後も、陰性症状（コミュニケーション

障害、意欲や自発性の欠如、引きこもり傾向など）は後遺障害として残りやすいため、仕事をしながら療養することは難しく、長期の休職が必要となります。また、陽性症状には薬物療法が有効ですが、陰性症状には十分な成果が出ない場合も多く、休業・復職には長期的な視点を持った支援が必要です。

## ◎アルコール依存症

　職場での問題行動として、飲みすぎによる遅刻や欠勤、出勤時のアルコール臭、飲み会での逸脱行為などが現れます。症状は次のような経過をたどります。

### ●アルコール依存症の経過

```
┌─────────────────┐     ┌─────────────────┐
│ つきあいでたまに飲む │ ──▶│ 毎日飲むようになる │
│ （機会飲酒）      │     │ （習慣飲酒）     │
└─────────────────┘     └─────────────────┘
```

```
┌─────────────────────────────┐
│ 頻回のブラックアウト（飲酒時の   │
│ 記憶の欠落）を経験する          │
└─────────────────────────────┘
```

```
┌──────────────────────┐
│ 緊張をほぐしたり、寝     │
│ つきをよくしたりする     │
│ ために、アルコールの     │
│ 力を必要とする         │
└──────────────────────┘
```

```
┌─────────────────────────────┐
│ 毎日飲まずにいられなくなり（精神依存）、│
│ 周囲が飲みすぎを心配するようになる   │
└─────────────────────────────┘
```

```
┌─────────────────────────────┐
│ 飲酒に後ろめたさを感じ、一人で飲んだり、│
│ 隠れて飲んだりするようになる       │
└─────────────────────────────┘
```

```
┌──────────────────────┐
│ アルコールが切れたと    │
│ きに、手の震え、不快    │
│ 感、イライラ感、発汗、   │
│ 微熱、不眠、といった    │
│ 症状が出る（身体依存）  │
└──────────────────────┘
```

　治療としては、完全断酒が原則で、精神科専門施設での入院治療が必要となります。退院後の断酒継続のためには、家族の協力や断酒会やAA（匿名アルコール依存症者の会）のような自助グループへの継続的な参加が欠かせません。いずれにしても、アルコールとの節度ある付き合い方など予防的対処が重要です。

## 力試し問題

### 次の文章が正しいか誤りかを答えなさい。

1 躁うつ病では、活動性が高まるので、仕事の生産性も向上する。

2 ブラックアウトとは、飲酒時に突然意識を失う症状のことを指す。

3 統合失調症が疑われた場合、医療につなぐことが重要で職場でできることはない。

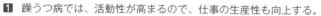

解説 ••••••••••••••••••••••••••••••••••••••••••••••••••••••••••••••••••
　1× 　軽度のレベルでは、そのとおりであるが、症状が進行すると言動にまとまりがなくなり、生産性は低下する。　2× 　飲酒時の記憶の欠落のことである。　3× 　その個人の回復の程度に応じた働き方や周囲のサポートを提供できれば、状態の安定に貢献できる。

# 21. うつ以外の メンタルヘルス不調 その②

ココが
ポイント

● パニック障害とは？
● 適応障害発症の契機となるのは何か？

## ◎パニック障害

　急に生じる切迫感を伴う短い不安を不安発作といいます。動悸、発汗、口渇、頻尿、息苦しさ、めまいなどの症状を伴いますが、呼吸器系・循環器系・脳神経系など身体的には異常が認められません。また起こるのではないかという恐れ（予期不安）から、外出や乗り物を避けるようになります（外出恐怖、広場恐怖）。この不安発作を繰り返す急性の不安障害がパニック障害と呼ばれます。行動療法のほか、薬物療法を中心に治療法はある程度確立しており、経過は良好であることが多いのですが、服薬は１年以上継続することが必要とされています。

## ◎適応障害

　「適応障害」は、仕事の量や質、職場の対人関係などにうまく適応できなくなった結果、しばしば耳にする診断名です。生活上の重大な変化や強いストレスに対して個人の対処能力を超えた際に発症し、情緒的（不安、憂うつな気分）あるいは社会的・職業的（無断欠勤、喧嘩、無謀運転など）な機能の障害を、仕事や日常生活に引き起こすというのが主な症状です。うつ病や不安障害に該当するほど重篤ではなく、ストレッサーの発生から１〜３カ月以内に発症し、症状は通常６カ月は超えないとされています。

　職場での対応としては、環境調整だけでなく本人の脆弱性や対処能力を高めるべく介入し、ストレッサーを軽減すると同時に個人のストレス対処能力を高める観点が重要になります。

## ◎睡眠障害

　睡眠の障害は、脳の高次機能（注意力や集中力、問題解決力など）の低下を

招き、業務上のミスや事故などの大きな要因となります。また、身体疾患や精神疾患とも関連しています。原因により治療法は異なるため、専門医によるしっかりとした診断が大切です。

●睡眠障害の種類と特徴

| 種類 | 特徴 |
| --- | --- |
| 不眠症 | ・入眠障害、中途覚醒、早朝覚醒、熟眠障害などがある<br>・週に3回以上眠れない状態が1カ月以上にわたって続き、本人が苦痛を感じたり、社会的活動に支障をきたしたりする場合に診断される<br>・多くの精神疾患で併発する |
| 過眠症 | ・昼間に我慢できない眠気に襲われ、通常では考えられない状況下で発作的に眠ってしまうもの<br>・代表的なものに、ナルコレプシーがある |
| 概日リズム睡眠障害 | ・個人の睡眠覚醒リズムと社会生活時間帯との大きなずれで生じる<br>・不規則で浅い睡眠、疲労感、めまいや立ちくらみなどの症状<br>・時差症候群や交代制勤務による睡眠障害、睡眠相後退症候群などがある |
| 睡眠関連呼吸障害 | ・睡眠中の呼吸障害により発症する<br>・代表的なものに、睡眠時無呼吸症候群（10秒以上無呼吸の状態や低呼吸の状態が反復する）があり、のどの構造異常や肥満によって気道が狭くなる閉塞性タイプと呼吸運動自体に異常が出る中枢性タイプがある |

**重要！覚えておこう**

**職域における睡眠障害**
労働者にしばしば認められる睡眠障害は、リスクマネジメントの観点からも見過ごせない疾患の一つである。本人が気づきにくい睡眠時無呼吸症候群は、大きな事故につながることもあり、注意が必要。また、睡眠障害に起因する作業効率低下による経済損失の大きさも指摘されている。

**力試し問題**

カフェインやアルコールのほか、喘息、アトピー性皮膚炎やステロイド製剤なども不眠となる可能性があるよ

**次の文章が正しいか誤りかを答えなさい。**

1　適応障害は、ストレッサーの発生から1～3カ月に発症する。

2　ナルコレプシーは、睡眠不足によって引き起こされる。

3　パニック障害は、予後不良であることが多い。

**解説**

1○　症状は通常6カ月を超えない。
2×　ナルコレプシーは、ただの睡眠不足ではなく、夜に十分睡眠をとっていても起こるものである。
3×　治療法が確立しており、予後は良好なことが多い。

# 22. 心身症と発達障害

2種 頻出度 ★★★
3種 頻出度 ★★★

**ココがポイント**

- 心身症とは？
- 心身症の疾患（過敏性腸症候群など）の特徴は？
- 発達障害とは？

## ◎心身症とは

心身症とは、身体疾患の中でも、その発症や経過において心理社会的な要因（いわゆるストレス）が関連して胃潰瘍などの器質的障害、または緊張型頭痛など機能的障害を認められる「病態」のことをいいます。たとえば、胃・十二指腸潰瘍、狭心症、心筋梗塞、高血圧症、気管支喘息、過敏性腸症候群、偏頭痛、摂食障害、糖尿病などが心身症とされる疾患です。間違えやすいですが、心身症は精神疾患ではありません。

**重要！覚えておこう**

**心身相関**

心理社会的要因（ストレス）と身体疾患の発症などとの間の時間的関連性を「心身相関」と呼ぶ。たとえば、人前で話すときに胸がドキドキする、試験前にお腹が痛くなるなど、心身は深く影響し合っているが、この心身相関を支える仕組みが、図に示した脳・自律神経系・免疫系・内分泌系の系統である。これらは互いに密接にかかわりあっており、自律神経を乱すほどのストレスは、内分泌系を乱し、免疫力も低下させることになる。

●心と身体のかかわり

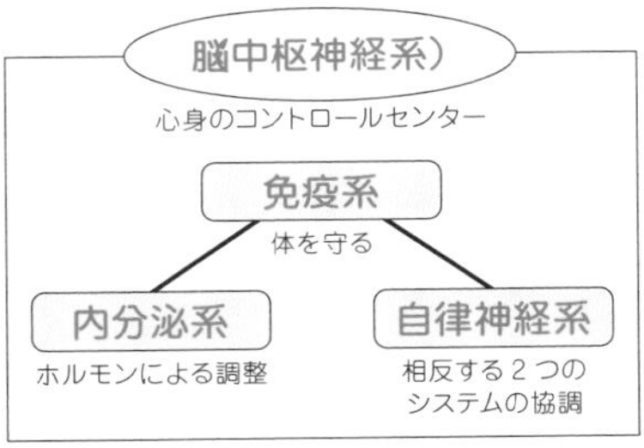


## ◎職場でみられる心身症

心身症の主な疾患に、次のものがあります。

## ●過敏性腸症候群

　ポリープやがんなどの病気ではない（検査をしても病変が認められない）のに、腹痛を伴う下痢や便秘などの症状が繰り返し出現する大腸の病気です。たとえば、出勤途中で下痢になりやすいなど、ストレスを感じる場面で症状を出します。

### ●過敏性腸症候群

| 特　徴 | 治療のポイント |
| --- | --- |
| 3タイプに分けられる<br>・下痢型　：大腸全体が痙攣する<br>・便秘型　：肛門に近い場所が痙攣<br>　　　　　し便を通りにくくし<br>　　　　　ている<br>・不安定型：下痢と便秘の交替型 | ・心身相関への気づきを促し、本人が症状をコントロールできるようになることが重要<br>・生活面では、規則正しい食生活と節酒、十分な休養と睡眠によって心身のリズムを回復するよう、心がける<br>・症状を引き起こしている元のストレッサーへの対処も大切 |

## ●緊張型頭痛

　機能的な障害の一つで、一般的な頭痛です。ズキズキする痛みではなく、連続性のある頭を締め付けられるような鈍い痛みが特徴で、吐き気は伴いません。対処には、入浴などリラックスするほか、認知行動療法などで「痛みがあるから何もできない」といった認知を修正することが効果的とされています。

## ●摂食障害

　思春期から青年期にかけての特に女性に多くみられる疾患です。食事や体重に関して強いこだわりを持ち、やせたいという願望や太ることに対する強い恐怖を示すのが特徴で、次の2つのタイプがあります。

### ●摂食障害の疾患

| 疾患名 | 特　徴 | 治療のポイント |
| --- | --- | --- |
| 神経性食欲不振症 | ・やせているにもかかわらず、食事をとらなかったり、食べたものを吐いたり、下剤を服用したりして、体重をコントロールしようとする<br>・やせているが、活動性は高い | ・治療は困難なことも多く、長期化することも少なくない<br>・食べる／食べないという見かけの問題だけでなく、その背景にある「本当に困っていること」に焦点を当てた、行動療法を含む心理療法的援助が有効とされる |
| 神経性大食症<br>（過食症） | ・一度に多量の食物を摂取する（過食）が、吐いたり下剤などを乱用して正常体重を維持しようとする<br>・過食や嘔吐後は、自己嫌悪に陥り、気分が落ち込むことが多い | |

## ●心身症の現れ方と職場での対処

　心身症は、職場では消化性潰瘍、気管支喘息、糖尿病、高血圧症、下痢や腹痛、頭痛、欠勤・遅刻などの症状が現れます。重篤な場合は、心筋梗塞などもみられます。このため従業員が心身症を発症した場合、職場の管理監督者は業務負担について再検討する必要があります。

---

**重要！
覚えて
おこう**

### 心身症の職場要因と安全配慮義務

職場で心身症が認められた場合、背景に職場要因があるかどうかの検討が必要である。これは、事業者には労働者の健康障害を回避すべき義務が安全配慮義務（6ページ参照）として課せられているため。もし、労働者に業務関連疾患が生じれば、業務上疾患として労災認定され、事業者は安全配慮義務不履行に伴う過失責任が問われる可能性が高い。

---

## ◎発達障害

　近年職場のメンタルヘルスにおいて、発達障害が話題となることが少なくありません。2005年4月の発達障害者支援法によると、発達障害とは「自閉症、アスペルガー症候群その他の広汎性発達障害、学習障害、注意欠陥多動性障害、その他これに類する脳機能の障害であって、その症状が通常低年齢において発現するもの」と定義されています。職場において事例化しやすいものとしては、主に次のものが挙げられます。

### ●発達障害の疾患

| 疾患名 | 特徴 |
|---|---|
| 注意欠陥多動性障害（ADHD：Attention Deficit Hyperactivity Disorder） | 集中力や落ち着きがない（多動性）、キレやすいなど衝動性のコントロールが困難、忘れものやケアレスミスが多い（不注意）、スケジュール管理ができないなど |
| 自閉スペクトラム症／自閉症スペクトラム障害（ASD：Autism Spectrum Disorder） | 会話が一方的になりやすい、急な予定変更に弱い、融通が利きにくい、会話の行間を読むことや良好な対人関係の構築が苦手など（2013年に出版されたアメリカ精神医学会の診断マニュアル「DSM-5」では、「自閉スペクトラム症」（ASD）の診断名に統合された） |

　通常、「低年齢において発現」とされているものの、幼少期には明確に症状が発現しなかったり大きな問題とならなかったりしたため、成人してから初めて

「発達障害」と診断されることが大半のようです。その場合、トラブルの発現の場所が職場となり、昨今問題となっています。精神障害やパーソナリティ障害との鑑別も必要なため、上記のようなトラブル（症状）があったからといって安易に発達障害と決めつけないことが肝要です。

　また、発達障害とされた場合においては、「何ができて何ができないのかを整理すること」や「業務遂行に必要な支援の検討」などを行い、本人の長所と短所など特性を把握し、相性や適性を検討しながら本人の特性を活かす視点で支援することが大切です。

　なお、ADHDの治療には薬物が有効な場合があり、早期診断や薬物治療の検討が必要です。

発達障害では、複数の疾患が並存しているケースが多いといわれているよ

## 力試し問題

### 次の文章が正しいか誤りかを答えなさい。

**1** 心身症とは、精神疾患のうち、その発症や症状経過と心理社会的要因の間に時間的関連が認められるものを指す。

**2** 過労や睡眠不足、心理的な葛藤などのストレス状態が長く続いたときなどに、感染症にかかりやすくなるのは、自律神経系と関係が深い。

**3** 脳腫瘍は、心身症に当てはまる。

**4** 過敏性腸症候群は、消化管にできた腫瘍が原因の病気である。

**5** 神経性食欲不振症の患者は、多くは肥満傾向にある。

**6** 心身症では、仕事上の問題は生じない。

**7** 発達障害は、通常「低年齢において発現するもの」と定義されている。

**8** ADHDの場合、薬物による治療は用いられない。

### 解説 ・・・・・・・・・・・・・・・・・・・・・・・・・・・・・・・・・・・・・・・・・・・・・・・・・・・・・・・・・・・・・・・・・・・・・・・・・・・・・・

**1** × 精神疾患ではなく、身体疾患である。
**2** × 自律神経系ではなく、免疫系である。
**3** × 当てはまらない。
**4** × ポリープなどの腫瘍は生じない。
**5** × 肥満傾向ではなく、やせている。
**6** × 仕事上の問題として、たとえば遅刻・欠勤などの形で現れる。
**7** ○
**8** × 薬物治療が有効な場合がある。

# 23. メンタルヘルス不調の 現れ方と対処

ココが
ポイント

● メンタルヘルス不調のサインには
  どんなものがあるか？
● 管理監督者の対処として重要なことは何か？

## ◎メンタルヘルス不調のサイン

メンタルヘルス不調のサイン（兆候）となる行動には、次の表のように、パフォーマンス低下、勤務状況の悪化、職場トラブルの増加などが挙げられます。

### ●メンタルヘルス不調のサイン

| 作業効率・生産性 | • 事故（業務上・業務外）やミスが多くなる（不注意・判断力不足）<br>• 同じパフォーマンスを上げるのに今まで以上の時間がかかる<br>• 締め切りまでに仕事が終わらない |
|---|---|
| 仕事の様子 | • 席をはずしていることが多い<br>• 仕事中にそわそわして落ち着きがない<br>• パソコンに向かってボーッとしている |
| 勤務態度 | • 無断欠勤、遅刻、早退、病欠が多くなる<br>• 休日明けまたは休日の前日に欠勤が多い |
| 身体状況・表情 | • 顔色が悪い、表情が乏しい、生気がない<br>• 急にやせる（または太る）<br>• 疲労感、倦怠感、不眠、食欲不振などを訴える |
| 言動 | • 身だしなみや態度がだらしなくなる<br>• 終始何か考え込んでいて、せかせか、イライラしている<br>• 投げやりになる<br>• 極端に口数が少なくなる（または多くなる）<br>• 泣き言をいったり、退職をほのめかしたりする |
| 対人関係 | • つきあいが悪くなる<br>• 周囲に対して疑い深くなったり、被害妄想的になったりする<br>• 人を避ける、人の視線を怖がる<br>• 些細なことで他人に八つ当たりする、攻撃的になる |
| 問題行動 | • 飲酒量が増える<br>• ギャンブル、衝動買い、過食、借金、異性とのトラブルが頻発する |

## ◎職場での管理監督者の対処

　管理監督者として、早期発見・早期対応が求められます。部下の不調のサインを早めに察知することが大事ですが、日頃から部下と適切なコミュニケーションを取り、部下から相談しやすい環境をつくっておくことも重要です。

　また、サインが現れた従業員とは、個別に別室で面談し、業務に起因するものは職場で調整する必要があります。また、ストレス関連疾患がみられる場合には、産業保健スタッフにつなげたり、医療機関受診の意思確認をしたりするなど、医療へつなげることが必要です。

## ◎社会資源の活用

　メンタルヘルス不調への対応は個別性が高く、管理監督者として対応に悩むことも多いものです。さらに、産業保健スタッフが充実していない職場では、管理監督者が問題を一人で抱え込みやすく、管理監督者自身のメンタルヘルスにも影響します。

　管理監督者は、決して一人で抱え込まず、産業保健総合支援センター、地域窓口（地域産業保健センター）などの事業場外資源を活用することも必要です。

> **重要！**
> **覚えて**
> **おこう**
>
> **「業務に支障をきたしているか」がポイント**
> 部下の業務遂行に支障がある場合、上司は健康管理処置を行い（安全配慮義務）、部下はそれへの協力が責務（自己保健義務）となる。

### 力試し問題

**次の文章が正しいか誤りかを答えなさい。**

**1** 管理監督者は、部下のプライバシー保護のため、誰にも相談せずに対応すべきである。

**2** メンタルヘルス不調のサインは行動面に現れる。

**3** 管理監督者は、病名を特定して産業保健スタッフに相談すべきである。

**4** 管理監督者が活用できる事業場外資源には、産業保健総合支援センター、地域窓口（地域産業保健センター）などがある。

### 解説

**1** × 　一人で抱え込むのではなく、社内外の資源を活用する。　**2** ○

**3** × 　管理監督者は、診断する立場になく、専門性も持ち合わせていない。　**4** ○

# 24. 心の健康問題に対する 正しい態度

頻出度 ★★
頻出度 ★★★

**ココが ポイント**

- 職場においてメンタルヘルス対策を阻む 誤解はどんなものがあるか？
- 「脆弱性ストレスモデル」とは？

　心の健康問題には、さまざまな誤解や偏見が存在します。メンタルヘルス対策を進めるうえで、これらの誤解を払拭することが大切です。

## ◎誤解その１：メンタルヘルス不調は心の弱い人の問題である

　メンタルヘルス不調は、個人に資質があれば軽度のストレスでも起こりますし、資質がなくても強いストレス状況下では起こることがあります。個人の問題でなく、職場というシステムの問題と考えます。

　公益財団法人日本生産性本部が2019年に実施した調査によると、過去3年間において企業内の「心の病」が増加傾向にあると答えた企業が32.0％。心の病が多い年齢層としては、10〜20代が30％を超えたことで、30代、40代とほぼ横並びの割合となりました。また、文部科学省の調査では、2017年度に休職した公立の教職員の65.1％をうつ病などの精神疾患が占めています（文部科学省「病気休職者の推移」平成19年度〜平成29年度）。精神疾患が原因の休職は、2007年以降は5,000人程度でしたが、2019年度には過去最多の5,478人となっています（令和元年度公立学校教職員の人事行政状況調査について）。また、人事院の「国家公務員長期病休者実態調査」（2016年）によると、2016年度に1カ月以上長期病欠した原因の1位がうつ病などの精神疾患（65.5％）でした。

| 誤解 |
|---|
| メンタルヘルス不調は、「心の弱い人」「気合の足りない人」など、特殊な人の問題である |

---

### 正しい考え方

- 誰もがメンタルヘルス不調になる可能性がある
- 対策の主なターゲットは「うつ病」が中心となる
- 特定の個人へのアプローチに終わらせず、職場環境改善やメンタルヘルス対策の浸透、管理監督者の対処能力向上を図るなど、職場の問題として対処し、メンタルヘルス不調者を手遅れにならないうちに医療につなげるシステムを構築する

---

**重要！
覚えて
おこう**

## 脆弱性ストレスモデル

「脆弱性ストレスモデル」とは、メンタルヘルス不調は、個人の病気のなりやすさ（発病脆弱性）と、ストレスを引き起こす環境が絡み合って起こると考える説である。発病脆弱性は、遺伝などの生来の素質だけではなく、学習や経験などにより培ってきたストレスへの対処力も深く関係する。つまり、メンタルヘルス不調は早期に発見し、ライフスタイルを改善したり、ストレスを上手に処理したりすることで防ぐことができる。

また、統合失調症やうつ病などの病態理解（病気の状態を理解すること）にこのモデルが使われる。

---

## ◎誤解その2：メンタルヘルス対策には経営上の利点がない

　メンタルヘルス不調者や自殺者は、一定の要件を満たせば労災認定される傾向にあり、また、業務との関連が認められるメンタルヘルス不調者については事業者の管理責任が問われる傾向にあります。企業にとって、メンタルヘルス対策を講じることは、人的資源管理面の最重要テーマです。

　2019年の調査では、筋骨格系疾患や精神疾患、自傷などの10原因によって、日本人の健康損失の大半が生じていることがわかりました。

### ●15 ～ 49歳男女を対象とした日本におけるDALYs
（疾病や傷害を原因とする平均余命短縮および生活の質の低下による損失の合計）

| 1位 | 筋骨格系疾患（腰痛、頸部痛など） | 6位 | 不慮の事故 |
|---|---|---|---|
| 2位 | 精神疾患 | 7位 | 脳神経系疾患（脳卒中、アルツハイマー病、パーキンソン病など） |
| 3位 | その他の非感染性疾患 | 8位 | 虚血性心疾患 |
| 4位 | 自傷、自殺、暴力 | 9位 | 皮膚疾患 |
| 5位 | 悪性新生物（各種がん、悪性腫瘍、白血病など） | 10位 | 消化器系疾患 |

| 誤解 |
|---|
| メンタルヘルス対策は、<br>「経営上はプラスにならない」「経営とはあまり関係ない」 |

| 正しい考え方 |
|---|
| メンタルヘルス対策が不十分な場合…… <br><br>● 過労自殺や過労死により、周囲の従業員だけではなく職場全体の生産性が下がり、損害賠償も生じる<br>● 職場において事故やミスの増加や隠ぺいなどモラル低下を招き、会社に損失を与える<br>● 休職や離職により、労働力の損失に加え、採用や研修にかかわる費用も無駄になる |

## ◎その他の誤解

| 誤解 |
|---|
| 「メンタルヘルス不調は、治らない」<br>「メンタルヘルス不調などの精神障害者は危険である」<br>「メンタルヘルス不調は、遺伝によって起こる」 |

| 正しい考え方 |
|---|
| ● 「統合失調症は、さまざまな経過をたどるが約3分の1は医学的にも社会的にも完全に回復する」（WHO「健康報告2001」）とされており、うつ病は、統合失調症以上の治療効果が期待できる<br>● 精神障害者の割合は、日本では人口の約2%以上であるが、刑法犯の全検挙者に対して精神障害者が占める比率は約1.3%にすぎず（法務省『平成30年版犯罪白書』）、精神障害者を危険視するのは誤りである<br>● メンタルヘルス不調は、単純な遺伝性疾患でなく、「脆弱性ストレスモデル」によって病態理解することが主流となっている |

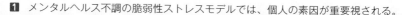
脆弱性ストレスモデルは、うつ病や統合失調症、パニック障害などの病態理解にも用いられるよ

## 力試し問題

### 次の文章が正しいか誤りかを答えなさい。

**1** メンタルヘルス不調の脆弱性ストレスモデルでは、個人の素因が重要視される。

**2** 自殺は個人の弱さの結果なので、事業者の責任は問われない。

**3** メンタルヘルス不調は、誰にでも起こりうる。

**4** 統合失調症は、薬物療法の効果が見られない。

### 解説 ‥‥‥‥‥‥‥‥‥‥‥‥‥‥‥‥‥‥‥‥‥‥‥‥‥‥‥‥‥‥‥‥‥‥‥‥‥

**1**× 環境要因や個人が経験から学んだストレス対処力も考慮する。 **2**× 業務との関連が認められれば、管理責任が問われる。 **3**○ **4**× 薬物療法を中心とした治療法が進歩している。

コラム

## 最近よく聞くレジリエンス（Resilience）って？

レジリエンスとは、「挫折や困難から回復する力」「もとに戻るしなやかさ」などと訳され、仕事や生活におけるさまざまな変化や混乱の中で、しなやかに対応できる「強さ」のことを表す概念です。

　もともとは幼児や青少年を対象とした臨床精神医学の領域で研究されていましたが、近年は人材育成や組織開発の分野でも注目を集めています。企業においては「めまぐるしい環境の変化やスピードに対応できるような人材育成」「若手社員の耐性や自律性の向上」「グローバルで通用する人材育成」等の目的で取り入れられています。

　2000年代以降、リーマンショックや東日本大震災をはじめとした大規模な自然災害、そして、新型コロナウイルス感染症拡大など予測困難な事態や環境の激変などが続いていたこともあり、その概念の必要性が高まっています。こうした中で、①人間関係を大切にする、②うまくいかないことに焦点を当てるのではなく、どうすればうまくいくかに焦点を当てる、③感情を上手にコントロールする、などのアプローチが、個人や企業の競争力強化や持続的な成長に非常に有効であるといわれています。特に、困難をたくさんこなせばよいというものではなく、このような意識であろうとすることが効果的であることを覚えておいてください。

# 25. 障害者差別解消法と 改正障害者雇用促進法

- 障害者雇用促進法の改正内容とは？
- 合理的配慮とは？

　メンタルヘルス対策が企業にとって取り組むべきことであることはこれまでに解説したとおりですが、2013年に障害者差別解消法と改正障害者雇用促進法が成立したことも大きな関連があります。

## ◎障害者差別解消法

　不当な差別的取り扱い（正当な理由がなく障害者を差別すること等）の禁止や合理的配慮（バリアを取り除く要望がされた場合に負担が過重とならない範囲で対応すること）の提供が求められています。

## ◎改正障害者雇用促進法

　企業等に雇用が義務づけられている障害者の範囲が広がりました。従来の身体障害者・知的障害者に加えて、2018年４月からは精神障害者（発達障害を含む、精神障害者保健福祉手帳所持者）が含まれ、また法定雇用算定率も引き上げられました。雇用においては、障害の有無にかかわらず均等な機会を与え、待遇を確保し、能力が発揮できない阻害要因があれば改善することが求められます。障害を理由に不当に低い賃金の設定をしたり昇給させなかったり、雇用形態の変更の強制なども禁止されました。厚生労働省の合理的配慮指針（2015年）では次のものが挙げられています。

- **採用や応募に関する配慮**…例）面接時に就労支援機関の職員等の同席を認める、募集内容を音声等で提供する、文字によるやり取りや試験時間の延長など
- **採用後の職場環境への配慮**…例）出退勤時間、休憩、休暇に関し、通院や体調に考慮する、業務の優先順位や目標を明確にし、指示を一つずつ出す、図示やメモでわかりやすく整理する、サングラスやイヤフォンの使用を認めるなど

頻出度 ★★ (2種)
頻出度 ★★ (3種)

ココが ポイント

さらに、新たに雇用した精神障害者が働きやすいよう、職場づくりに取り組む事業主に対して「障害者職場定着支援奨励金」という雇用支援策があります。精神障害者の雇用促進と職場定着を図るために、カウンセリング体制の整備や社内の専門人材育成、講習等の実施、体調不良で休職した場合の代替要員の確保などを行った際に、奨励金（かかった費用の半額、上限100万円）が支給されます。

## ◎障害者雇用促進法

　2021（令和3）年から、民間企業の障害者雇用法定義務となる対象人数が、「従業員45.5人以上」から「従業員43.5人以上」に広がりました。法定雇用率も、2021年3月に2.2%から2.3%に引き上げられています。また、2020年の改正では、新たに次の内容が規定されています。

- 短時間労働の障害者を雇用する企業への特例給付金の支給
- 障害者雇用における優良事業主の認定制度の創設（中小企業が対象）

　障害者雇用促進法の雇用義務に違反した場合、ハローワークにより改善指導が入ることや、企業名公表などの罰則を受けることがあります。

●障害者雇用率（2021年3月時点）

| 事業者区分 | 法定雇用率 |
|---|---|
| 民間企業 | 2.3% |
| 国、地方公共団体等 | 2.6% |
| 都道府県等の教育委員会 | 2.5% |

### 力試し問題

**次の文章が正しいか誤りかを答えなさい。**

**1** 障害者雇用促進法が改正されて、2018年4月より法定雇用率の算定基礎に精神障害者が加えられるようになった。

**2** 雇用した精神障害者が働きやすい職場づくりのための取り組みを支援する「障害者職場定着支援奨励金」という支援策がある。

**3** 障害者職場定着支援奨励金においては、体制の整備にかかった費用の全額が支給される。

**4** 障害者雇用義務対象となる民間企業は、従業員40人以上である。

**解説** ･･･････････････････････････････････････････････････････････････････
**1**○　**2**○　**3**×　かかった費用の半額が支給され、上限は100万円である。
**4**×　43.5人以上の企業である。

## 2章 理解度チェック

1. 大脳辺縁系で認知されたストレッサーは、大脳皮質に伝達されて感情が引き起こされる。　　×

2. 怒りや不安を感じたときに動悸がしたり、うつ気分のときに食欲がなくなったりするのは、感情と免疫系の機能が密接に関連しているからである。　　×

3. 神経伝達物質は、不安や抑うつ気分、意欲や活動性などと密接に関連している。　　○

4. NIOSHの職業性ストレスモデルでは、ストレス反応の強さを決めるのは、年齢、性別などの個人要因である。　　×

5. 発達障害の症状は低年齢において発現することが多いといわれる。　　○

6. 心身症は身体疾患であって、うつ病や統合失調症などの精神疾患は含まれない。　　○

7. 過敏性腸症候群には、精神症状が合併することがある。　　○

8. 緊張型頭痛は、機能的障害である。　　○

9. 神経性食欲不振症は、体重が減少し、活動性も低下する。　　×

10. うつ病の治療には、心理療法が最も有効である。　　×

11. 統合失調症の陽性症状である意欲・自発性の欠如には、薬物療法の効き目が現れにくいこともある。　　×

12. 部下がメンタルヘルス不調になったとき、管理監督者の対応として最も重要なことは、専門医療機関につなぐことである。　　×

13. 部下をよく観察していれば、メンタルヘルス不調になる可能性は察知できる。　　×

14. 障害者雇用促進法において、採用時や応募時における配慮や採用後の職場環境への配慮などの合理的な配慮の提供が求められている。　　○

---

**解説>1.** 大脳皮質で認知され、大脳辺縁系で感情が引き起こされる。　**2.** 免疫系ではなく自律神経系。　**4.** 個人要因のほかに、緩衝要因として、職場の上司や同僚からの支援などがストレス反応を緩和する方向で作用する。　**9.** 活動性は亢進する。　**10.** まずは休養、次に薬物療法、さらに心理療法・精神療法などが用いられる。　**11.** 意欲・自発性の欠如は、陽性症状ではなく、陰性症状である。　**12.** 確かに医療につなぐまでが上司としての役割であるが、まずは部下との人間関係をつくることが重要である。　**13.** 作業環境や人間関係などを観察するだけでなく、日頃からコミュニケーションを適切にとることが確かな察知につながる。

第3章

# 職場環境等の
# 評価と改善

# 26. 管理監督者による マネジメント

**ココが ポイント**
● マネジメントはなぜ重要なのか？
● マネジメントとは何か？

## ◎マネジメントの重要性

近年では、健康経営や働き方改革、少子高齢化による労働力不足、AI（人工知能）やIoT（モノのインターネット）の発達等による第4次産業革命の進展が、働く人の健康や安全にも影響を及ぼす大きな時代の転機となっています。雇用形態や就業構造が多様化するなか、従業員の健康管理も、時代の変化に対応した組織的、体系的な取り組みを継続的に改善していく仕組みが求められています。

その仕組みの1つとして、経済産業省は、健康経営に関わる顕彰制度として2014年に「健康経営銘柄」、2016年からは「健康経営優良法人認定制度」を創設しています。

**重要！ 覚えて おこう**　**健康経営優良法人認定制度**
従業員等の健康管理を経営的な視点で考え、戦略的に実践することを「健康経営」という。企業理念に基づいて従業員等への健康投資を行うことは、従業員の活力向上や生産性の向上等の組織の活性化をもたらし、結果的に業績向上や株価向上につながると期待されている。

また、もうひとつの仕組みとしては、2018年9月に日本産業規格（JIS）が労働安全衛生マネジメントシステム（OSHMS）を制定したことがあげられます（詳細は85ページ参照）。

どちらの仕組みも組織のマネジメントが必要となるため、管理監督者には知識や能力をつけておくことが求められます。

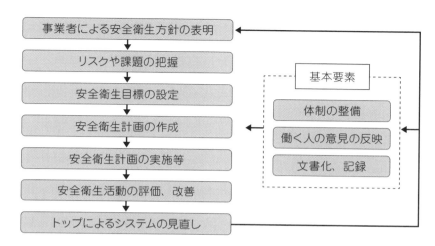

出典：中央労働災害防止協会「OSHMSの実施事項の概要」

## ◎管理監督者に求められるマネジメント

　マネジメントは「経営」や「管理」の意味で用いられます。管理監督者は事業所の目標達成に向けて、部下の一人ひとりの能力を最大限に引き出すための仕組みをつくり、計画を実行・管理する必要があります。

　組織のマネジメントに求められる要素には、マッキンゼー・アンドカンパニーの「組織の7S」があります。

表：マッキンゼー・アンド・カンパニー「組織の7S」

| ハードの3S<br>経営者が比較的短期間に変更できるもの | 戦略（Strategy） | 例）競争優位は何か |
|---|---|---|
| | 組織（Structure） | 例）組織図のあり方 |
| | システム（System） | 例）組織に必要な仕組みはあるか |
| ソフトの4S<br>従業員によって決まり簡単には変化させにくいもの | 価値観（Shared Value） | 例）組織の意義は何か |
| | スキル（Skill） | 例）組織の得意な付加価値活動は何か |
| | 人材（Staff） | 例）どんな人材が必要か |
| | スタイル（Style） | 例）意思決定の仕組み |

　管理監督者は7つのSの要素ごとに考察を行い、相互の影響を理解し、工夫を重ねて、組織を円滑に運営しながら経営目標や健康管理の目標達成を目指す手法として、有効に活用していくことが求められます。

## ◎管理監督者に求められるマネジメントのスキル

　管理監督者は部下に活躍できる場を与えることで、成果を最大にしたり、部下の育成をしたりする必要があります。管理監督者は特にマネジメントのスキルを求められますが、必要なスキルは管理監督者の階層によって異なります。

---

- **上層（経営層）のマネジメント**
  組織全体の経営計画の立案、事業戦略・経営戦略を検討・立案する役割
- **中間層（管理者層）のマネジメント**
  経営者層を補佐し、決定した戦略をわかりやすく下層の監督者層に説明し実行してもらう役割。また、現場からの意見を適切に聞き取り上層のマネジメントに反映させる役割も担う
- **下層（監督者層）のマネジメント**
  現場の指揮をとり、上層部の示した方向性を現場に反映して実現を目指す役割

---

　近年では、企業や組織の展望を示し、目標や到達点を示してメンバーを統率していく能力をリーダーシップ、組織の目標を達成するための戦略や仕組みづくりをして計画を実行することで、結果より過程を重視した管理をすることをマネジメントとし、リーダーシップは組織マネジメントに包含されるスキルの1つとして表明されることが見受けられます。

## ◎管理監督者のメンタルヘルスマネジメント

　健康経営や安全配慮義務などの観点からも、職場のメンタルヘルス対策に取り組むことが求められています。

### (1) メンタルヘルスの取り組みの目標設定

　目標が曖昧な場合や不明瞭な場合は施策を的確に決めることができず、組織の運営が不安定になってしまいます。十分に時間をかけてでも、組織が向かうべき方向と達成すべき目標を具体的に示すことが重要です。

### (2) 目標に対する課題の把握と分析

　決定した目標と現状のギャップがどこにあるのかを把握して、課題を認識す

る必要があります。メンタルヘルスの課題は組織とその組織に所属する労働者の両面から取り組んで課題を解決する必要があります。

（例）

組織の課題：職場の雰囲気、職場環境、経営スタイルなど

労働者の課題：メンタルヘルスに関する知識、組織への適応など

## （3）PDCAサイクルの的確な運用

PDCAサイクルは、P：Plan（計画）、D：Do（実施）、C：Check（評価）、A：Action（改善）の4段階をくり返して継続的な改善を行う手法で、OSHMSにはこの仕組みが採用されています。管理監督者は計画どおりに運用されているかどうかを、定期的にチェックすることが求められます。

PDCAサイクルを運用するのは組織に所属するすべての人であり、的確に運用できるかどうかは、組織の雰囲気や個人の理解度に大きく左右されます。

### 力試し問題

**次の文章が正しいか誤りかを答えなさい。**

1　労働者の健康管理については、決められたことを実施するだけでなく、多様化する環境のなかで常に改善していく仕組みが求められている。

2　「健康経営優良法人認定制度」は、従業員の健康管理を実践することが企業の業績向上につながるという考え方で創設された。

3　管理監督者に必要とされるリーダーシップはマネジメントスキルの1つと考えられている。

4　組織におけるメンタルヘルスの取り組みのPDCAサイクルの運用は、管理監督者のみが担うものである。

解説 ・・・・・・・・・・・・・・・・・・・・・・・・・・・・・・・・・・・・・・・・・・・・・・・・・・・・・・・・・・・・・・・・・・・・・・・・・・・・・・・・・・・・・

1○

2○

3○

4×　組織に所属するすべてのメンバーで運用する。

# 27. 管理監督者の役割は

**ココが ポイント**

● ラインケアでは何をする？
● 管理監督者に必要な環境配慮とは？

## ◎ラインケアで行うべきこと

　管理監督者は、ラインケア（管理監督者が積極的に部下をサポートする）を行う必要があります。管理監督者に求められていることは次のとおりです。

---

①メンタルヘルスに関する自社方針を理解する
②職場環境等の改善を進める
③部下の相談対応を行う
④職場復帰支援の方法を理解する
⑤産業保健スタッフや、事業場外資源との連携の方法を知る
⑥セルフケアの方法、個人情報の保護等を理解する

---

## ◎管理監督者の実際の活動

　管理監督者は、実際には次のような活動を行います。

### ①職場環境等を改善する

　メンタルヘルスは、職場環境（騒音や温度などの問題も含む）と密接に関係します。管理監督者は、部下の作業環境や労働時間、仕事の量と質、職場の人間関係、人事労務管理体制などでの問題点を発見し、改善しなくてはなりません。ただし、職場配置、人事異動といった人事労務管理は主に人事労務管理スタッフが担うものであり、これらの健康への影響は人事労務管理スタッフも把握する必要があります。

### ②日常的に部下の状況を把握する

　業務遂行は常に変化し、それとともに部下の心の負荷も変わります。管理監

督者は、「いつもと違う様子」を早期発見し、善処することが求められます。

### 事例性と疾病性の違い

事例性とは、ミスやトラブル、欠勤・遅刻早退の増加など「いつもとは違う」部下の様子を指す。一方、疾病性とは病気の有無のことで、その判断は医師の役割となる。

### ③部下からの相談に対応する

部下からの相談を促し、自発的な相談にも応じる必要があります。相談では単に問題解決のみを目指すのではなく、感情や思いにも焦点を当てた積極的な傾聴が大切です。また、問題を管理監督者が背負い込まず、専門部門などと連携して対応することが求められます。

### ④職場復帰を支援する

休職などを経て職場に戻る部下に対し、産業保健スタッフや人事労務管理スタッフと連携を取り、職場復帰の支援を行う必要があります。

## 力試し問題

**次の文章が正しいか誤りかを答えなさい。**

**1**　職場環境とメンタルヘルスの問題には関係性はない。

**2**　管理監督者は、部下の勤務状況を把握し、ヒアリングなどから部下の状態を確認して、仕事の採配を検討したり、職場環境の改善を進めたりしなくてはならない。

**3**　部下からの相談があったら、管理監督者である上司は話をよく聴き、病気かどうかを判断しなくてはならない。

**4**　事例性とは、ミスやトラブルの増加など、「いつもとは違う」様子のことである。

### 解説

**1** ×　密接に関係する。特に労働時間、仕事の裁量などの影響は大きい。
**2** ○
**3** ×　診断は医師が行う。管理監督者は、事例性の判断と改善を行う。
**4** ○

# 28. ストレスとなる 職場環境のとらえ方

2種
頻出度
★★★

**ココが ポイント**

- ●職場環境がメンタルヘルスに与える影響は？
- ●労働時間による健康問題の発生は？

## ◎ メンタルヘルスに影響を与える職場環境等とは

　職場環境のテーマは、次表のように整理することができます。事業主や管理監督者は、職場環境の改善に積極的に取り組まなくてはなりません。

　メンタルヘルスに影響を与える環境には、なかには、管理監督者がすぐに対応できるような、過重労働といった仕事の量や質の調整や、レイアウト上の改善などがあります。

●メンタルヘルスに影響を与える環境

| 作業（物理化学的）環境 | 作業上の環境 | 有害物質への暴露、騒音、照明、機器の性能、温度、レイアウト |
|---|---|---|
| | 勤務上の環境 | 通勤路、時差、休憩場所、福利厚生、備品 |
| 作業内容・方法 | 労働時間 | 長時間労働や過重労働、休日出勤・深夜勤 |
| | 仕事の量 | 仕事量の多さ、作業負荷・工程の多さ |
| | 仕事の質 | 不規則勤務、高度な業務、能力と合わない単純作業 |
| | 仕事のコントロール度 | 裁量権のなさ、ペース配分が強制される |
| | 技能や技術の低活用 | 適性を発揮できない、適性と合わない作業 |
| | 責任の重さや役割の曖昧さ | 過重な責任、相反する複数役割 |
| 組織環境 | 職場の人間関係 | 礼節のない職場、職場トラブル、ハラスメント |
| | 目標や方針の不明確さ | 役割、昇進についての情報がない、自分の仕事の位置がわからない |
| | ワーク・ライフ・バランス | 常態的に公私のバランスが悪い |
| | 職場の文化や風土 | さまざまな習慣、固定化した問題 |
| 企業環境 | 意思決定への参加 | 職場の意思決定に参加できない |
| | 雇用の安定性 | 市場変化、リストラ、雇用契約上などの問題 |

## ◎過重労働による健康障害を防ぐ

　長時間労働により<u>睡眠時間</u>が短くなると、脳血管疾患、虚血性心疾患等、いわゆる"過労死"のリスクが高まります。睡眠時間の減少は、出張や交代制勤務等の不規則勤務が多い場合にも起こりやすく注意が必要です。

　そこで管理監督者は、部下のひと月の時間外労働の時間や深夜業、休日出勤等を把握し、必要に応じて対応することが求められます。

　過重労働が月45時間を超えると、疾患発症との関連性が現れるとされています。このほか<u>仕事の裁量権が低い</u>と<u>循環器系疾患</u>が、上司や同僚からのサポートが低いと<u>心血管疾患</u>が多くなるともいわれています。

### ●残業時間と睡眠時間の関係　　　　　　　　　　（おおよその時間）

| ひと月の残業時間 | 45 | 60 | 80 | 100 |
|---|---|---|---|---|
| 1日の残業時間 | 2 | 3 | 4 | 5 |
| 1日の睡眠時間 | 8 | 7 | 6 | 5 |

※労働時間8時間、休憩1時間、その他（通勤、食事など）5時間で計算した場合

### ●業務と脳血管系・虚血性心疾患との関係

| 1カ月あたりの過重労働（時間外労働）時間 | 脳血管系・虚血性心疾患発症の関連性 |
|---|---|
| 100時間を超える過重労働（または2～6カ月間にわたり月約80時間を超える） | 強い |
| 45時間を超える過重労働 | |
| 45時間以内の過重労働 | 弱い |

> 厚労省の「労働者の心の健康の保持増進のための指針」によると、メンタルヘルスケアは環境と個人の両側面からの対応が大事！

## 力試し問題

### 次の文章が正しいか誤りかを答えなさい。

1　仕事の量が少なすぎることは、職業性ストレスになりうる。

2　脳血管疾患、虚血性心疾患などのリスクは、月の時間外労働時間が80時間を超えると高まるといわれている。

3　残業時間による残業代が発生しない裁量労働の場合には、残業時間の管理責任は管理監督者にはない。

### 解説 ......

1○　2×　月の時間外労働時間が45時間を超えると高まるとされている。
3×　裁量労働の場合においても管理責任はあり、労働時間の管理は必要である。

# 29. 職場環境のチェック ポイントと対応

**ココが ポイント**

● 総合的な職場環境の評価とは？
● 高ストレス者とその対応は？

## ◎長時間労働者の健康の確認

　管理監督者は、労働時間や仕事の量・質、職場の人間関係などが健康に影響していることを意識し、健康で働きやすい職場環境をつくる必要性を認識する必要があります。そのためにも、日頃から労働者を観察し、コミュニケーションをとり、仕事をやりにくくしたり職場環境を悪くしたりする原因がないかなどを確認しておかなければいけません。

　また、長時間労働者に対して行われる医師による面接指導の結果を確認し、就業上の措置を適切に講じることも必要です。面接指導の結果には労働時間以外の負荷要因が確認されていることもあります。これをふまえて職場改善に取り組むことが求められます。

## ◎ストレスチェックによる職場のストレス要因の評価

　職業性ストレス簡易調査票などの質問紙を用いて労働者のストレスを調査すると、職場のストレス要因を評価することができます。

　職業性ストレス簡易調査票では、仕事のストレス要因として、仕事の量的負担・身体的負担・仕事のコントロール・技術の活用・対人関係によるストレス・職場環境・仕事の適性度・働き甲斐などの17項目を調査できます。

　また、修飾要因としては、上司・同僚・家族や友人からの支援だけでなく、満足度も評価が可能です。管理監督者はこれらの結果をもとに産業保健スタッフと協力して職場の改善を行い、経年的に評価していきます。

　その際、ストレスチェック制度における集団分析の結果を活用することも重要です。

## ◎ストレスチェック後の高ストレス者への面接指導

ストレスチェック実施後に、高ストレス者への医師による面接指導が行われます。管理監督者は面接後の医師の意見を確認し、就業上の措置などの必要な対策を講じることが求められています。面接指導結果の報告書は、厚生労働省のWebサイトに具体的な報告書例が示されています。

管理監督者の役割として、これらの面接指導結果報告書により労働者の勤務の状況を確認し、対応策を検討することが重要です。

### 力試し問題

**次の文章が正しいか誤りかを答えなさい。**

**1** 管理監督者は、評価面談実施時に限り、仕事のやりにくさや職場環境を悪くしている原因などを話し合うことが重要である。

**2** 長時間労働者の面接指導の報告書には、就業上の措置に関する医師の意見を記載している。

### 解説 ・・・・・・・・・・・・・・・・・・・・・・・・・・・・・・・・・・・・・・・・・・・・・・・・・・・・・・・・・・・

**1**× 日頃から労働者を観察し、コミュニケーションをとることが重要。 **2**○

---

コラム

## グルグルまわる考えに対して

ゆっくり休めないときなど、仕事上の問題などで同じ考えがグルグルと堂々巡りすることがあります。考えることで調子が悪くなり、考えをやめようとすればするほど逆に考えてしまって疲れてしまうという悪循環に陥ります。そうした場合は、考えないのではなく、むしろ積極的に「考える」方法を採用するという手があります。以下は手順の例です。

① 普段からいくつか考えるテーマ（できれば楽しいテーマ）を準備しておき、別のことを考えるようにする

②「別のことを考える」ことでうまくいかないときは、考える時間を決めてから、考えるようにする。具体的には、「今から△△分までは□□のことを考えるぞ！」という枠を設定する

③ 枠ができることで、考えることをコントロールできる場合も多い。考えることをやめるだけで楽になり、それだけで調子がよくなる。これでうまくいかないときはさらに別の考えを検討する

## ●長時間労働者に対する医師の面接指導の結果報告書

| 面接指導結果報告書 | | | | | |
|---|---|---|---|---|---|
| 対象者 | 氏名 | | 所属 | | |
| | | | 男・女 | 年齢 歳 | |
| 勤務の状況<br>（労働時間、<br>労働時間以外の要因） | | | | | |
| 疲労の蓄積の状況 | 0. 1. 2. 3.<br>（低） （高） | | | | |
| その他の心身の状況 | 0. 所見なし　　1. 所見あり（　　　　　　　　　　　　　　　　　　　） | | | | |
| 面接医師判定 | 本人への指導区分<br><br>※複数選択可 | 0. 措置不要<br>1. 要保健指導<br>2. 要経過観察<br>3. 要再面接（時期：　　　　　　　　　）<br>4. 現病治療継続　又は　医療機関紹介 | | （その他特記事項） | |

| 就業上の措置に係る意見書 | | | | |
|---|---|---|---|---|
| 就業区分 | 0. 通常勤務　　1. 就業制限・配慮　　2. 要休業 | | | |
| 就業上の措置 | 労働時間の短縮<br>（考えられるものに○） | 0. 特に指示なし | 4. 変形労働時間制または裁量労働制の対象からの除外 | |
| | | 1. 時間外労働の制限<br>＿＿＿＿＿＿時間／月まで | 5. 就業の禁止（休暇・休養の指示） | |
| | | 2. 時間外労働の禁止 | 6. その他 | |
| | | 3. 就業時間を制限<br>　　時　分　～　時　分 | | |
| | 労働時間以外の項目<br>（考えられるものに○を付け、措置の内容を具体的に記述） | 主要項目 | a. 就業場所の変更　b. 作業の転換　c. 深夜業の回数の減少<br>d. 昼間勤務への転換　e. その他 | |
| | | 1) | | |
| | | 2) | | |
| | | 3) | | |
| | 措置期間 | ＿＿＿日・週・月　又は　　年　　月　　日～　　年　　月　　日 | | |
| 医療機関への受診配慮等 | | | | |
| その他<br>（連絡事項等） | | | | |

| 医師の所属先 | | 年　　月　　日（実施年月日） | 印 |
|---|---|---|---|
| | 医師氏名 | | |

出典：厚生労働省「長時間労働者、高ストレス者の面接指導に関する報告書・意見書作成マニュアル」

## ●高ストレス者に対する医師の面接指導の結果報告書

| 面接指導結果報告書 | | | | | | |
|---|---|---|---|---|---|---|
| 対象者 | 氏名 | | | 所属 | | |
| | | | | 男・女 | 年齢 歳 | |
| 勤務の状況<br>（労働時間、<br>労働時間以外の要因） | | | | | | |
| 心理的な負担の状況 | （ストレスチェック結果）<br>A.ストレスの要因＿＿＿＿＿点<br>B.心身の自覚症状＿＿＿＿＿点<br>C.周囲の支援 ＿＿＿＿＿点 | | | （医学的所見に関する特記事項） | | |
| その他の心身の状況 | 0. 所見なし　　1. 所見あり（　　　　　　　　　　　　　　　　　　　　　　　） | | | | | |
| 面接医師判定 | 本人への指導区分<br><br>※複数選択可 | 0. 措置不要<br>1. 要保健指導<br>2. 要経過観察<br>3. 要再面接（時期：　　　　　　　　　）<br>4. 現病治療継続　又は　医療機関紹介 | | （その他特記事項） | | |

| 就業上の措置に係る意見書 | | | | |
|---|---|---|---|---|
| 就業区分 | | 0. 通常勤務　　　1. 就業制限・配慮　　　2. 要休業 | | |
| 就業上の措置 | 労働時間の短縮<br>（考えられるものに○） | 0. 特に指示なし | 4. 変形労働時間制または裁量労働制の対象からの除外 | |
| | | 1. 時間外労働の制限<br>　　　　　　　　　　　時間／月まで | 5. 就業の禁止（休暇・休養の指示） | |
| | | 2. 時間外労働の禁止 | 6. その他 | |
| | | 3. 就業時間を制限<br>　　　時　　分　～　　時　　分 | | |
| | 労働時間以外の項目<br>（考えられるものに○を付け、措置の内容を具体的に記述） | 主要項目 | a. 就業場所の変更　b. 作業の転換　c. 深夜業の回数の減少<br>d. 昼間勤務への転換　e. その他 | |
| | | 1) | | |
| | | 2) | | |
| | | 3) | | |
| | 措置期間 | ＿＿＿日・　週　・　月　又は　年　　月　　日～　　年　　月　　日 | | |
| 職場環境の改善に関する意見 | | | | |
| 医療機関への受診配慮等 | | | | |
| その他<br>（連絡事項等） | | | | |

| 医師の所属先 | | 年　　月　　日（実施年月日） | 印 |
|---|---|---|---|
| | 医師氏名 | | |

出典：厚生労働省「長時間労働者、高ストレス者の面接指導に関する報告書・意見書作成マニュアル」

# 30. 職場のストレス要因と調査

② 種
頻出度
★★★

ココが
ポイント
● 職場のストレス要因の種類、理論とは？
● 職場のストレス調査とは？

## ◎職業性ストレス簡易調査票の特徴

旧労働省の研究班が開発した「職業性ストレス簡易調査票」は、一般に公開されている誰もが使用可能なツールです。この調査票では、全57項目の質問で、仕事のストレス要因（仕事の量・質の負担、身体的負担、対人関係、職場環境、仕事のコントロール、技能の活用、適性度など）、ストレス反応（イライラ感、疲労、不安、身体愁訴など）、修飾要因（上司や同僚、家族等からのサポート、仕事や生活の満足度など）の3つを同時に評価できます。簡便にまとめられているため調査が容易で、信頼性が高く、あらゆる業種・職種に使用できます。なお、調査を実施する際には従業員の同意を得ることが必要です。ストレスチェック制度においても、厚生労働省から使用が推奨されています。

## ◎仕事のストレス判定図

「職業性ストレス簡易調査票」の結果から「仕事のストレス判定図」を作成することで、職場のストレス要因が従業員に与えるストレスや健康リスクの程度を判定して職場改善に活用できます。「仕事のストレス判定図」を用いると、職業性ストレスモデルである「仕事の要求度コントロールサポートモデル」に基づき、仕事の4つのストレス要因（量的負担・コントロール・上司の支援・同僚の支援）について評価することができます。

「仕事のストレス判定図」は、「量─コントロール判定図」と「職場の支援判定図」の2つのグラフから構成されており、総合健康リスクについての判定が可能です。「量─コントロール判定図」と「職場の支援判定図」から、それぞれ全国平均を100として健康リスクを読み取ります。その2つの値を掛け合わせて100で割り総合健康リスクを計算します。

## ◎「量ーコントロール判定図」

　量ーコントロール判定図では分析する集団の仕事量（横軸）の負担と業務のコントロール（縦軸）がプロットされます。一般に仕事量が多いほど、コントロールが低いほど（右下に向かうほど）ストレスが高いと考えられます。分析する集団のデータを全国と比較すると課題がわかります。

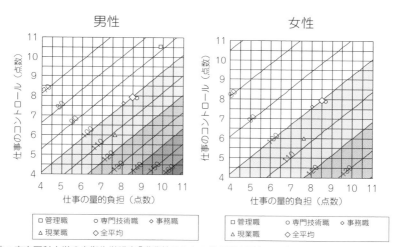

出典：東京医科大学公衆衛生学講座「職業性ストレス簡易調査票を用いたストレスの現状把握のためのマニュアル」

**重要！覚えておこう**

### 職業性ストレス簡易調査票のポイント

全57項目の質問により、労働者の最近1カ月の状態について調査することができる。調査結果からは、「仕事のストレス要因」、「ストレス反応」、「修飾要因」の3つが評価される。これらの内容から「仕事のストレス判定図」を作成し、職場改善に役立てることができる。

## ◎「職場の支援判定図」

　職場の支援判定図では分析する集団の上司の支援（横軸）と同僚の支援（縦軸）がプロットされます。一般的にはどちらも高いほど（右上に向かうほど）ストレスが軽いと考えられています。

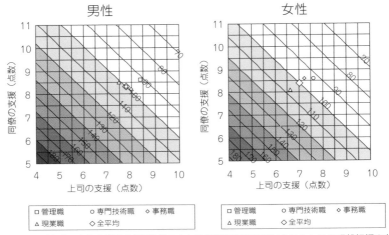

男性　女性

出典：東京医科大学公衆衛生学講座「職業性ストレス簡易調査票を用いたストレスの現状把握のための
マニュアル」

## ◎総合健康リスク

　総合健康リスクは、その組織の仕事のストレス要因がどの程度従業員の健康
に影響するかを表しています。もしその数値が118であれば、全国平均より
18%高いと予測できます。この数値を比較することで、職場改善を行うかどう
かの組織間比較に役立てられます。

### ●仕事のストレス判定図による健康リスク

| 尺度 | 平均点数 | 健康リスク（全国平均＝100） | |
|---|---|---|---|
| 量的負担 | 8.9 | 量ーコントロール判定(A)<br>108 | 総合健康リスク<br>(A)×(B)/100<br>=118 |
| コントロール | 7.2 | | |
| 上司の支援 | 7.6 | 職場の支援判定（B）<br>110 | |
| 同僚の支援 | 7.0 | | |

　この職場であれば次のような対処が考えられます。

　　例　仕事のコントロール度が低い
　　　　→職場の構成員に裁量権を持ってもらう工夫をする
　　例　同僚の支援が低い
　　　　→同僚間のコミュニケーションを阻害する要因の解決をする

判定図に用いられる4つのストレス要因以外にも、仕事のやりがいなど、他のストレス要因があります。したがって、健康リスクが100を下回っているから問題がないというわけではなく、現場の状況をよく見ながら必要な対策を検討する視点も重要です。

　また、定期的にストレス判定図を用いることで、経年の変化を見ていくこともできます。経年の変化を見ると、業務で取り扱う内容の変化や、構成員の異動、管理監督者の交替など、その背景が見えてくることもあり、より立体的に職場を捉えることが可能です。

## ◎新職業性ストレス簡易調査票

　ネガティブな側面を評価して仕事のストレスへの悪影響を改善・予防しようという視点でつくられた「職業性ストレス簡易調査票」に、新しい尺度を追加した「新職業性ストレス簡易調査票」が2012年に開発・公開されました。新調査票には、仕事の意義や成長の機会（作業レベル）、上司のリーダーシップや公正な態度（部署レベル）、キャリア形成の機会（事業場レベル）など、仕事のポジティブな側面を評価し、良い点をさらに伸ばそうという視点があります。また、ワーク・エンゲイジメント（仕事から活力を得て生き生きしている状態）や職場の一体感なども測定でき、職場環境をより広く評価します。

　推奨尺度セット標準版（42尺度120項目）、推奨尺度セット短縮版（従来の57項目を含む80項目）があり、調査結果は2010年時点の全国の標準データと比較して評価できます。調査結果は、産業保健スタッフ等の見解を含め、総合的に判断します。また、集団用の結果を用いて従業員にインタビューを行い、現場の状態をより明確化するといった改善に活かす努力が望まれます（集団分析）。

### 力試し問題

**次の文章が正しいか誤りかを答えなさい。**

**1** 「職業性ストレス簡易調査票」は、厚生労働省が調査するものである。

**2** 「仕事のストレス判定図」を用いると、全国平均の結果と比較できる。

**解説** ••••••••••••••••••••••••••••••••••••••••••••••••••••••••••••••••••••

　**1** × 　各事業場が、従業員の同意のもと自主的に実施する調査である。

　**2** ○

# 31. 職場の改善方法

**ココが
ポイント**

● メンタルヘルスアクションチェックリスト
とは？

## ◎メンタルヘルスアクションチェックリスト

「心の健康づくり計画」等の改善計画は、主に衛生委員会等が審議した内容を
もとに作成されます。衛生委員会等は、環境の改善や災害予防のほか、メンタ
ルヘルス改善の役割も担います。また、具体的実行のヒント集として「メンタ
ルヘルスアクションチェックリスト」の活用があります。

このチェックリストは、別名「職場環境改善のためのヒント集」といわれ、
具体的な改善行動が一覧になっています。特徴は次のとおりです。

- ヒントが改善形式で列挙され、既存の資源を活用しながら低コストで改善できる
- 職場参加型による改善の具体的な対策・方法がわかる
- 新たな対策のアイデアとして活用できる
- 6つの領域、30項目に整理されている

### ●メンタルヘルスアクションチェックリストの領域

| 6つの領域（改善技術領域） | 主なチェックポイント |
|---|---|
| A. 作業計画への参加と<br>情報の共有 | 少人数単位の裁量範囲、過大な作業量の見直し、達成感、情報の共有 |
| B. 勤務時間と作業編成 | ノー残業デーなどの運用、ピーク時の作業方法の改善、休日・休暇、勤務時間制・交代制 |
| C. 円滑な作業手順 | 物品と資材の取り扱い、作業場所の改善、わかりやすい指示、反復・単調作業の改善、作業ミス防止 |
| D. 作業場環境 | 温熱環境・視環境・音環境の快適化、有害環境源の隔離、受動喫煙の防止、休養設備の改善、緊急時対応 |
| E. 職場内の相互支援 | 上司・同僚に相談しやすい環境、チームワークづくり、仕事の適切な評価、職場間の相互支援 |
| F. 安心できる職場のしくみ | 窓口の設置、セルフケアの研修、職場の将来計画や仕事の見通し、昇格機会の明確化・公平化 |

## ◎職場環境の課題を調査する衛生委員会

　労働災害の防止策といった職場環境等の課題は、衛生委員会を開いて調査審議を行います。議論の記録は開示され、職場に提供されます。衛生委員会は、常時50人以上の労働者のいる事務所に対して設置が義務づけられています。

## ◎職場環境改善の具体例

　ストレス対策のための職場の環境改善というと、主に人間関係に目が行きがちですが、次のような働きやすい職場に改善することもストレスの軽減に役立つとされています。

- 毎朝定例会議を設けて、コミュニケーションをとるようにした
- 週1回ノー残業デーを設けた
- 応接室の灰皿を撤去した
- 衛生委員会を通じてストレスチェックを実施し、対策を講じた
- 多能工化を図り、最低2名が同じ業務を担当できるようにした

### 力試し問題

**次の文章が正しいか誤りかを答えなさい。**

1 「メンタルヘルスアクションチェックリスト」は、心の健康づくり計画を評価するためのツールである。

2 「メンタルヘルスアクションチェックリスト」の作業計画への参加と情報の共有には、「ノー残業デーなどの運用」が含まれる。

3 「メンタルヘルスアクションチェックリスト」は、合否の判定や点数化によって職場をランクづけできる。

### 解説 ・・・・・・・・・・・・・・・・・・・・・・・・・・・・・・・・・・・・・・・・・・・・・

1 ×　「メンタルヘルスアクションチェックリスト」は職場環境改善のためのヒント集である。

2 ×　「ノー残業デーなどの運用」は、勤務時間と作業編成の領域である。

3 ×　ヒントが改善形式で列挙されているリストであり、合否の判定や点数化はできない。

# 32. 対策の評価と 改善の課題

2種
頻出度
★

ココが
ポイント

● メンタルヘルス改善のためのステップとは？
● 職場ごとの改善活動の重要性、アプローチ とは？

## ◎職場改善のステップ

ILO（国際労働機関）によると、個人向けのストレス対策の効果は<u>一時的・限定的</u>であり、職場全体よりはむしろ職場ごとの改善アプローチが効果的であるとされています。このため、職場改善は職場ごとに取り組む必要があります。職場改善は、次の4ステップの反復で進めます。

| ステップ1（方針作成と職場改善の事前準備） | ステップ2（職場検討会（グループ討議）の実施） | ステップ3（改善計画の作成と実行） | ステップ4（改善提案の実施と結果の記録） |
|---|---|---|---|
| ・方針設定<br>・改善の実施体制整備<br>・ストレスチェックの集団分析の確認など | ・職場検討会の実施<br>・良い点と改善点を討議 | ・優先度の選定<br>・具体的な改善計画書の提出と実施 | ・改善状況のフォローアップ<br>・改善の成果と良かった点の検討<br>・成果報告会やイントラネットでの成果共有 |

## ◎職場改善活動の実施

職場のストレス要因はさまざまです。そこで、職場ごとにストレス要因を認識するようにし、かつ改善可能な項目から取り組むことが重要です。問題点の抽出には、次のような情報を集めるようにします。

- 管理監督者や事業者が把握している問題点
- 従業員の意見により、衛生委員会で議論された問題点
- 産業保健スタッフの助言や、外部資源からの情報

## ◎メンタルヘルス対策の評価

メンタルヘルス対策を行った際、実際にどう変わったか、評価が必要になります。この評価方法には次の2つがあります。

- **改善実行レベルで評価（プロセスの評価）**：改善計画がどの程度実施されたかを、訪問・ヒアリングして評価する方法
- **取り組み効果レベルで評価（アウトカムの評価）**：職場環境の改善の取り組みが役に立ったかどうかを評価する方法。生産性の向上、休職者や欠勤率の減少、復職率の増加、職場パフォーマンスの向上などを記録して評価する

## ◎労働安全衛生マネジメントシステムによる評価（67ページ参照）

近年では、改善の評価に労働安全衛生マネジメントシステム（OSHMS）を導入している事業場が増えています。OSHMSは、PDCAサイクルを回して安全衛生管理を継続的・自主的に進める仕組みのことです。メンタルヘルス対策においては、ストレスチェック結果の評価や、ヒント集を使った職場改善をリスクアセスメントと位置づけ、OSHMSの中で改善に結びつけることができます。

## ◎職場改善の課題

職場の問題は多様かつ受け止め方にも個人差があり、一部のみに焦点を当てた改善では、対策がうまく進まないということも起こります。

このため、多くの従業員が参加し、対策を練るアプローチが基本となります。職場参加型の改善は、衛生委員会等の活用は無論、参加メンバーの選任方法や役割の周知を行い、全社の同意を得ながら進める必要があります。職場改善のための会議には、産業保健スタッフや健康管理スタッフなどが、話し合いを促進するファシリテーターとして参加すると効果的です。

### 力試し問題

世界各国のストレス対策の成功事例のうち、50%以上が「職場環境の改善」だったそうだよ

**次の文章が正しいか誤りかを答えなさい。**

1 職場改善活動は、従業員の意見によって衛生委員会で議論された問題点をもとにすべきであり、管理監督者や事業者が把握した問題点は対象とすべきではない。

2 職場環境の改善や「心の健康づくり計画」の効果については、実施後すぐに確認をするのがよい。

3 職場改善の課題は、メンタルヘルス不調を発症した社員のみの話を聞き取り、その原因を取り除くことを目標に作成するのがよい。

**解説** ・・・・・・・・・・・・・・・・・・・・・・・・・・・・・・・・・・・・・・・・・・・・・・・・・・・・・・・・・・・・・・・・・・

1 × 管理監督者や事業者が把握した問題点も職場改善活動の対象である。

2 × 中長期的な視点を持って定期的に評価するのがよいと考えられている。

3 × 職場改善の課題は、多くの従業員が参加して対策の具体案をつくる方法が提唱されている。

## 3章　理解度チェック

1. 職場復帰の支援は、管理監督者のラインケアに含まれない。　　×

2. 1カ月に80時間程度の残業があった場合、その従業員は1日6時間程　○
度の睡眠時間を確保できていると考えられる。

3. 「事例性」とは、病気の発症のことを指す。　　×

4. 出張や交代制勤務等の不規則勤務が睡眠時間に影響を与える場合があ　○
る。

5. 仕事の裁量権が低いと心血管疾患が多くなる。　　×

6. 「職業性ストレス簡易調査票」の調査項目に、業務外となる家族等から　×
の支援は含まれていない。

7. 「職業性ストレス簡易調査票」は、仕事のストレス反応を評価できない。　×

8. 「仕事のストレス判定図」は、仕事のコントロールや量的負担、ストレ　○
スレベルの変化を評価することができる。

9. 質問紙による調査は複雑な調査が多い。　　×

10. 「メンタルヘルスアクションチェックリスト」は7つの領域に整理され　×
ている。

11. 個人向けのストレス対策の充実が長期的なメンタルヘルス対策につな　×
がる。

12. 職場のストレス対策は、全社的（または法的）な制度をつくることが　×
最も効果を上げる。

13. 職場環境改善の対策評価において、休職者・欠勤率の減少や、職場パ　×
フォーマンスの向上などを記録して評価するのは、改善実行レベルで
評価する場合である。

**解説＞1.** 専門部署と連携しながら管理監督者もかかわる。　**3.** パフォーマンス
低下など業務に影響を与えている状態を指す。　**5.** 循環器系疾患が多くなるとい
われている。　**6.** 家族等からの支援も修飾要因に含まれる。　**7.** 仕事のストレス
要因のほか、ストレス反応、修飾要因を評価できる。　**9.** 簡便で容易に実施でき
るものが多く、信頼性も高い。　**10.** 6つの領域に整理されている。　**11.** ILO
（国際労働機関）によると、個人向けのストレス対策のみでは、一時的・限定的と
されている。　**12.** 職場ごとの対策が最も効果的とされている。　**13.** 改善実行
レベルではなく、取り組み効果レベルで評価する場合である。

**②種**

第**4**章

# 従業員の
# メンタルヘルスケアと
# 管理監督者自身のセルフケア

# 33. 従業員のストレス要因 に気づく

● 国が示す心理社会的ストレスの基準とは？
● 長時間労働から労働者を守るためのルールは？

## ◎精神障害と心理社会的ストレスの関係

　近年の精神障害等に関連した労災請求件数の増加と相まって、1999年に当時の労働省（現厚生労働省）から「心理的負荷による精神障害等に係る業務上外の判断指針」（2009年一部改正）が公表されました。この指針には、労災判断基準が示されており、労災認定の際にその原因が業務上か業務上外かを判断したり、その影響度（強度）を見極めたりすることなどが示されています。また、強度の評価においては、仕事の量や質、職場環境や支援・協力体制の変化について検討がなされることになっています。

　さらに2011年、審査期間の短縮を目的に「心理的負荷による精神障害の認定基準」が発表され、評価表がよりわかりやすくなるなどの変更がありました。2020年6月には、パワーハラスメントの定義が法律上規定されたこと等をふまえ、認定基準にパワーハラスメントが明示されるようになりました。

　この認定基準が発表されたことにより、1999年来の旧判断指針は廃止されました。

　管理監督者は、次ページにある業務による心理的負荷が「強」とされる出来事が起きるのを防ぐ努力をするとともに、そうした出来事を体験した従業員の精神健康状態をよく確認しておく必要があります。

重要！
覚えて
おこう
### 心理的負荷による精神障害の認定基準
認定基準では、業務における強い心理的負荷が「特別な出来事」と「特別な出来事以外」とに分けられる。2020年6月からは、「特別な出来事以外」に新たにパワーハラスメントの認定基準が設定された。

## ●業務による強い心理的負荷

| | 出来事の類型 | 具体的な出来事 |
|---|---|---|
| **特別な出来事** | 心理的負荷が極度のもの | • 生死にかかわる、極度の苦痛を伴う、または永久労働不能となる後遺障害を残す業務上の病気やケガ<br>• 業務に関連し、他人を死亡させ、または生死にかかわる重大なケガを負わせた（故意によるものを除く）<br>• 強姦や、本人の意思を抑圧して行われたセクシュアルハラスメント |
| | 極度の長時間労働 | • 発病直前の1カ月におおむね160時間を超える、あるいは同程度（3週間に120時間以上など）の時間外労働を行った |
| **特別な出来事以外** | 事故や災害の体験 | • 重度の病気やケガ<br>• 悲惨な事故や災害の体験・目撃 |
| | 仕事の失敗、過重な責任の発生 | • 業務に関連し、重大な人身事故、重大事故を起こした<br>• 会社の経営に影響するなどの重大な仕事上のミスをし、事後対応にもあたった<br>• 会社で起きた事故・事件について、責任を問われた<br>• 業務に関連し、違法行為を強要された<br>• 達成困難なノルマが課されたり、ノルマが達成できなかった |
| | 仕事の量・質 | • 仕事内容・仕事量の大きな変化を生じさせる出来事があった<br>• 1カ月に80時間以上の時間外労働を行った<br>• 2週間以上にわたって連続勤務を行った |
| | 役割・地位の変化等 | • 退職を強要された<br>• 配置転換・転勤をした<br>• 複数名で担当していた業務を1人で担当するようになった<br>• 仕事上の差別、不利益な取り扱いを受けた |
| | パワーハラスメント | • 上司等から、身体的または精神的攻撃などのパワハラを受けた |
| | 対人関係 | • 同僚等から、暴行、またはひどいいじめやいやがらせを受けた |
| | セクシュアルハラスメント | • セクシュアルハラスメントを受けた |

（第4章　従業員のメンタルヘルスケアと管理監督者自身のセルフケア）

---

**重要！覚えておこう**

### 心理的負荷「強」とされる職場内外での出来事

心理的負荷が「強」（強度Ⅲ）として判定される出来事は、精神障害との関連性が認められやすい。心理的負荷「強」とは、人生の中でまれに経験することがある、強い心理社会的ストレスのことをいう。

## ●業務による心理的負荷評価表

| 出来事の類型 | 平均的な心理的負荷の強度 | | | |
|---|---|---|---|---|
| | 具体的出来事 | 心理的負荷の強度 | | |
| | | I | II | III |
| ①事故や災害の<br>体験 | （重度の）病気やケガをした | | | ☆ |
| | 悲惨な事故や災害の体験、目撃をした | | ☆ | |
| ②仕事の失敗、<br>過重な責任の<br>発生等 | 業務に関連し、重大な人身事故、重大事故を起こした | | | ☆ |
| | 会社の経営に影響するなどの重大な仕事上のミスをした | | | ☆ |
| | 会社で起きた事故、事件について、責任を問われた | | ☆ | |
| | 自分の関係する仕事で多額の損失等が生じた | | ☆ | |
| | 業務に関連し、違法行為を強要された | | ☆ | |
| | 達成困難なノルマが課された | | ☆ | |
| | ノルマが達成できなかった | | ☆ | |
| | 新規事業の担当になった、会社の建て直しの担当になった | | ☆ | |
| | 顧客や取引先から無理な注文を受けた | | ☆ | |
| | 顧客や取引先からクレームを受けた | | ☆ | |
| | 大きな説明会や公式の場での発表を強いられた | ☆ | | |
| | 上司が不在になることにより、その代行を任された | ☆ | | |
| ③仕事の量・質 | 仕事内容・仕事量の（大きな）変化を生じさせる出来事があった | | ☆ | |
| | 1か月に80時間以上の時間外労働を行った | | ☆ | |
| | 2週間以上にわたって連続勤務を行った | | ☆ | |
| | 勤務形態に変化があった | ☆ | | |
| | 仕事のペース、活動の変化があった | ☆ | | |
| ④役割・地位の<br>変化等 | 退職を強要された | | | ☆ |
| | 配置転換があった | | ☆ | |
| | 転勤をした | | ☆ | |
| | 複数名で担当していた業務を1人で担当するようになった | | ☆ | |
| | 非正規社員であるとの理由等により、仕事上の差別、不利益取扱いを受けた | | ☆ | |
| | 自分の昇格・昇進があった | ☆ | | |
| | 部下が減った | ☆ | | |
| | 早期退職制度の対象となった | ☆ | | |
| | 非正規社員である自分の契約満了が迫った | ☆ | | |
| ⑤パワー<br>ハラスメント | 上司等から、身体的攻撃、精神的攻撃等のパワーハラスメントを受けた | | | ☆ |
| ⑥対人関係 | 同僚等から、暴行又は（ひどい）いじめ・嫌がらせを受けた | | | ☆ |
| | 上司とのトラブルがあった | | ☆ | |
| | 同僚とのトラブルがあった | | ☆ | |
| | 部下とのトラブルがあった | | ☆ | |
| | 理解してくれていた人の異動があった | ☆ | | |
| | 上司が替わった | ☆ | | |
| | 同僚等の昇進・昇格があり、昇進で先を越された | ☆ | | |
| ⑦セクシュアル<br>ハラスメント | セクシュアルハラスメントを受けた | | ☆ | |

出典：厚生労働省「心理的負荷による精神障害の認定基準について」から一部抜粋

## ●業務以外の心理的負荷評価表

| 出来事の類型 | 具体的出来事 | 心理的負荷の強度 | | |
|---|---|---|---|---|
| | | I | II | III |
| ①自分の出来事 | 離婚又は夫婦が別居した | | | ☆ |
| | 自分が重い病気やケガをした又は流産した | | | ☆ |
| | 自分が病気やケガをした | | ☆ | |
| | 夫婦のトラブル、不和があった | ☆ | | |
| | 自分が妊娠した | ☆ | | |
| | 定年退職した | ☆ | | |
| ②自分以外の家族・親族の出来事 | 配偶者や子供、親又は兄弟が死亡した | | | ☆ |
| | 配偶者や子供が重い病気やケガをした | | | ☆ |
| | 親類の誰かで世間的にまずいことをした人が出た | | | ☆ |
| | 親族とのつきあいで困ったり、辛い思いをしたことがあった | | ☆ | |
| | 親が重い病気やケガをした | | ☆ | |
| | 家族が婚約した又はその話が具体化した | ☆ | | |
| | 子供の入試・進学があった又は子供が受験勉強を始めた | ☆ | | |
| | 親子の不和、子供の問題行動、非行があった | ☆ | | |
| | 家族が増えた（子供が産まれた）又は減った（子供が独立して家を離れた） | ☆ | | |
| | 配偶者が仕事を始めた又は辞めた | ☆ | | |
| ③金銭関係 | 多額の財産を損失した又は突然大きな支出があった | | | ☆ |
| | 収入が減少した | | ☆ | |
| | 借金返済の遅れ、困難があった | | ☆ | |
| | 住宅ローン又は消費者ローンを借りた | ☆ | | |
| ④事件、事故、災害の体験 | 天災や火災などにあった又は犯罪に巻き込まれた | | | ☆ |
| | 自宅に泥棒が入った | | ☆ | |
| | 交通事故を起こした | | ☆ | |
| | 軽度の法律違反をした | ☆ | | |
| ⑤住環境の変化 | 騒音等、家の周囲の環境（人間環境を含む）が悪化した | | ☆ | |
| | 引越した | | ☆ | |
| | 家屋や土地を売買した又はその具体的な計画が持ち上がった | ☆ | | |
| | 家族以外の人（知人、下宿人など）が一緒に住むようになった | ☆ | | |
| ⑥他人との人間関係 | 友人、先輩に裏切られショックを受けた | | ☆ | |
| | 親しい友人、先輩が死亡した | | ☆ | |
| | 失恋、異性関係のもつれがあった | | ☆ | |
| | 隣近所とのトラブルがあった | | ☆ | |

出典：厚生労働省「心理的負荷による精神障害の認定基準について」から一部抜粋

第4章 従業員のメンタルヘルスケアと管理監督者自身のセルフケア

## ◎労働時間と健康問題の関係

　労働者の長時間労働は、うつ病をはじめとしたメンタルヘルス不調のみならず、脳・心臓疾患との関連性についても医学的知見が認められています。

　労働者の労働時間は労働基準法で定められており、事業者が労働者に週40時間超の労働を課すには、労働者と労使協定「36（サブロク）協定」を締結する必要があります。また、期間ごとに時間外労働の限度時間（例：1カ月45時間）があり、その基準に基づいた管理が必要です。この限度時間の延長を定めることができるのは、厚生労働大臣です。

　ただし、臨時的に限度時間を超えて時間外労働を行わなければならない場合に、「特別条項付き36協定」を結ぶことにより、限度時間を超えて延長をすることができます。2018年の労働基準法の改正では、36協定で定める時間外労働に、上限（罰則つき）が設けられました。

●36協定での労働時間延長の「限度時間」早見表

| 期間 | 1週間 | 2週間 | 4週間 | 1カ月 | 2カ月 | 3カ月 | 1年間 |
|---|---|---|---|---|---|---|---|
| 限度時間 | 15時間 | 27時間 | 43時間 | 45時間 | 81時間 | 120時間 | 360時間 |

　長時間労働が招く過重労働から労働者を守るため、2002年に「過重労働による健康障害防止のための総合対策」（2006年、2020年に一部改正）が厚生労働省から公表されました。この「総合対策」では、労働時間の適正な把握のために、事業者が講ずべき措置として以下の内容が重要とされています。

- 時間外・休日労働時間の削減
- 年次有給休暇の取得促進
- 労働時間等の設定の改善
- 労働者の健康管理に係る措置の徹底

　また、労働安全衛生法に基づく健康診断を強化する制度として、次の補助金制度があります。

- 二次健康診断等給付制度：直近の定期健康診断で、肥満、高血糖、高血圧、脂質異常症について異常所見が認められる場合には、労働者の請求に基づき二次健康診断と特定保健指導が労災保険から給付され、費用は免除される

**重要！覚えておこう**

## 過労死の定義

「過労死等」とは、2014年「過労死等防止対策推進法」により、「業務における過重な負荷による脳血管疾患若しくは心臓疾患を原因とする死亡若しくは業務における強い心理的負荷による精神障害を原因とする自殺による死亡又はこれらの脳血管疾患若しくは心臓疾患若しくは精神障害をいう」と定義されている。

**重要！覚えておこう**

## 長時間労働者への医師による面接指導等の基準

労働安全衛生法（2019年改正）で示された面接指導の義務の基準は次の通り（詳細は20ページを参照）。

| 区分 | 時間外・休日労働時間 | 労働者からの申出 | 面接指導の実施 |
|---|---|---|---|
| 一般労働者 | 月に80時間超 | あり | 義務 |
| | | なし | 努力義務 |
| 研究開発業務従事者 | 月に80時間超 | あり | 義務 |
| | 月に100時間超 | なし | 義務 |
| **区分** | **健康管理時間** | **労働者からの申出** | **面接指導の実施** |
| 高度プロフェッショナル制度適用者 | 月に100時間超 | なし | 義務 |

## 力試し問題

### 次の文章が正しいか誤りかを答えなさい。

**1** 「心理的負荷による精神障害の認定基準」では、生死にかかわる事故に遭遇した際、条件付きで心理的負担が「強」とされる。

**2** 「心理的負荷評価表」では、意思がないにもかかわらず退職を強要された場合、心理的負担「中」に該当する。

**3** 時間外労働や休日労働に関して、いわゆる36協定では1カ月の労働時間延長を最大45時間と定めている。

**4** 「過重労働による健康障害防止のための総合対策」では、時間外・休日労働が1月あたり80時間以上の労働者で申出があった者に対して面接指導等をするよう義務づけている。

### 解説

**1** ×　条件付きではなく、無条件に「強」とされる。　**2** ×　「中」（強度Ⅱ）ではなく、「強」（強度Ⅲ）。　**3** ○　**4** ○

第4章　従業員のメンタルヘルスケアと管理監督者自身のセルフケア

# 34. 管理監督者が注意すべき その他のストレス要因

●職場内外のストレス要因として管理監督者が
　把握しておくべき内容は？
●不調がみられる部下にどう対応すべき？

## ◎職場におけるその他のストレス要因

　職場における部下のストレス要因として、管理監督者が注意すべきものには、長時間労働やハラスメント以外に次のようなものがあります。

---

### ① 自信を失う体験

業務内容の変更、人事異動による新たな業務への不適応、仕事上の大きな失敗、査定の低さ、左遷のような異動、昇進の遅れなど

### ② 社会的に糾弾される立場に追い込まれる状況

業務を通して、社会的に重大な事件や事故の責任を追及されたり、世間から厳しい批判を受けたりする状況（自殺を招く危険性あり）

### ③ 孤立無援の状況

海外など遠隔地における単身での困難な業務、顧客先に１人で長期間常駐しての業務、人間関係のトラブルによる職場での孤立（自殺を招く危険性あり）、連続した在宅勤務による周囲からの孤立感

---

## ◎職場以外のストレス要因

　職場以外のストレス要因としては、喪失体験などさまざまな要因があります。こうした体験が引き起こすメンタルヘルス不調の多くはうつ病です。

---

### ① 喪失体験

自分自身の身のまわりで大切なものや慣れ親しんだものを失うこと、家族との死別、子供の独立、離婚・失恋、引越し、自身の知力や能力の衰えなど

---

**② 自分や家庭の悩み**

悩みの種とも呼ばれるもので、自分自身の病気・ケガ、家族の病気・ケガ、子供の非行、経済的な困窮、借金、犯罪や災害との遭遇など

**③ 責任の増大**

自分自身の家庭内での責任が増えること、自身の結婚、自身（配偶者）の出産など

　管理監督者は、今までに挙げたストレス要因を把握するとともに、それらのケースに応じた部下への支援や対応（ラインケア）を行うことが求められます。

**●上司が取るべき部下への支援や対応例**

| ケース | 上司が取るべき支援や対応 |
|---|---|
| うつ病などメンタルヘルス不調の発生が考えられる原因が存在する場合 | メンタルヘルス不調との関連性が高いストレス要因を極力職場からなくす |
| ストレス要因を抱えていると思われる部下に気づいた場合 | ・注意深く様子を観察する<br>・しばしば声をかけて心身の健康状態をチェックする<br>・必要に応じて医師などによる健康状態のチェックを受けてもらう |
| ストレス要因が私生活に起因している場合 | ・自然なタイミングでさりげなく心身の状態を確認する<br>・可能な範囲で注意を向ける |
| ストレス要因はわからないが、勤務態度や言動などに変化がみられた場合 | ・必ず声かけを行い、心身の健康状態を確認する |

**力試し問題**

喪失からメンタルヘルス不調になった場合、自覚のない人が多いよ

**次の文章が正しいか誤りかを答えなさい。**

**1** メンタルヘルス不調を起こす要因としては、「長時間労働」「自信を失う体験」「社会的糾弾を受ける立場になる」「孤立無援の状況」などが挙げられる。

**2** 上記のうち、特に自殺の危険性が高い要因は、「自信を失う体験」である。

**3** 子供が生まれて家庭内での責任が増大することについては、むしろ良いことであり、メンタルヘルス不調の要因には当てはまらない。

**4** 上司が取るべき対応として、私生活に起因したストレス要因を抱えた部下については、業務中に積極的に声をかけ、話を聴いてあげるようにする。

**解説**・・・・・・・・・・・・・・・・・・・・・・・・・・・・・・・・・・・・・・・・・・・・・・・・・・・・・・・・・・・・

**1**○　**2**×　「社会的糾弾を受ける立場になる」「孤立無援の状況」の方が危険性は高い。　**3**×　責任増大の要因となる。　**4**×　さりげなく心身の状態をたずねるなど、無理ない範囲で注意を向けることが望ましい。

# 35. ストレスの予防

● ストレス予防に効果的な休養・睡眠・運動・食事それぞれのポイントは？
● リラクセーション法には何がある？

## ◎さまざまなストレス予防を知る

ストレス対処のためのさまざまな手法として、ストレス予防の基本を押さえておく必要があります。その基本となるのが休養と睡眠など次の項目です。

### ① 休養

休養とは、心身の疲れを取り除き、気力や知力を回復させると同時に、自分の時間を趣味や娯楽などにあてることにより、心持ちを豊かで余裕のある状態にすることです。この休養が十分でない場合、心身の健康状態に支障が出て、仕事の質や生産性を低下させてしまいます。管理監督者は、部下が十分休養できるよう管理する必要があります。

### ② 睡眠

睡眠は、疲労やストレスを軽減、蓄積の予防にとても重要です。統計によると、日本では現在5人に1人の割合で不眠などの睡眠トラブルを抱えているといわれます。睡眠に問題が生じると、日中の眠気、作業効率の低下、情緒不安定、行動や判断のミスなどを引き起こし、労働災害などの事故につながります。また、交感神経系の緊張が続くことからうつ病などのメンタルヘルス疾患や高血圧、糖尿病などの生活習慣病も引き起こしかねません。

快適な睡眠のために、厚生労働省が公表している「健康づくりのための睡眠指針」を参考に、睡眠のとり方を振り返ってみることも大切です。その際、早朝に目が覚めてしまいその後寝つけない、熟睡感がない、日中の強い眠気、激しいいびきなど自覚症状がある場合は、専門家へ相談する必要があります。

### ③ 運動

運動やストレッチは、ストレスの解消や気分の改善に役立ちます。うつ病の症状改善に効果があるといわれる脳内物質エンドルフィンなどを増加させたり、運動習慣が睡眠の質を高めたりという効果が認められています。

# 健康づくりのための睡眠指針 2014 ～睡眠12箇条～

## （1）良い睡眠で、身体も心も健康に
- 睡眠不足や睡眠の質の悪化は生活習慣病のリスク、不眠はうつ病など心の病のリスク
- 日中の眠気は、ヒューマンエラーによる事故のもと

## （2）適度な運動、しっかり朝食、眠りと目覚めのメリハリを
- 適度な運動習慣は入眠を促進し、途中覚醒を減らす。朝食は目覚めを促す
- 就寝前の飲酒・喫煙は睡眠の質を悪くし、睡眠時無呼吸のリスクが増加。カフェイン摂取も睡眠を浅くする

## （3）良い睡眠は、生活習慣病予防につながります
- 睡眠不足や不眠の解消で、生活習慣病の発症を予防
- 睡眠時無呼吸症候群を治療しないと、高血圧、糖尿病、心臓病、脳卒中などの危険性が高まる。肥満や過体重は、睡眠時に気道（喉の空気の通り道）が詰まりやすくなるので注意

## （4）睡眠による休養感は、心の健康に重要です
- 不眠症状は心の病の可能性あり。うつ病になると約9割の人が不眠症状をともなう
- 睡眠による休養感が得られないと、注意力・集中力・意欲の低下、頭痛や消化器系の不調などが現れる

## （5）年齢や季節に応じて、昼間の眠気で困らない程度の睡眠を
- 必要な睡眠時間は人それぞれ。日中の眠気で困らない程度の自然な睡眠が一番
- 加齢で睡眠時間が徐々に短くなるのは普通のこと。早寝早起きの朝型化は男性に顕著

## （6）良い睡眠のためには、環境づくりも重要です
- ぬるめの入浴など自分に合ったリラックス法が、眠りへの心身の準備となる
- 寝室や寝床の温度・湿度、明るさ、音などを調節して、睡眠に適した環境づくり

## （7）若年世代は夜更かし避けて、体内時計のリズムを保つ
- 子供には規則正しい生活を。目覚めたら日光を取り入れて、体内時計をリセット
- 休日に遅くまで寝床で過ごすと夜型化を促進

## （8）勤労世代の疲労回復・能率アップに、毎日十分な睡眠を
- 寝不足は仕事の能率を低下させ、睡眠不足が蓄積すると回復に時間がかかる
- 午後の早い時間に30分以内の昼寝で眠気をやり過ごすと、作業効率の改善に効果的

## （9）熟年世代は朝晩メリハリ、昼間に適度な運動で良い睡眠
- 寝床で長く過ごしすぎると熟睡感が減る。年齢に合った睡眠時間を大きく超えない
- 適切な睡眠時間の確保は、日中しっかり目覚めて過ごせているかも目安の一つ

## （10）眠くなってから寝床に入り、起きる時刻は遅らせない
- 就床時刻にこだわりすぎず、眠たくなってから寝床につく
- 眠りが浅いときは、むしろ積極的に遅寝・早起きに

## （11）いつもと違う睡眠には、要注意
- 睡眠中の激しいいびき・呼吸停止、手足のぴくつき・むずむず感や歯ぎしりは要注意
- 眠っても日中の眠気や居眠りで困っている場合は専門家に相談

## （12）眠れない、その苦しみをかかえずに、専門家に相談を
- 自らの工夫では睡眠の問題が改善しないと感じたら、早めに専門家に相談
- 睡眠薬などで治療を受ける際は、医師に指示された用法・用量を守り、薬剤師の具体的な服薬指示を受ける。お酒と睡眠薬を同時に飲むのは危険

出典：厚生労働省「健康づくりのための睡眠指針2014」

### ④ 食事

　規則正しく栄養バランスのとれた食事を心がけることが重要です。抑うつ予防には１日３回の食事をとり、またストレス耐性を高めるためにビタミンＢ・Ｃ、タンパク質、カルシウム、マグネシウムをとるようにしましょう。

## ◎さまざまなリラクセーションの紹介

　日々蓄積されるストレスから自身を解放し、リラックスした状態をつくるために、様々なリラクセーション法があります。実践のポイントを次に示します。

　　① 楽な姿勢、服装で行う　　　② 静かな環境で行う
　　③ 言葉や音楽、イメージにより、心を向ける対象をつくる
　　④ 受動的態度で行う

### 呼吸法

　呼吸には胸式呼吸（胸部のみの浅く速い呼吸）と腹式呼吸（横隔膜を上下させる深くゆっくりした呼吸）の２種類があります。リラックスできていないときは胸式呼吸になっていることが多いため、腹式呼吸に切り替えて、深くゆっくりしたリズムで自身をリラックスさせるようにします。

| 腹式呼吸の仕方 | ①軽く目を閉じます<br>②まず、ゆっくり息を吐きます　（お腹に両手を当てながら行います）<br>③ゆっくりと鼻から息を吸います　（その際、お腹を膨らませます）<br>④ゆっくりと口から息を吐きます　（その際、お腹をへこませます）<br>⑤③と④を交互に繰り返します<br>※最初は３分間を目安に、徐々に伸ばしていくのもよいでしょう。 |
|---|---|

### 漸進的筋弛緩法（132ページ参照）

　リラックスできていないとき、体は萎縮します。こうした不安や緊張している際の筋肉の状態を徐々に緩めていくことでリラックス感を得る手法です。

| 腕の場合 | ①両腕に力を入れて前方に伸ばし、握った拳と前腕部に力を入れます<br>②力を入れて腕を折り曲げて、上腕にも力を入れます<br>③力を入れた腕を再び前に伸ばし、手のひらを広げ指に力を入れます<br>④その後力を抜き、リラックスします |
|---|---|

| 肩の場合 | ①両肩に力を入れ、肩をすぼめて約10秒間維持します<br>②息を吐きながら力をスッと抜いて、すぼめた肩を落とします<br>③肩を落とした際にリラックスします |
| --- | --- |

## 自律訓練法（133ページ参照）◁ 習得には1カ月ほどかかる！

　自己暗示により不安を緩和させ、筋肉の緊張を弛緩させて、心身をリラックスさせるリラクセーション法です。心身症や神経症などの治療に用いられます。本来は「7つの公式」を使いますが、以下のように簡単に重感（第1公式）と温感（第2公式）を体験するステップだけでも十分といわれています。

| 自律訓練法の仕方 | ①静かなところでゆったりと横になったり、いすに座ったりします<br>②目をつむりながら深呼吸をします<br>③背景公式「気持ちが落ち着いている」と声に出さずに心の中で唱えます<br>④第1公式「両手両足が重たい」と声に出さずに心の中で唱えます<br>⑤第2公式「両手両足が温かい」と声に出さずに心の中で唱えます<br>⑥最後に、消去動作（両手の開閉、腕の屈伸、背伸び等）を行います |
| --- | --- |

健康のための睡眠時間は、2日単位で考えて12〜16時間が必要とされているよ

## 力試し問題

### 次の文章が正しいか誤りかを答えなさい。

**1** 長期の睡眠不足が心身に与える影響として、うつ病の発症リスクのほか、高血圧や糖尿病など生活習慣病の発症リスクも高めることがわかっている。

**2** ストレス予防における睡眠の重要性が認められているなか、現在日本では6人に1人の割合で睡眠に関する何らかの問題を抱えているといわれている。

**3** 運動は定期的に行うことでストレス予防や気分改善に効果があるが、食事に関しても1日3回規則的にとること、またビタミンB・C、炭水化物、カルシウム、マグネシウムの摂取を心がけることが良いといわれている。

**4** 効果的なリラクセーション法として、呼吸法、漸進的筋弛緩法、カイロプラクティックなどが挙げられる。

### 解説 ••••••••••••••••••••••••••••••••••••••••••••••••••••••••••••••••

**1** ○　**2** ×　6人ではなく、5人に1人。　**3** ×　炭水化物ではなく、タンパク質。
**4** ×　カイロプラクティックではなく、自律訓練法。

# 36. 過重労働の予防

2種
頻出度
★★

ココが
ポイント

- 過重労働による心身への影響は？
  予防のポイントは？
- メタボリックシンドロームの診断基準は？

## ◎過重労働とメンタルヘルスの関係

近年の労働環境の変化に伴い長時間労働が発生しやすい状況のなか、過重労働による健康障害は、労働者の心と体の双方に悪影響が及ぶことになります。

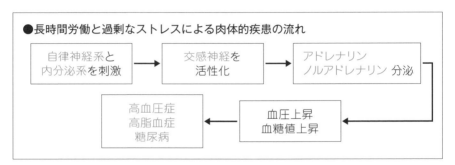

●長時間労働と過剰なストレスによる肉体的疾患の流れ

自律神経系と内分泌系を刺激 → 交感神経を活性化 → アドレナリン ノルアドレナリン 分泌

高血圧症 高脂血症 糖尿病 ← 血圧上昇 血糖値上昇 ←

## ◎事業者による過重労働対策

過重労働（長時間労働）は、労働者自身ではコントロールできない職場特有の健康障害因子です。長い期間、長時間労働が続けば、心身に健康障害を引き起こしかねません。厚生労働省は、1カ月の時間外・休日労働が100時間以上、または2～6カ月の平均が月80時間以上の場合に、健康障害のリスクが高まると発表しています。また、「過重労働による健康障害防止のための総合対策」では、事業者の行うべき対策として以下4点を挙げています。

① 時間外・休日労働時間の削減　　② 年次有給休暇の取得促進
③ 労働時間等の設定の改善　　　　④ 労働者の健康管理に係る措置の徹底

## ◎過重労働とメタボリックシンドローム

　メタボリックシンドロームとは、腹部の内臓に脂肪が蓄積した<u>内臓脂肪型肥満</u>の状態に、脂質異常、高血圧、高血糖のうち2つ以上を併せ持った状態を指します。その基準や概念を理解し、動脈硬化などの循環器疾患を予防していくことは、脳・心臓血管疾患の労働災害を防止するために非常に重要となります。

### ●メタボリックシンドロームの診断基準

## ◎特定健診・特定保健指導

　特定健診・特定保健指導は、医療費の適正化を目指して2008年4月から始まった制度です。特定健診（特定健康診査）は、40〜74歳を対象にメタボリックシンドロームを抽出する健康診査であり、生活習慣病の予防を目的としています。また、特定保健指導は、特定健診の結果からリスクの程度に応じて「動機づけ支援」と「積極的支援」の2グループに分類し、行政が対象者の生活習慣を見直すための個別のサポートを行います。

　なお、職場の一般的な「定期健康診断」は、労働安全衛生法によるものですが、「特定健診（特定健康診査）」は高齢者医療確保法によるものです。

> 特定健診と特定保健指導の目的は、メタボリックシンドロームの該当者や予備軍を減らすことだよ

### 力試し問題

**次の文章が正しいか誤りかを答えなさい。**

**1** 過重労働による負荷は、自律神経系および内分泌系を刺激し、副交感神経を活発化させ、アドレナリンやノルアドレナリンの分泌を促進する。

**2** メタボリックシンドロームの診断には、BMIを使用する。

**解説** ・・・・・・・・・・・・・・・・・・・・・・・・・・・・・・・・・・・・・・・・・・・・・・・・・・・・・・・・・・

　**1** × 　副交感神経ではなく、交感神経。　**2** × 　BMIではなく、腹囲。

# 37. ストレスへの対処法

**ココが
ポイント**
- ストレス対処行動にはどのような種類が
あるのか？
- ストレスの段階に応じた効果的な
コーピングとは？

## ◎ストレス対処を理解する

　日々のストレスに対処するために私たちが取る行動のことを、コーピングといいます。コーピングを行うことで、ストレス反応の発生を抑えたり、ストレッサー（ストレスの原因）を取り除いたりする働きを高めます。

　コーピングは、その目的によって内容や方法が変わります。大きく分けて、ストレッサーそのものにアプローチする方法（問題焦点型コーピング）とストレス反応にアプローチする方法（情動焦点型コーピング）があります。

### ●コーピングの種類

| 問題**焦点型**<br>コーピング | ストレッサーを取り除くために行うストレス対処法<br>（例）<br>・不仲を改善するために、相手に謝ったりすること<br>・騒音がひどいので引越しをすること |
|---|---|
| 情動**焦点型**<br>コーピング | 不安定な情緒を安定させるために行うストレス対処法<br>（例）<br>・嫌なことを忘れるためにお酒を飲むこと<br>・趣味や娯楽で気分をリラックスさせること |

　問題焦点型コーピングは、課題の解決に直接効果があることからより好ましいコーピングといわれていますが、どうしても解決できない課題である場合は情動焦点型コーピングを取り入れる方が現実的です。ストレスの状況によって、2種のストレスコーピングをうまく使い分けることが必要となります。また、コーピングスキルは、ストレスやメンタルヘルスへの関心度に応じた方法で指導・教育するのが望ましいとされています。

## ◎ストレスの段階に応じたコーピング

　ストレスが発生し、人がその影響を受けるのには段階があります。その段階に応じてコーピングを使い分けることもストレス対処のポイントです。

●ストレスの発生段階と効果的なコーピング

| ストレスの段階 | コーピングの目的・種類 |
|---|---|
| 刺激の発生<br>（作業環境・人間関係） | 刺激自体を発生させないようにする<br>• 社内の配置転換<br>• 自身の生活習慣の改善 |
| 認知的評価 | 物事のとらえ方（認知）を変える<br>• 完璧主義を捨てる<br>• 物事を前向きにとらえる |
| 情動的興奮<br>（怒り・焦燥感・不安・恐怖） | 感情や気分を落ち着かせる<br>• リラクセーションを行う<br>• アロマテラピー、腹式呼吸、瞑想 |
| 身体的興奮<br>（筋肉硬直・血流量増加・血圧上昇・発汗）<br>興奮が慢性的に続くと、<br>精神不安定・高血圧・免疫低下へ | 身体の興奮度を低下させる<br>• 有酸素運動（ウォーキング、サイクリング）<br>• リラクセーションを行う |

> 課題の解決に直接効果があるのは、問題焦点型コーピング！

## 力試し問題

**次の文章が正しいか誤りかを答えなさい。**

**1** コーピングには2種類あり、ストレッサーを取り除くためのコーピングは情動焦点型コーピングと呼ばれる。

**2** コーピングスキルは、ストレスやメンタルヘルスへの関心度に応じた方法で指導・教育するのが望ましい。

**3** ストレスは段階的に心身に影響を与えるが、最初の段階として、人は認知的評価による心身の影響を受ける。

**4** 身体的興奮を抑えるには、ウォーキング等の無酸素運動が効果的である。

解説 ••••••••••••••••••••••••••••••••••••••••••••••••••••••••••••••••••••••••••••
**1** × 　情動焦点型ではなく、問題焦点型。　**2** ○
**3** × 　最初の段階は、認知的評価ではなく、刺激の発生である。
**4** × 　無酸素運動ではなく、有酸素運動が効果的。

# 38. 周囲からのサポート

2種
頻出度
★★

**ココがポイント**
- ●ソーシャルサポートの種類には何がある？
- ●状況に応じてソーシャルサポートを選択する際のポイントは？

## ◎4つのソーシャルサポート

ストレス軽減には、自らの対処だけではなく、周囲からのサポートも必要です。周囲からのサポートを、ソーシャルサポート（社会的支援）といいます。ソーシャルサポートがあると、ストレス予防のための対処の効果も高まります。

| ソーシャルサポート | 内容 | 具体例 |
|---|---|---|
| 情緒的サポート（情緒的安定） | 気分を安定させ、「やる気」を起こさせる | 受容、傾聴、周りからの声かけ、慰める、励ます、見守る |
| 情報的サポート（間接的支援） | 問題解決に有効な情報を与える | 必要な知識を与える、助言する、研修を行う、専門家の紹介 |
| 道具的サポート（直接的支援） | 問題解決のための手助けを行う | 協力して処理する、効率化を図るための処置をとる、金銭面のサポート |
| 評価的サポート（心理的安定） | 仕事や業績について適切に評価をする | 努力を評価する、ほめる、適切な人事考課、仕事のフィードバック |

**重要！覚えておこう**

### ソーシャルサポートの適切な活用ポイント

ソーシャルサポートを適切に使うためのポイントは次のとおり。

- ・偏ったサポートでなく、4種類を織り交ぜた包括的なサポートを心がける
- ・個人の主体的な問題解決への努力を失わせないサポートを心がける
- ・上司一部下の関係に縛られた一方的なサポートにならないよう心がける

## ◎効果的なサポート

ソーシャルサポートは、与える側の認識だけでなく、受ける側（従業員）の状況や適性にあったサポートが求められます。各ケースについて検討してみましょう。

| 適応状態が良好で、今の仕事に適性がある場合 | |
|---|---|
| 【状況】<br>過剰反応の状態を考慮した対応<br><br>無理をして過度に適応しようとする状態を検証。最終的に疲弊し死に至る可能性も考慮する。本人がストレスに気づいていない場合もある | 【サポート】<br>• 評価的サポートによる努力への評価を行う<br>• 情報的・道具的サポートによる業務支援を実施する<br>• 支援の内容が情緒的サポートによる励ましに偏らないよう注意する |

| 適応状態に問題はないが、最近元気がなく反応が鈍ってきた場合 | |
|---|---|
| 【状況】<br>不適応状態に陥る可能性あり<br><br>過剰反応の効力がなくなってきた状況。1週間続く場合は要注意 | 【サポート】<br>• 受容と傾聴による情緒的サポートで安心感を与える<br>• 情報的サポートにより仕事のペースダウンの必要性を伝達する<br>• 他者との協力で処理できるような道具的サポートを提供する |

| 適応状態が悪化してきた場合 | |
|---|---|
| 【状況】<br>燃え尽きの可能性あり<br><br>過去の適応状態を検討し、以前は良好だった場合は即サポートが必要 | 【サポート】<br>• 以前から適応状態が良好でない場合は道具的サポートにより配置転換を検討する<br>• 情緒的サポートにより本人の挫折感や不安を払拭する<br>• 評価的サポートにより適応努力を評価する<br>• 情報的サポートにより当該措置の必要性を伝達する |

> 職務別にみると、営業は情緒的サポート、事務は道具的サポート、生産は評価的サポートの効果が高いんだって

## 力試し問題

### 次の文章が正しいか誤りかを答えなさい。

**1** ソーシャルサポートには4種類あり、そのうち「道具的サポート」は問題解決のための間接的な支援を与える方法とされている。

**2** サポートを与える側は、まずは一方的なサポートを心がけるのがよい。

**3** ソーシャルサポートは、与えられる側の状況や適性を考慮したサポートが求められ、ケースごとの検証が大切である。

**4** 適応状態に問題はないが、最近元気がなく反応が鈍ってきた場合、その対象者は「過剰反応」に陥る可能性がある。

**5** ソーシャルサポートは、4種類を織り交ぜて包括的に行うようにする。

**解説** ••••••••••••••••••••••••••••••••••••••••••••••••••

**1** × 　間接的ではなく直接的。
**2** × 　一方的ではなく、双方向のサポートを心がける。
**3** ○
**4** × 　過剰反応ではなく、不適応状態に陥る可能性がある。　**5** ○

ココが
ポイント

● 健康情報を取り扱う際に関係者が注意すべき
点は？
● 安全配慮義務と守秘義務の考え方とは？

## ◎心の健康とプライバシー配慮

労働者のメンタルヘルス情報は、労働者のプライバシー保護と意思の尊重という2つのバランスを取りながら、より慎重な取り扱いが求められます。また職場の多くの関係者がプライバシーへの配慮を必要とされます。

### ●プライバシー配慮を求められる関係者の例

- 事業者　　　● 管理監督者
- 事業場内産業保健スタッフ等
　　（産業医・衛生管理者・保健師等、人事労務管理スタッフ、
　　心の健康づくり専門スタッフ）
- 同僚の労働者※
※職場で配慮が必要となった際、理解や協力してもらう必要がある

## ◎安全配慮義務と守秘義務

労働者の健康に配慮するうえで、事業者は安全（健康）配慮義務を履行する必要があります。国内では2008年以前は判定法理として存在し、法的に明文化されてきませんでしたが、2008年施行の労働契約法5条で明文化されました。

また、関係者には守秘義務を履行することが求められ、特に産業保健スタッフ（医師・保健師・看護師）については次の法律の遵守義務と罰則規定があります。

### ●関係者の守秘義務に対応する法

| 医師 | 刑法（134条の1） |
|---|---|
| 保健師・看護師 | 保健師助産師看護師法（42条の2） |

| 健康診断に携わる事務担当者 | 労働安全衛生法（104条） |
|---|---|
| その他第三者 | 民法上の損害賠償責任を負う可能性※ |

※規定のない第三者にもプライバシー侵害による民事責任が生じる可能性あり

## ◎健康情報の適切な取り扱い指針

2019年4月1日より「労働者の心身の状態に関する情報の適正な取扱いのために事業者が構ずべき措置に関する指針」が適用されました。

> **本指針の目的**
> ① 労働者が不利益な取り扱いを受けるという不安を抱くことなく、安心して産業医等による健康相談等を受けられるようにする
> ② 事業者が必要な情報を取得して、労働者の健康確保措置を十全に行えるようにする

事業者は、衛生委員会などで、健康情報等の取り扱いに関する規定（取扱規定）を定め、社内のイントラネットに掲載するなどして、労使間（労働者と使用者）間で共有することが求められます。

情報に関しては、労働安全衛生法において、労働者の同意を得ずに収集できる情報であっても、取り扱う健康情報の範囲や、取り扱う目的、および取扱方法等について、労働者に周知したうえで収集する必要があります。

また、健康診断の再検査や、精密検査の結果、がん検診の結果などの労働安全衛生法令において事業者が直接取り扱うことが規定されていない情報の収集については、個人情報保護法17条の2に基づき、労働者本人の同意が必要となります。

## ◎健康情報の取り扱いと安全配慮義務

安全配慮義務を履行するために、個人の健康情報を提供する必要がある場合、産業保健スタッフ（産業医、保健師等）から非医療職への情報提供については、本人の同意を得る、また誤解や偏見が生じないよう情報を加工することが望ましいとされます。

しかし、緊急対応が必要な場合など、状況によっては原則を遵守できないこ

ともあるため、ケース次第で、顧客や同僚の安全が優先されることもありえます。ただし、その際にも本人に不利益が生じないよう配慮すること、関係者が責任や立場だけで性急に判断しないことが大切です。

**個人情報保護と安全配慮義務の両立のポイント**
本人からの同意取得の努力をしたうえで、それでも同意が得られない場合は、「重要性・緊急性」と「プライバシーの保護」のバランスを考慮し、必要最低限の情報を必要最低限の人にのみ提供することを心がける。

## ◎プライバシー配慮に関して注意すべきこと

　従業員のメンタルヘルスをはじめとした、健康に関する情報を取り扱う場合には、関係者はさまざまな角度から注意を払う必要があります。従業員のプライバシーにかかわる情報については、法令に則り、その収集および管理、取り扱いやルールの取り決めについて次のような注意や配慮が必要です。

### ●健康情報の収集について
- 健康情報の収集については、その収集目的が明確に特定されていることが大前提となる。これは個人情報保護法によって定められている
- 健康情報を収集する際は、原則本人からの同意を得る必要がある

### ●情報の管理
- 健康情報の管理については、事業場に産業医や保健師など産業保健スタッフがいる場合、そうした医療職が責任を持って一元管理するのが望ましいとされている。医療職がいない場合は、情報を扱う者（衛生管理者など）への守秘義務を就業規則等に定める。これにより情報の正確な理解と厳格な守秘義務による管理が可能という利点がある
- 情報提供時は、必要に応じて加工して提供することが理想とされる

### ●情報漏えいの防止
- 事業者は、健康情報の漏えいを防止するため、物理的、技術的、人的、組織的な観点から厳重に安全管理を行わなければならない
- その必要性を理解させるための教育研修の実施も必要
- 健康情報に関するメールを扱うときは、宛先の確認、添付ファイルの暗

号化、パスワードを別手段で伝えることがポイント

- 近年はWeb面談の機会も増えているが、パスワード対策済みのWi-Fiの利用や、セキュリティの安全な場所の確認なども必要

## ●法令・規則の遵守

- 健康情報をはじめとした個人情報については、本人のプライバシー保護を目的としたさまざまな法令や規則、指針等を遵守しなければならない

## ●プライバシーマーク制度

- プライバシーマークの認定を受けた事業者は、自主的により高い保護レベルの個人情報保護マネジメントシステムを確立・運用していることになる

医療機関から情報を得る場合、本人同席の元で行うことが望ましいとされているよ

## 力試し問題

### 次の文章が正しいか誤りかを答えなさい。

**1** 健康情報の管理において、プライバシー配慮を求められる関係者に、同僚の従業員は含まれない。

**2** 医師が守秘義務を遵守するための法令として、労働安全衛生法がある。

**3** 情報漏えい防止の観点から、事業者はWeb面談などを行う際にも、セキュリティの安全性を十分確認する必要がある。

**4** 健康情報の管理は、医師や保健師といった医療職が一元管理することが重要であり、このことは法律上ルール化されている。

**5** 医療機関から情報を得る場合は、基本的には本人の同意が必要である。

### 解説 ・・・・・・・・・・・・・・・・・・・・・・・・・・・・・・・・・・・・・・・・・・・・・・・・・・・・・・・・・・・・・・・・・・・・・・・・・

**1** × 同僚も含まれる。
**2** × 労働安全衛生法ではなく、刑法。
**3** ○
**4** × 法律上は決められておらず、ガイダンスで望ましいとされている。
**5** ○

# 40. 管理監督者自身の セルフケア

2種

頻出度
★★★

ココが
ポイント

● 管理監督者のセルフケアが必要な理由は？
● 管理監督者の効果的なセルフケア方法は？

## ◎管理監督者を取り巻くストレス

　管理監督者は、職場でラインケアを推進することが求められる一方で、自身のセルフケアにも注意が必要です。「労働者の心の健康の保持増進のための指針」（厚生労働省、2006年）には、管理監督者もセルフケアの対象者として含められています。

### ●管理職が陥りやすいメンタルヘルス不調

| 昇進によるうつ | 責任の増大、部下の指導、残業代なしといった影響 |
|---|---|
| 中間管理職の不調 | 上司と部下との板ばさみによるストレスの発生 |
| 名ばかり管理職の問題 | 十分な権限や裁量がない状態での過酷な長時間労働 |

　また次のような人は、ストレスを受けやすいと考えられています。

| まじめ、几帳面、他人との円滑な人間関係の維持に気を遣う、など |
|---|

　管理監督者であるがゆえに負担が増えることがあります。ストレス対策としては、セルフケアによるストレスへの気づき、ストレス対処、自発的相談が基本となりますが、その管理監督者に合わせたケアも必要です。

　また、ストレスチェック制度においては、「上司の支援」が集団分析において点数化されます。「上司の支援」の点数が悪い場合は、当該上司がストレスを抱えている可能性も考えられるため要注意です。ただし、あくまで部下の主観的な評価によるものなので客観的事実と異なる場合もありますので、よく状況をみることが重要です。

### ●管理監督者が取り組むべきストレス対応

| ストレス対応 | 具体的内容 |
|---|---|
| 質問票の活用 | 定期的にストレスチェックを受検するなどのセルフチェック |

| ストレス対応 | 具体的内容 |
|---|---|
| 質のよい睡眠 | ・睡眠時間の確保<br>・飲酒機会増による睡眠の質の低下に注意 |
| 自己表現 | アサーションによるコミュニケーション力の向上 |
| リラクセーション | 自律訓練法、呼吸法 |
| 自発的相談 | 社内産業保健スタッフ、事業場外資源など相談窓口の活用 |
| 教育研修 | 管理職自身のセルフケアの重要性を理解 |

コラム

## 認知的アプローチ②

起きた出来事が、私たちの感情や行動に直接的に影響を与えるのではありません。物事の受け止め方や、考え方のくせである「スキーマ」にゆがみが生じていると、ネガティブな感情や不安感が高まるといわれます。デビッド・D・バーンズは、認知のゆがみには以下の10パターンがあると提唱しています。

### ●バーンズの認知のゆがみの10パターン

| ①全か無か思考 | 物事を白黒つけたがる | ⑥誇大視と過小評価 | 失敗を大きくとらえ、成功をあまり評価しない |
|---|---|---|---|
| ②一般化のしすぎ | 悪いことは「また起こる」「運命」と思い込む | ⑦感情的決めつけ | 自分の感情のみで物事を判断してしまう |
| ③心のフィルター | 悪い面ばかりみてしまう | ⑧すべき思考 | ○○すべきと考えがち |
| ④マイナス思考 | 良いことを悪いことにすり替える | ⑨レッテル貼り | 失敗したときに、自分にレッテルを貼る |
| ⑤結論の飛躍 | 明確な理由なく、悲観的な結論を出す | ⑩自己関連づけ | 悪いことを自分の責任にしてしまう |

> 管理職への業務のしわ寄せや、在宅勤務によるチームビルディングへの不安もストレス要因になるよ！

## 力試し問題

### 次の文章が正しいか誤りかを答えなさい。

**1** 昇進など喜ばしい出来事が管理職にとってストレスになることはない。

**2** 職業性ストレス簡易調査票は、自身のストレスの気づきに有効である。

### 解説 ••••••••••••••••••••••••••••••••••••••••••••••••••••••••••

**1**× ストレスになることがある。　**2**○

## 4章　理解度チェック

1. 労働者の長時間労働は、脳・心臓疾患との関連性について医学的知見が認められているが、うつ病をはじめとしたメンタルヘルス不調との関連性はまだ認められていない。　　×

2. 「心理的負荷評価表」の具体的出来事について、「ひどい嫌がらせ・いじめ」については、受ける側個人の理由によりやむをえないこともあるため、判定基準となる強度は低い。　　×

3. 「過重労働による健康障害防止のための総合対策」では、時間外・休日労働が1月あたり80時間以上の労働者に対して面接指導等をするよう義務づけている。　　×

4. 2014年に制定された過労死等防止対策推進法により、従来の過労死の定義に加えて、「業務における強い心理的負荷による精神障害を原因とする自殺」も「過労死等」と定義された。　　○

5. 結婚や出産は、メンタルヘルス不調が発生するきっかけにはならない。　　×

6. ストレス対処のためには、8時間の睡眠をとることが望ましい。　　×

7. ストレッサーを取り除くために行うストレス対処法のことを、情動焦点型コーピングと呼ぶ。　　×

8. ストレス低減に直接的な効果をもたらし、ストレス予防のための対処行動の効果を高めるソーシャルサポートには2種類ある。　　×

9. プライバシー配慮を求められる事業場内の関係者は、あくまで医療職に限られる。　　×

10. 「労働者の心の健康の保持増進のための指針」（厚生労働省、2006年）では、管理監督者もセルフケアの対象者として含められている。　　○

11. まじめ、仕事好き、他人との円滑な関係を保つことに気が使える人間ほどストレスを受けにくいといわれる。　　×

解説> 1. メンタルヘルス不調との関連性は認められている。　2. 強度Ⅲと高い。3. 労働者からの申出がない場合は、義務ではなく、努力義務である。　5. メンタルヘルス不調の発症の要因になる。　6. 個人差があるので、8時間にはこだわらない。　7. 情動焦点型ではなく、問題焦点型。　8. ソーシャルサポートは4種類ある。　9. 医療職だけではなく、事業者、管理監督者、事業場内産業保健スタッフ、同僚なども含まれる。　11. ストレスを受けやすい。

第5章

# セルフケア──
# ストレスへの気づき方と
# 対処方法

# 41. 過重労働の及ぼす 健康への影響

③種
頻出度
★★★

 **ココが ポイント**
- 近年の労働者の健康状態は？
- 過重労働やストレスは、どのような健康障害 を引き起こす？

## ◎健康診断で異常を指摘される労働者が増加

定期健康診断において異常所見を指摘される従業員（有所見者）の比率は、毎年増加する傾向にあり、厚生労働省の令和元年定期健康診断結果報告によると全労働者の57.0%を占めています。

最も有所見率の高い項目は、血中脂質です。脂質異常症は、高血圧、高血糖とともに動脈硬化を促進する危険因子であり、そのまま放置すると脳血管疾患や心疾患、循環器疾患を発症しやすくなりますので、注意が必要です。

## ◎過重労働やストレスが健康障害を引き起こすメカニズム

過重労働（長時間労働）がどのように関係して従業員の健康を害するのか、この因果関係は科学的に完全に証明されているわけではありません。しかし、過重労働やストレスという要因が健康障害を起こすメカニズムについて、次のような想定が一般的になされています。

### ●生体的な反応

① 過重労働などのストレスは、恒常的に交感神経系と内分泌系を刺激してアドレナリンやノルアドレナリンの分泌を亢進させる

> 注）交感神経系：活動・緊張・ストレス状態で活性化する
> 　　副交感神経系：休息・回復・リラックス状態で活性化する

② 血圧が上昇し、血糖値を上げて、代謝のバランスがくずれる

### ●生活習慣への影響

① ストレスがたまると気分が不安定になり、喫煙や飲酒の量が増えたり、食事の量が増えたりする。また、過重労働で帰宅時間が遅くなると休息

の時間が減り、運動不足になりやすくなる

② 乱れた生活習慣は、高血圧症、高脂血症、糖尿病を悪化させ、動脈硬化を進行させて、結果的に過労死の危険性を高める

## ◎「過労死」とは（93ページ参照）

　過労死とは「過度な労働負担が誘因となって、高血圧や動脈硬化などの基礎疾患が悪化、脳血管疾患や虚血性心疾患、急性心不全などを発症し、永久的労働不能又は死に至った状態」と定義されています（厚生労働省「産業医のための過重労働による健康障害防止マニュアル」）。

　同マニュアルでは、過重労働を原因とするメンタルヘルス不調について、定義されてはいません。しかし、「精神障害の労災認定の基準に関する専門検討会」（2011年11月）は、過重労働（長時間労働）とメンタルヘルス不調との因果関係を認めました。過重労働で帰宅時間が遅くなると睡眠不足となり、睡眠による疲労の回復が難しくなります。過重労働は、身体面だけでなく、メンタルヘルスの面においてもよくない影響を及ぼすといえます。

　また、2014年11月に過労死等防止対策推進法が施行されました。これは、過労死等に対する社会の認知を高め、過労死防止の対策を進めることを目的としたものです。

　事業者はこれらの情報をふまえた上で、実態調査や情報収集を進めることが望まれます。

### 力試し問題

**次の文章が正しいか誤りかを答えなさい。**

**1** 定期健康診断における有所見者の比率は毎年上昇しており、何らかの異常所見のある従業員の割合は、受診者の2〜3割に達している。

**2** 過重労働による睡眠不足により、身体的疲労感の回復は困難になるが、心理的な面には影響はない。

**3** 血中脂質に所見ありと診断される従業員は増えている。

### 解説 ......

**1** ×　有所見者の比率は、5割を超えている。
**2** ×　心理的な面にも影響はある。心身両面において健康障害が発生しやすくなるといえる。
**3** ○

# 42. 安全配慮義務と自己保健義務

ココが
ポイント

● 事業者による「安全配慮義務」とは？
● 従業員による「自己保健義務」には
どのようなものがある？

## ◎事業者による「安全配慮義務」

　安全配慮義務は、2008年3月施行の労働契約法において、次のように明文化されました。

---

労働契約法5条（労働者の安全への配慮）
「使用者（事業者）は、労働契約に伴い、労働者がその生命、身体等の安全を確保しつつ労働することができるよう、必要な配慮をするものとする。」

---

## ◎労働者による「自己保健義務」

　労働者の安全と健康、労働災害を防止するためには、事業者による災害防止の措置（安全のためのルール）だけではなく、労働者による災害防止措置への積極的な参加と協力、自分自身の健康を管理する努力が必要です。このように、労働者が安全と健康に対して主体的に取り組み、さまざまな義務を果たすことを自己保健義務といいます。これは、たとえば健康診断で「脂質異常症」と指摘されたら、自ら医療機関を受診し食生活を見直す努力をするというように、自身の健康を主体的に管理することです。

　また、2015年12月よりストレスチェック制度が施行されました。受検者である労働者は、自分のストレスの状況を客観的に把握することができ、セルフケアに役立てることができます。ストレスチェックの結果、高ストレス者に該当した場合には、医師による面接指導を受けることも可能です。チェックの結果を活用して心身の健康を維持することも労働者の自己保健義務といえます。

　自己保健義務は、労働安全衛生法で使用されている用語ではなく、概念を意味しますが、労働安全衛生法では次のように示されています。

## 労働安全衛生法における自己保健義務

### ① 労働災害防止義務（4条）

（労働者の責務）「労働者は、労働災害を防止するため必要な事項を守るほか、事業者その他の関係者が実施する労働災害の防止に関する措置に協力するように努めなければならない。」

### ② 健康診断の受診義務（66条）

「労働者は、前各項の規定により事業者が行う健康診断を受けなければならない。ただし、事業者の指定した医師又は歯科医師が行う健康診断を受けることを希望しない場合において、他の医師又は歯科医師の行うこれらの規定による健康診断に相当する健康診断を受け、その結果を証明する書面を事業者に提出したときは、この限りではない。」

### ③ 保健指導後の健康管理義務（66条の7）

「労働者は、前条の規定により通知された健康診断の結果及び前項の規定による保健指導を利用して、その健康の保持に努めるものとする。」

### ④ 健康の保持増進義務（69条）

「労働者は、前項の事業者が講ずる措置（著者注：健康教育及び健康相談その他）を利用して、その健康の保持増進に努めるものとする。」

　上記からもわかるように、自己保健義務とは、健康診断で指摘された異常値に対して回復のための適切な保健行動をとること、および必要な医療を受けて体調を管理することを意味します。

> ストレスチェックの結果で高ストレス者に該当していた場合は、希望すると面接指導が受けられるよ！

## 力試し問題

### 次の文章が正しいか誤りかを答えなさい。

1. 安全配慮義務は、事業者が労働者に対して負っている労働安全衛生法上の債務である。
2. 健康診断の受診義務は、労働安全衛生法には規定されていない。
3. 自己保健義務は、労働安全衛生法にこれを裏付ける規定がある。
4. 保健指導後の「健康管理義務」は、有所見と診断された労働者の健康の保持増進に寄与しなければならないという事業者の義務である。

#### 解説 ••••••••••••••••••••••••••••••••••••••••••••••••••••••••••••••

1 ×　労働安全衛生法ではなく、労働契約法上の債務である。
2 ×　労働安全衛生法に規定されている。　3 ○
4 ×　事業者ではなく、労働者の義務である。

# 43. 早期対応の重要性

**ココが
ポイント**

● 事業者が取り組むべき対策とは？
● メンタルヘルス不調の早期対応で
気をつけることは？

## ◎メンタルヘルス不調を予防するための自己管理

過重労働やストレスをきっかけとして、メンタルヘルス不調に至る従業員は
増えています。予防のため、次のような工夫をするとよいといわれています。

① 自分で残業時間の限度を決めて、その範囲を守るようにする
② 1週間に最低1日の休日を確保する
③ 業務の進捗状況を把握し、週末は休みを取るようにするなど、メリハリ
のある生活を心がける

## ◎メンタルヘルス不調の早期発見は、まずストレス状態に気づくこと

メンタルヘルス不調は、心理的なものであるだけに発症の状態が第三者には
わかりにくいという特徴があります。ストレスに気づくことができれば、対処
行動が取れますので、まず自分のストレス状態に気がつくことが肝要です。

メンタルヘルス不調の初期段階には、次のような特徴があります。

① 一時的な心理的反応なのか、すでに病的なレベルの問題になっているの
か、重症度の判断がつきにくい
② 人により、ストレスの現れ方が異なる。「気分が沈む」「やる気にならな
い」などの心理面に現れる人、微熱、腰痛、食欲不振など身体面に出る
人など、さまざまである
③ 本来は本人が最初に不調に気づくはずだが、本人の判断力が低下してい
ると、第三者の指摘で初めて気づくことがある

## ◎心身の不調を感じたらやるべきこと

心身の不調を感じたら、次のような対応をしてみましょう。

① ストレスの原因について考える。事実を客観的に分析し、自分の心身の不調との関係を整理してみる
② 体調の回復を優先して、問題の解決に取り組む
③ メンタルヘルス不調の問題は、独力で対処できないことが多いので、周囲に相談する。自発的に相談する行為自体が問題解決のきっかけとなる
④ 友人や家族、職場の同僚、産業医など、第三者に協力を求める
⑤ 不調の背景には、個人の既往歴や、性格傾向、家族の状況などが絡むことが多いので、安易な自己判断はしない

## ◎事業場内システムを整備して、早期に対応する

事業者が労働者の健康管理について第一に取り組むべきは、産業保健スタッフの選任と、健康診断・保健指導の適切な実行です。具体的には、定期健康診断、深夜残業等の特定業務従事者への6カ月以内ごとの健診、過重労働者やストレスチェックの結果による医師面接の実施などを行うことで、体調不良の早期発見につながります。また、こうしたシステム化により、労働者と産業保健スタッフの接点が増え、信頼関係ができることも、相談しやすさの向上などにつながります。

2019年改正の労働安全衛生法では、産業医の権限が強化されています。労働者は希望をすれば産業医への相談が可能ですが、本改正により事業者は相談方法のプロセスを含めた労働者への周知の徹底が義務づけられたため、産業医への健康相談のしやすい体制づくりが求められています。

### 力試し問題

**次の文章が正しいか誤りかを答えなさい。**

**1** メンタルヘルス不調の初期症状は、身体面の不調として現れる。
**2** 深夜残業を含む業務に常時従事する労働者に対しては、3カ月以内ごとに1回の健康診断の実施が必要である。

### 解説 ••••••••••••••••••••••••••••••••••••••••••••••••••••••••••••••••••

**1** × 身体面ではなく、心理面に現れる人もいる。
**2** × 6カ月以内に1回である

# 44. ストレスに気づく

**3**種
頻出度
★★★

ココが
ポイント

● 仕事に関するストレスには
　どのようなものがある？
● 仕事以外のストレスの特徴は？

## ◎ストレスに関するリスク

### 組織の経営面にも影響を与える

　従業員はストレスを抱えると、仕事のモチベーションや生産性が低下する傾向があり、その結果、組織の競争力が低下して、経営に悪影響が出る場合があります。経営状況が悪化すると、従業員の業務負荷が増えて、ますますストレスが増加するという、悪循環に陥りかねません。

### 職場のストレスを高めるリスク要因

　ストレスモデルによれば、次の3つの条件が当てはまると、最も従業員のストレスが高くなります。

　① 仕事で要求される度合いが大きい

　　（仕事量が多い、難易度の高い業務を担当する、など）

　② 自由裁量の度合いが小さい

　　（業務を決定する権限がない、自分のペースで仕事を進められない、など）

　③ 社会的支援（ソーシャルサポート）が得られない

　　（同僚、上司、友人、家族など周囲からの理解や協力、助けがない、など）

### ストレス要因の個人差

　ストレス要因や、ストレスの感じ方には大きな個人差があります。

　① ストレス要因は、業種、職種、職位などによって異なる

　　（メーカーと金融機関、事務職と営業職、一般社員と管理職など）

　② ある出来事がストレス要因になるかどうかは、その人の受け止め方（どう認知するか）により異なる

　　例：水が半分入ったコップを見て、「水がたった半分しか入っていない」

ととらえるか、「水が半分も入っている」ととらえるかで、ストレスの度合いは大きく異なる

③ 悲観的なものの見方をする人は、楽観的なものの見方をする人に比べて、抑うつ尺度の点数が高くなる傾向がある

④ 同じストレス要因のある職場で働く従業員でも、ストレスへの対処方法、問題解決能力、対人関係スキルなどの個人差によって、ストレスの深刻さは異なる

## ◎仕事に関するストレスを評価する

### 職場においてストレスとなる出来事

　厚生労働省は、仕事による心理面での負荷の強度を判断するため1999年に「心理的負荷による精神障害等に係る業務上外の判断指針」を作成しましたが、2011年12月の「心理的負荷による精神障害の認定基準」（2020年改正）の施行に伴い、廃止されました。認定基準では、「心理的負荷評価表」は「業務による」ものと「業務以外」のものとに分けられ、出来事がそれぞれの類型に分類されています。

| 業務による心理的負荷評価表 |
| --- |
| （1）事故や災害の体験 |
| （2）仕事の失敗、過重な責任の発生等 |
| （3）仕事の量や質の変化 |
| （4）地位・役割の変化等 |
| （5）パワーハラスメント |
| （6）対人関係 |
| （7）セクシュアルハラスメント |

| 業務以外の心理的負荷評価表 |
| --- |
| （1）自分の出来事 |
| （2）自分以外の家族・親族の出来事 |
| （3）金銭関係 |
| （4）事件、事故、災害の体験 |
| （5）住環境の変化 |
| （6）他人との人間関係 |

　心理的な負荷の強度は、Ⅰ（弱）、Ⅱ（中）、Ⅲ（強）で示され、具体例が載せられています。

　「業務による心理的負荷評価表」（90ページ）と「業務以外の心理的負荷評価表」（91ページ）は、試験に出題される可能性がありますので、厚生労働省が公開している「心理的負荷による精神障害の認定基準について」とあわせて必ず確認しておきましょう。

## ◎仕事以外のストレスを評価する

### 社会的再適応評価尺度

　従業員の心身に影響を与えるのは、職場のストレスだけではありません。家庭生活からも大きなストレスを受けることがあります。

　1960年代に、アメリカ、ワシントン大学精神科のHolmesらは、生活環境の変化や生活上の出来事（ライフイベント）と、疾患との関連について研究を行いました。Holmesらは、生活上の重大な出来事や、それに伴う環境の変化などから、心身の疾患の発症が、発症以前に体験した生活上の出来事と深く関係していると考え、「社会的再適応評価尺度」（1967年）を作成しました。これは43項目あるチェックリストです。過去1年間に経験したライフイベントの数とストレス値を掛けあわせた数値が一定以上になると、何らかの疾患にかかりやすくなるというものです。

　この社会的再適応評価尺度からは、次のことがわかります。

　① ストレス値の高い生活上の出来事は、仕事以外のものが多い
　② ストレス値の上位は、「配偶者／家族との別離」に関するものが占めている
　　（1位「配偶者の死」、2位「離婚」、3位「夫婦別居生活」、5位「家族の死」）

### ●Holmesらによる社会的再適応評価尺度

| 順位 | 出来事 | ストレス値 | 順位 | 出来事 | ストレス値 | 順位 | 出来事 | ストレス値 |
|---|---|---|---|---|---|---|---|---|
| 1 | 配偶者の死 | 100 | 17 | 親友の死 | 37 | 31 | 仕事時間や仕事条件の変化 | 20 |
| 2 | 離婚 | 73 | 18 | 転職 | 36 | 32 | 住居の変更 | 20 |
| 3 | 夫婦別居生活 | 65 | 19 | 配偶者との口論の回数の変化 | 35 | 33 | 学校をかわる | 20 |
| 4 | 拘留、または刑務所入り | 63 | | | | 34 | レクリエーションの変化 | 19 |
| 5 | 家族の死 | 63 | 20 | 約1万ドル以上の借金 | 31 | 35 | 教会活動の変化 | 19 |
| 6 | 自分の病気や傷害 | 53 | 21 | 担保、貸付金の損失 | 30 | 36 | 社会活動の変化 | 18 |
| 7 | 結婚 | 50 | 22 | 仕事上の責任の変化 | 29 | 37 | 約1万ドル以下の借金 | 17 |
| 8 | 解雇 | 47 | 23 | 息子や娘が家を離れる | 29 | 38 | 睡眠習慣の変化 | 16 |
| 9 | 夫婦の和解調停 | 45 | 24 | 姻戚とのトラブル | 29 | 39 | 親戚づき合いの回数の変化 | 15 |
| 10 | 退職 | 45 | 25 | 個人的な輝かしい成功 | 28 | | | |
| 11 | 家族の病気 | 44 | 26 | 妻の就職や離職 | 26 | 40 | 食習慣の変化 | 15 |
| 12 | 妊娠 | 40 | 27 | 就学・卒業・退学 | 26 | 41 | 休暇 | 13 |
| 13 | 性的障害 | 39 | 28 | 生活条件の変化 | 25 | 42 | クリスマス | 12 |
| 14 | 新たな家族成員の増加 | 39 | 29 | 個人的な習慣の変更 | 24 | 43 | ささいな違法行為 | 11 |
| 15 | 職業上の再適応 | 39 | 30 | 上司とのトラブル | 23 | | | |
| 16 | 経済状態の変化 | 38 | | | | | | |

出典：Holmes-Rahe, The Social Readjustment Rating Scale. Journal of Psychosomatic Research（1967）より著者訳

また、Holmesらは「ライフイベントの回数×ストレス値」が300点以上に
なると79%の人に疾患の発症がみられるとしています。

## 厚生労働省の「業務以外の心理的負荷評価表」

仕事以外のストレスを評価する指標としては、「業務以外の心理的負荷評価
表」があります。

## 近年のさまざまな生活上のトラブル

昨今の社会構造上の変化により、生活上のトラブルは複雑化しています。

> ### 近年のさまざまなトラブル
> 振り込め詐欺、インターネットのワンクリック詐欺、キャッチセールス、
> 迷惑メール、頻繁な宗教の勧誘、不倫問題、ストーカー、SNS上のいじめ、
> 誹謗中傷など

「社会的再適応評価尺度」の日本の追研究の結果は、第
1位「配偶者との死別」、第2位「会社の倒産」だよ

## 力試し問題

**次の文章が正しいか誤りかを答えなさい。**

1 職場のストレスは、仕事の要求度と自由裁量の度合いに気をつけていれば軽減で
きる。

2 従業員は強いストレスを感じると、仕事のモチベーションや生産性が低下する傾
向がある。

3 ある職場の者がみな同じストレスとなる出来事を経験していれば、ストレスの度
合いはほぼ同じである。

4 Holmesらは「社会環境評価尺度」というチェックリストを作成した。

5 結婚や進学などは、人生の節目となるおめでたい出来事であるが、環境の変化を
伴うためストレス要因になりうる。

6 職場でセクシュアルハラスメントの被害者になることは、業務による心理的負荷
評価表に含まれている。

### 解説 ••••••••••••••••••••••••••••••••••••••••••••••••••••••••••••••••••••

1 × 　リスク要因には「社会的支援の有無」もある。　2 ○
3 × 　ストレスになるかどうかは「どうとらえるか（認知するか）」であり、対人関
係のスキルなどによって個人差がある。
4 × 　「社会環境評価尺度」ではなく、「社会的再適応評価尺度」。
5 ○　6 ○

# 45. ストレス反応の現れ方

ココが
ポイント
● ストレス反応はどのような面に現れる？
● 仕事ぶりに現れる変化とは？

## ◎「身体面」「心理面」「行動面」に現れる変化

ストレス反応は、以下のように「身体面」「心理面」「行動面」に現れます。長時間ストレスにさらされたり、強いストレスを受けたりした場合は、ストレス要因の種類に関係なく同じ反応が生じます（汎適応症候群）。

また、ストレス反応は、ストレスを受けた直後に生じやすい「急性反応」と、長期間ストレスを受けたことで生じやすくなる「慢性反応」とに分けられます。

### ●身体的反応

| 急性反応 | 動悸、発汗、顔面紅潮、胃痛、下痢、震え、筋緊張、めまい等 |
|---|---|
| 慢性反応 | 疲労、不眠、循環器系症状、消化器系症状、神経筋肉系症状、内分泌系の異常（糖尿病など）、倦怠感、不定愁訴等 |

特徴 ・「具合の悪さ」として体感されやすい。自分で気がつきやすい

### ●心理的反応

| 急性反応 | 不安、緊張、怒り、興奮、混乱、落胆、焦燥感等 |
|---|---|
| 慢性反応 | 不安、短気、抑うつ、無気力（何もかもいやだ）、イライラや不満、退職願望（会社を辞めたい）、おっくう、自責感等 |

特徴 ・「具合の悪さ」として体感されやすい
・気づいても対処の仕方が難しい
・「こうなったのは自分の性格が弱いから」「自分がしっかりしていないから」と自責的に認知してしまう
・逆に、他罰的になって職場を批判的にとらえてしまい、職場の人間関係がうまくいかなくなる場合もある

### ●行動的反応

| 急性反応 | 回避、逃避、エラー、事故、口論、けんか、どなる等 |
|---|---|
| 慢性反応 | 遅刻、早退、欠勤、作業能率の低下、大酒、喫煙、過食、趣味をしなくなる等 |

特徴 ・自分では気がつかなくても、周囲の人が気づきやすい

## ◎仕事ぶりに現れるストレス反応

　職場では、ストレス反応が仕事ぶりや出勤状況などに現れます。いつもなら間に合うような仕事も期限に間に合わなくなったり、また取引先からの苦情が目立ったりするようになります。上司に指摘された場合は、素直に自分の状況を振り返ってみることが必要です。

---

**職場でみられる「いつもと違う」様子**

1. 遅刻、早退、欠勤が増える
2. 休みの連絡がない（無断欠勤がある）
3. 残業、休日出勤が不釣合いに増える
4. 仕事の能率が悪くなる。思考力・判断力が低下する
5. 報告や相談、職場での会話がなくなる（あるいはその逆）
6. 表情に活気がなく、動作に元気がない（あるいはその逆）
7. 不自然な言動が目立ち、同僚と言い争いになったりする
8. 仕事のミスや事故が目立つ
9. 服装が乱れたり、衣服が不潔になったりする

---

出典：厚生労働省「職場における心の健康づくり」の『「いつもと違う」部下の様子』より改変

### 力試し問題

**次の文章が正しいか誤りかを答えなさい。**

**1** 行動面の変化は、エラーや口論などの「急性反応」と大酒や喫煙などの「生活反応」とに分けられる。

**2** 「最近、気力がない」というのは、心理面の変化の「慢性反応」である。

**3** 糖尿病などの内分泌系の異常による病気は、ストレスによる身体面の変化とはいえない。

**4** 仕事のミスは誰にでもあることなので、回数が増えてきても、ストレスによる「仕事ぶりの変化」とはいえない。

**解説** ••••••••••••••••••••••••••••••••••••••••••••••••••••••••••••••••••

**1**× 　行動面の変化は「急性反応」と「慢性反応」とに分けられる。
**2**○
**3**× 　身体面の変化には、身体疾患が含まれる。
**4**× 　仕事のミスが増えて目立ってくるのは、「仕事ぶりの変化」といえる。

# 46. いつもと違う自分に 気づくには

3種

頻出度 ★★

ココが ポイント

● いつもと違う自分に気づくポイントは？

## ◎自分で気がつく変化のポイント

ストレスによって生じる心身の反応は、人によって異なります。そのため、ストレスを早期に発見するには、「いつもと違う自分に気づく」ことが大切です。

---

### 自分が気づく変化

1. 悲しい、憂うつな気分、沈んだ気分
2. 何事にも興味がわかず、楽しくない
3. 疲れやすく、元気がない（だるい）
4. 気力、意欲、集中力の低下を自覚する（おっくう、何もする気がしない）
5. 寝つきが悪くて、朝早く目がさめる
6. 食欲がなくなる
7. 人に会いたくなくなる
8. 夕方より朝の方が気分、体調が悪い
9. 心配事が頭から離れず、考えが堂々めぐりする
10. 失敗や悲しみ、失望から立ち直れない
11. 自分を責め、自分は価値がないと感じる　など

---

出典：厚生労働省「うつ対策推進方策マニュアル　―都道府県・市町村職員のために―」

## ◎「いつもと違う自分」が2週間続いたら、対処が必要

「いつもと違う自分に気づく」ということは、自分と他人を比べた違いをいうのではなく、「今までの自分」と「現在の自分」との違いをとらえることです。

普段から頭痛を起こしやすい人間が、ストレスから頭痛になったとしても、「ストレスによる身体面の変化」とは気がつかないかもしれません。しかし、頭

痛と同時に吐き気がしたり、いつもより頭痛の回数が多かったりしたら、「いつもと違う」と認識することができます。

　このような「いつもと違う」変化が2週間続く場合は、専門家に相談するなど、何らかの対処が必要です。

**重要！覚えておこう**

## 「いつもと違う」変化のとらえ方
「いつもと違う自分に気づく」には、自分の心身の変化を、時系列でとらえることが大切である。

### 力試し問題

**次の文章が正しいか誤りかを答えなさい。**

1. 気持ちが落ち込み、気力が出ないなど「いつもと違う」自分に気づいた場合、その状態が4週間以上続いたら、専門家に相談した方がよい。
2. 集中力のなさなど、自分の心理面の変化をとらえたとき、「こうなったのは自分の性格の問題だ」と自責的に考えてしまうことがあると気づくことが大切である。
3. 肩こりになりやすい人が、肩こりと同時に頭痛もするようになったとしても、肩こりが含まれているので「いつもと違う」と考える必要はない。
4. 趣味の釣りに行く気力がないというのは、プライベートなことなので、「自分が気づく変化」とはいえない。
5. 「今まで楽しみにしていたテレビ番組を最近見る気にならない。見ても楽しめない」というのは、自分が気づく変化といえる。
6. 普段から頭痛を起こしやすい人が、いつもより頭痛の回数が増えたとしても「いつもと違う」ことにはならない。

#### 解説

1 × 「いつもと違う」状態が2週間継続したら、専門家に相談するなど実際に対処することが必要である。

2 ○

3 × 普段の肩こりの症状と同時に別の症状もあるので、「いつもと違う」サインと考えてよい。

4 × プライベートなことであっても、今まで関心のあった趣味をする気力がないというのは「自分が気づく変化」といえる。

5 ○

6 × 頭痛の回数が増えることは「いつもと違う」状況と認識できる。

# 47. 職業性ストレス 簡易調査票とは

**ココが ポイント**
- ●「職業性ストレス簡易調査票」の特徴とは？
- ● 調査票を活用するときの注意点とは？

## ◎ストレスをチェックできる「職業性ストレス簡易調査票」

ストレスチェックとは、ストレスに関するいくつかの質問項目に、自分の現在の状態が当てはまるかどうかを回答し、自分のストレスの状態や傾向について把握しやすくするというものです。ストレスチェックの結果は、受けた時点の職場環境や健康状態によって左右されるため、定期的にチェックして、自分の状態を把握することが望ましいといえます。

「職業性ストレス簡易調査票」は厚生労働省（当時は労働省）の委託研究の成果物で、信頼性の高いチェックリストです。次のような特徴があります。

- 自記式（自己記入式）のチェックリスト。57項目あり、約10分で回答できるため、簡便で職場で実施しやすい
- あらゆる業種の職場で利用できる
- ストレス反応だけでなく、仕事上の「ストレス要因」「ストレス反応」「修飾要因（職場や家庭から得られるソーシャルサポートや、生活の満足感など）」を同時に評価できる、多軸的なチェックリストである
- ストレス反応は、「心理的反応」だけでなく「身体的反応」も測定する
- 心理的ストレス反応は、「ネガティブな反応」だけでなく「ポジティブな反応」も測定できる
- 仕事のストレス要因は、「仕事の負担度」「仕事のコントロール度」「仕事での対人関係」「仕事の適合性」などであり、それぞれ要チェックの項目が多くなるにつれて、心理的ストレス反応と身体的ストレス反応が要チェックとなる確率が高まる

2012年、従来の調査票に新しい尺度を追加した「新職業性ストレス簡易調査票」が開発・公開されました。仕事の意義や上司のリーダーシップなどポジティブな側面も評価し、職場環境をより広く評価できるようになっています。

## ◎「職業性ストレス簡易調査票」を活用する際の注意点

「職業性ストレス簡易調査票」は使い勝手のいいものですが、活用する際には、次のような注意が必要です。

- 「職業性」のストレス調査票なので、測定するストレス要因は「仕事上のストレス」に限られている。家庭生活など「仕事外のストレス要因」については測定していないので、注意が必要
- 回答者のパーソナリティ（性格傾向）については、考慮されていない。自己記入式の調査票なので、評価の際にはその点を考慮しなければならない
- ストレスチェックを実施した時点のストレス状況しか把握できない
- 調査結果が常に「正確な」情報をもたらすとは限らない。ストレス状態を把握する際の「あくまで参考資料」として活用する
- うつ病などの「精神疾患を診断する」ものではない
- 結果に心配な点があったときに相談できるように、事業所内のスタッフや社外の専門家に相談できる手順を準備することが望ましい

職業性ストレス簡易調査票はストレスチェック制度で使用が推奨されているよ！

## 力試し問題

「職業性ストレス簡易調査票」についての次の文章が正しいか誤りかを答えなさい。

**1** 多軸的な調査票なので、家庭生活のストレスや個人の性格傾向についても測定できる。

**2** 心理的ストレス反応に関してチェックの数が一定以上になると、「うつ病」と診断される。

**3** 項目数が37項目と少なく、職場で簡便に利用できる。

**4** ストレスチェックの結果は、同一人物ならばいつ受診してもほぼ同じ結果を示す。

## 解説 ‥‥‥‥‥‥‥‥‥‥‥‥‥‥‥‥‥‥‥‥‥‥‥‥‥‥‥‥‥‥‥‥‥‥‥‥‥‥‥‥

**1** × 「職業性」のストレス調査票であり、仕事以外のストレス要因や性格傾向については、測定していない。

**2** × ストレスへの気づきのための参考資料として活用することはできるが、うつ病などの精神疾患を診断するものではない。

**3** × 項目数は57項目である。

**4** × ストレスチェックの結果は、性格検査のようにある程度一定の数値を安定して示すことはない。同一人物でもそのときの職場環境や心身の健康状態によって左右される。

# 48. ストレスを 軽減する方法

**ココが ポイント**

● 快適な睡眠のための工夫とは？
● リラクセーション方法の種類と特徴は？

## ◎休養と睡眠の大切さ

### 休養と睡眠の不足による心身への影響

人間は休養によって、疲労を回復します。また、睡眠は脳の休養であり、心身の健康には欠かせません。睡眠不足が続くと、心理面や行動面、身体面に次のような影響が出てきます。

- 作業能率の低下、情緒不安定、判断力・集中力の低下
- 労災や交通事故の増加
- うつ病や生活習慣病（高血圧、糖尿病、心臓病、脳卒中など）のリスクを高める（交感神経系優位の状態が継続するため）

### 「健康づくりのための睡眠指針」を理解する

快適な睡眠のために、厚生労働省から「健康づくりのための睡眠指針2014」（平成26年3月）が公表されました（97ページ参照）。この指針の内容は出題される可能性が高いので、必ず目を通しましょう。

また、次の4つが快適な睡眠のためのポイントです。

① 光：睡眠と覚醒を切り替えるホルモンのメラトニンは、朝日を浴びてから14 ～ 16時間後に分泌される
② 体温：眠り始めに体温が急激に約1度下がることで深い睡眠に入る
③ 自律神経系：夜にリラックスすることで、副交感神経系が優位になる
④ 寝室環境：照明を抑えた、静かでリラックスできる環境を整える

睡眠指針を実行しても快適な睡眠が得られない場合は、心や体の病気の可能性が考えられます。早めに、専門家に相談しましょう。

### 交代勤務、夜間勤務がある人のための睡眠健康法

　勤務が交代制で夜間勤務がある人は、不眠が生じやすくなります（交代勤務睡眠障害）。そのため、次のような点に注意が必要です。

- 夜勤の時間帯は、なるべく職場の照明を明るくする
- 夜勤の2日前から就寝時間を遅くしておく
- 夜勤明けの帰宅時には、サングラスをするなどして目に強い光が入らないようにする
- 夜勤明けで眠る際には、寝室は雨戸や遮光カーテンなどで暗くする
- 勤務時間帯が変わった初日は、眠くても就寝時間まで我慢して起きておく

## ◎運動と食事の大切さ

### 運動のストレス軽減効果

　運動が効果的なストレス解消方法であることは、よく知られています。近年の研究では、次のようなこともわかってきました。

- 運動は抑うつの予防と、軽度の抑うつの改善（セルフケア）に有効
- 運動は睡眠の質を改善する（寝つきをよくし、睡眠時間を長くし、睡眠を深くする）

### 食事とストレスの関係

　食事は、身体だけでなく心の健康にも大きく影響しています。ストレスに関して、次のようなことがわかっています。

- 抗ストレスホルモンの合成にはビタミンB・C群が必要
- ストレスで喫煙や飲酒が増えるとビタミンCが失われる
- カルシウム、マグネシウムは精神の安定に効果がある
- ストレスでホルモン分泌が盛んになるのでタンパク質の補給が必要

## ◎リラクセーション方法

　心身をリラックスした状態に導く方法として、リラクセーションがあります。リラクセーションの方法としては、呼吸法、漸進的筋弛緩法、自律訓練法などのほかに、音楽、ヨガ、アロマテラピーなどさまざまなものがあります。こうしたリラクセーション方法の共通点として、次が挙げられます。

### リラクセーション方法の共通点

- 楽な姿勢と服装で、また静かな環境で実施する
- 音楽や、身体感覚、イメージなど、心を向ける対象がある
- 身体の状態に意識を向ける、「受動的態度」が求められる

　代表的なリラクセーション法である呼吸法や漸進的筋弛緩法、自律訓練法を簡単に解説します。

### 呼吸法

　呼吸法には、胸式呼吸（胸部のみを使う浅く速い呼吸）と腹式呼吸（横隔膜を上下させる深くゆっくりした呼吸）があります。腹式呼吸では、鼻からゆっくり息を吸い、口から吐きます。ストレスを感じて緊張しているときは「胸式呼吸」になっているので、意識して「腹式呼吸」をすることでリラックスできます。

### 漸進的筋弛緩法

　筋肉の緊張を解きほぐすことで心の緊張感を緩和させようとする方法です。筋肉に力を入れたときの感覚と、筋肉をゆるめたときの感覚を交互に生じさせ、筋肉の「緊張」と「弛緩」の感覚の差を大きくすることで、緊張感のとれた状態を感じやすくなります。

### ●仰向けに寝ながら行う場合

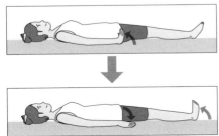

手首や足首を約10秒間立てて、ふっと力を抜く。力が抜けた状態を感じる

### 自律訓練法

　自己暗示によって不安や緊張感を緩和させ、筋肉の緊張を弛緩させて、自律神経の働きを整える方法です。ストレスに起因する身体症状の「治療法」として行われることもありますが、「リラクセーション法」としても実施できます。

　自律訓練法には、イメージのための**7つの公式**（背景公式＋第1～第6公式）がありますが、すべてを実施しなくても「**背景公式（安静練習）：気持ちが落ち着いているとイメージする**」「**第1公式（重感練習）：両手両足が重たいとイメージする**」「**第2公式（温感練習）：両手両足が温かいとイメージする**」の3つだけ（第2公式まで）でも効果があるといわれています。

　なお、この方法は「**自己催眠**」の一種です。このため、終了後には必ず「**消去動作（腕の屈伸、背伸び等）**」を行い、だるい感じを取って覚醒させます。

### ●自律訓練法

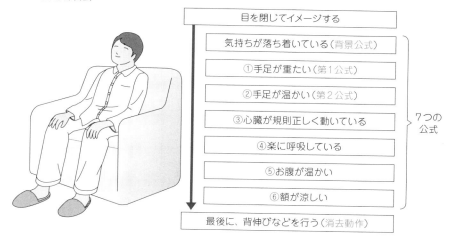

　目を閉じてイメージする
　気持ちが落ち着いている（背景公式）
　①手足が重たい（第1公式）
　②手足が温かい（第2公式）
　③心臓が規則正しく動いている
　④楽に呼吸している
　⑤お腹が温かい
　⑥額が涼しい
｝7つの公式
　最後に、背伸びなどを行う（消去動作）

### ◎認知行動療法

　認知行動療法（CBT）は、1960年代に医学者のBeck A.T.により思考などに焦点を当てた認知療法と、行動に焦点を当てた行動療法が統合されたものです。認知と行動の両面に働きかけ、セルフコントロール力を高めることで、うつやストレスの問題の改善を図る心理療法です。認知行動療法は、うつ病、パニック障害・強迫性障害・社会不安障害などの不安障害や不眠などに有効であることが科学的根拠に基づいて報告されています。

## ◎認知行動療法の基本モデル

　基本モデルではストレスを、ストレス状況（個人を取り巻く環境）とストレス反応（認知・気分・行動・身体反応）に分けて考えます。このストレス状況とストレス反応は互いに影響し合います。ストレス状況への個人の認知が変われば、反応も変わります。

## ●基本モデル

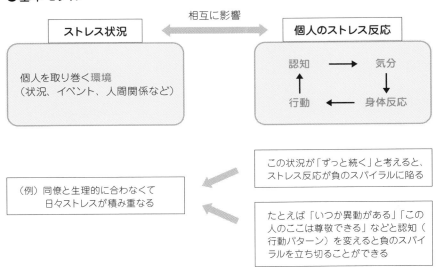

## ◎マインドフルネス

　マインドフルネスは、意識的に現在の瞬間に展開する体験に判断を加えずに注意を払うことであり、「『今、この瞬間』を大切にする生き方」「感情や思考にとらわれない意識の持ち方」などと表現されます。近年では労働者の健康やモチベーション、集中力、生産性の向上のために、マインドフルネスを取り入れる組織も増えています。

　1970年代に米国のJon Kabat-Zinnが慢性疼痛患者を対象としたグループ療法としてマインドフルネスストレス低減法（MBSR）を開発し、心身医学の分野での活用が広がりました。MBSRは科学を根拠としたプログラムです。うつ病や不安症の医学的な治療効果だけでなく、ウェルビーイングの向上にも影

響があるとされます。

●マインドフルネスの効果

**否定的な感情や思考にとらわれている状態**

> （例）「あんなことを言わなければよかった」（過去の後悔）
> 　　　「また同じような失敗をしてしまうかもしれない」（未来への不安）

⬇　　否定的な思考や感情と距離をとり、思考や感情を俯瞰すると……

**俯瞰することによって、否定的な思考や感情に冷静に対処できるようになる**

> （例）「自分は『また同じような失敗をしてしまうかもしれない』と考えているな」

## ◎マインドフルネスのメディテーション（瞑想）

マインドフルネスの実践のひとつに瞑想技法があります。

集中瞑想：「今、ここ」に注意をとどめるための集中力を育む瞑想。呼吸など特定の対象に意図的に注意を集中します。

洞察瞑想：今この瞬間に生じている経験に気づいているための平静を育む瞑想。特定の対象を用いずに、今この瞬間に生じている思考や感覚などの経験が現れては消えていくことに「気づいている」という訓練です。

> 97ページの「健康づくりのための睡眠指針2014」
> （平成26年3月）をよく確認しておこう！

**力試し問題**

**次の文章が正しいか誤りかを答えなさい。**

1　夜勤の時間帯は、職場の照明を明るめにしておく方がよい。

2　ストレス耐性を上げるには、炭水化物をとるとよい。

3　寝つきをよくするためには、就寝前にぬるめの風呂に入るとよい。

4　筋肉に「緊張」と「弛緩」の感覚を交互に生じさせる方法は、漸進的筋弛緩法で用いられる。

解説 ••••••••••••••••••••••••••••••••••••••••••••••••••••••••••

1○

2×　ビタミンB・C、カルシウム、マグネシウム、タンパク質をとるとよい。

3○

4○

# 49. ストレス緩和要因：ソーシャルサポートとは

**3種**
頻出度
★★★

**ココが**
**ポイント**

- ●ソーシャルサポートにはどんな種類がある？
- ●サポートが乏しいときのサインとは？

## ◎ソーシャルサポートの種類

ソーシャルサポート（社会的支援）とは、<u>社会的関係の中でやり取りされる支援のこと</u>をいいます。内容によって、次の4つに分けられます。

① 情緒的サポート：励ましや受容、共感などによる精神面の支援
② 情報的サポート：課題解決に役立つ情報やアドバイス、保健指導など情報の提供
③ 道具的サポート：金銭面の援助など、問題解決のために実際に手助けをすること
④ 評価的サポート：仕事ぶりなどを適切に評価し、認めること

## ◎ソーシャルサポートはどこから得られるか

ソーシャルサポートの提供源には、次のようなものがあります。

① 人的サポート源

- 家族、上司、同僚、友人など
- 同じ境遇、同じ悩みを抱えている人とのグループや人間関係
  （禁煙や断酒のグループ、不登校の親の会、遺族の会など）
- メンタルヘルスに関する場合、産業医、看護職、カウンセラーなどの専門家も含まれる

② 物的サポート源

- 会社など自分が所属する団体、国家、地方の公的機関など
- 会社は、社員に対して給料という物質的なサポート以外に、福利厚生サービスを提供し、業務の中での自己実現の場を提供しているといえる

## ◎ソーシャルサポートが乏しいときのサイン

　ソーシャルサポートが乏しい場合、次のような社会的孤立のサインが現れるといわれています。9項目のうち、同意できる数が多いほどソーシャルサポート源が不足しているか、有効に機能していないと考えられます。自分が持つソーシャルサポート源の数やサポート力を知るには、「ソーシャルサポート・ネットワーク」（同心円を描いて、その中心に自分を置き、交流を持つ人とその距離感を図式化したグラフ）が有効です。

### ●ソーシャルサポートの乏しさを示す社会的孤立のサイン

- ときどき世界でひとりぼっちの感じがする。
- 望むほどには、友人に招かれて外出することがない。
- よく孤独感を感じる。
- 頼れる友人を見つけることは困難だ。
- 親しくしていても、なかなか友人にはなれない。
- 今の生活で、友好的な雰囲気を楽しめる機会はない。
- 他の人を頼りにできるほどのつながりはない。
- 人は親切で援助的だとは思えない。
- 友人を訪ねることにためらいがある。

出典：J.S.Greenberg、『包括的ストレスマネジメント』医学書院、2006年（一部改変）

### 力試し問題

> 職業性ストレス簡易調査票には、ソーシャルサポートに関する説明があるよ

**次の文章が正しいか誤りかを答えなさい。**

**1** サッカーのサポーターによる声援は、「道具的サポート」である。

**2** ソーシャルサポートとは、身近な人による人的資源のことを意味するので、市役所の相談窓口は、ソーシャルサポート源にはならない。

**3** 同じ境遇の人に相談したり、体験を教えてもらったりすることは問題の解決に有効であり、ソーシャルサポート源となる。

**4** 「人は誰でも親切で援助的だと思う」というのは、ソーシャルサポートの乏しさを示す社会的孤立のサインである。

#### 解説 ••••••••••••••••••••••••••••••••••••

**1** × 「情緒的サポート」である。**2** × 市役所の相談窓口は、「物的サポート源」であり、ソーシャルサポート源といえる。**3** ○ **4** × 社会的孤立のサインは「人は親切で援助的だとは思えない」など。

# 50. ソーシャルサポートを 充実させるには

③種

頻出度
★

●ソーシャルサポートを充実させるために、 気をつけることとは？

## ◎ソーシャルサポートを充実させる2つの面

サポート源を増やしたり、支援される力を強めたりすることは、ストレス予防の点からも重要といえます。ソーシャルサポートを充実させるためには2つのアプローチがあります。

① **サポート源となる人的環境を整える**

- 相談しやすい上司や同僚、友人を増やす
- 安心できる家庭を築くよう、努力する
- メンタルヘルスの専門家と顔見知りになり、相談しやすい関係をつくる

② **周囲からのサポートを得やすくなる「考え方」や「行動」を身につける**

- サポートは「ギブアンドテイク」。サポートを得たければ、自分も相手のサポート源になるように努力する
- 4つのサポートそれぞれに、サポート源となる人物を把握しておく
- サポートしてほしい人には、日頃から挨拶をするなど、自分から積極的にアプローチして、人間関係を築くようにする
- 他者と打ち解けるのが苦手な人は、無理はしないこと。共通の話題や関心事などを探し、情報提供をしたりして少しずつ関係をつくるようにする
- 他者からのサポートに頼り切らないこと。「自分には能力がないから」などと消極的な見方をせず、問題解決の自己努力を怠らないこと

## ◎ソーシャルサポートを阻害する考えとは

いざ困ったときにソーシャルサポートを得るには、日頃から周囲とコミュニケーションを図り、良好な関係を築くよう心がけるべきです。ソーシャルサポートを阻害するような考え方をして、周囲との関係をおろそかにしている

と、ストレスが発生したときにサポートを得ることが難しくなります。次の項目の中に当てはまるものがある場合は、改善するように心がけましょう。

## ソーシャルサポートを阻害する考え方

### 孤立した考え方

- 問題が起きても、弱音を吐いたり、人に助けを求めるべきではない
- 裏切られる可能性もあるので、他人は信用していない
- 仕事さえきちんとこなせば、会社で人づきあいをする必要はない。挨拶などもしなくていい

### 一方的に人に依存

- 困ったときは、いつでも人に助けを求めればよい

### コンプレックスが強い

- 自分には能力がないため、一人では何もできない

## 力試し問題

### 次の文章が正しいか誤りかを答えなさい。

**1** サポート源はなるべく多い方がいいので、多少無理を感じても、打ち解けようと努力すべきである。

**2** サポートをしてほしい人には、まず自分から何らかのアプローチを行うことが望ましい。

**3** 「自分はサポートを受ける側なので、相手のサポート源にはならない」という考え方は、ソーシャルサポートを充実させる。

**4** 「情緒的サポート」「情報的サポート」「道具的サポート」「評価的サポート」の4種は、なるべく一人の人物に求めるようにする。

**解説** ··················································································

**1**× 　無理をしてまで打ち解けようとする必要はない。共通の関心事の情報を提供するなどして、少しずつ関係をつくっていく。

**2**○

**3**× 　サポートは「ギブアンドテイク」なので、自分も相手のサポート源になるよう努力する必要がある。

**4**× 　得たいサポートごとに、頼れそうな人物を把握しておいた方がいい。

# 51. ストレスへの対処：コーピングとは

③種

頻出度
★★

ココが
ポイント

● 問題焦点型コーピングと情動焦点型コーピングの違いは？
● ストレス反応の「情動的興奮」と「身体的興奮」とは？

## ◎コーピングとは

ストレスへの対処行動をコーピングといいます。「ストレス要因」を除去したり、「ストレス反応」を軽減したりする行動であり、メンタルヘルスを維持・向上させるには、非常に重要な行動です。

## ◎ストレス要因に対する「問題焦点型コーピング」

ストレス要因を除去するコーピングは、「問題焦点型コーピング」といいます。これには、次のような対処法が含まれます。

① 悩みやストレスの原因を取り除く

例
- 苦手な仕事に早めに取りかかる
- 何も考えずに、思い切ってやってみる
- 量が多い場合、他の人に助けを求める
- 仕事の担当を変えてもらう

② 物事の受け取り方を肯定的に変えてみる（認知の仕方を変える）

例
- プレゼンは苦手だ　→　自分の考えを理解してもらういい機会だ
- 満員電車は嫌いだ　→　体力づくりに役立つかもしれない
- 残業が多くて疲れる　→　残業代で好きなものを買おう

③「○○しなければならない」「○○してはいけない」という誤った思い込みを修正して、現実的な見方をする

例
- 絶対ミスをしてはいけない　→　誰でもミスをすることはある

- 男性は○○でなければなら　→　○○の方が望ましいこともあ
  ない　　　　　　　　　　　　　　る
- 周囲の人や物事は○○であ　→　現実的にそぐわない期待はし
  るべきだ　　　　　　　　　　　ないようにする
  （他人や物事への「怒り」は、自分勝手な期待や思い込みが原因）

④ 自分の能力や技術に、自信を持つようにする
⑤ 生活管理をきちんと行い、心身が衰弱しないように予防する
⑥ 取り除けないストレスの場合は、しばらく我慢して様子をみる

## ◎ストレス反応に対する「情動焦点型コーピング」と「運動」

　ストレス反応には、「情動的な興奮」と「身体的な興奮」があり、これを放置
すると、情緒不安定、慢性の高血圧、血栓、筋肉の痛み、免疫力の低下などが
生じやすくなり、さまざまな疾患にかかりやすくなります。
　この2つは、それぞれ次のようにコーピングが異なります。

① 情動的興奮：怒り、不安、焦りなどの感情や気分が発生
　⇒　感情の興奮を低減させる「情動焦点型コーピング」を行うとよい
　　　　例　リラクセーション（漸進的筋弛緩法など）、アロマテラピー、ヨ
　　　　　　ガ、愚痴をいうなどの気晴らしをしたり、問題から少し離れる
　　　　　　など回避行動をとったりするのもコーピングである
② 身体的興奮：筋肉の緊張、心拍の増加、血圧上昇
　⇒　身体的興奮を低減させる「運動（身体活動）」を行うとよい
　　　普段より10%多い心拍数に至る有酸素運動を無理のない時間行う
　　　と、ストレス物質（コルチゾール）の消費に効果がある
　　　　例　ウォーキング、ジョギング、水泳、サイクリング、エアロビクス

## ◎コーピングのくせや特徴を理解して活用する

　効果的にコーピングを実践するには、さまざまなコーピング方法を知り、ス
トレス要因に合わせて、コーピングを使い分けたり組み合わせたりすることが
大切です。
　また、いつも同じコーピングをしない方がいい場合もあります。たとえば、
友達を誘ってたまに飲みにいくことは、いい気晴らしになるかもしれません

が、友達と飲んでばかりいたら、アルコール依存症になったり、経済的な問題を抱えたりするかもしれません。飲酒は、ストレス要因である仕事の問題を解決はしてくれないのです。

　誰でも得意とするコーピングと不得意なコーピングがあり、コーピングのくせがありますので、コーピングの悪影響には注意が必要です。

　実際にどのような影響が出やすいのか、次に記します。

「情動焦点型コーピング」が多い
- リラックスして気分を静めようとする（飲酒、リラクセーションなど）
  ⇒　ストレス要因になっている「問題」がいつまでも除去されない

「問題焦点型コーピング」が多い
- ストレス要因である問題の解決に専念する
  ⇒　問題を取り除こうとして周囲に働きかけるため、周囲の人と摩擦が生じたり、物事の受け取り方を変えようと無理をして、燃え尽きてしまうことがある

## ◎コーピングのスキルの向上

　自分のコーピングのくせや特徴を知り、会社、家庭、地域とあらゆる場面でさまざまなコーピングを試し、実践してみることが、コーピングスキルの向上につながります。

- - - - - - - - - - - - - - - - - - - - - - - - - - - - - - - - - - - - - -

**重要！覚えておこう** **コーピングの具体例**
「問題焦点型コーピング」と「情動焦点型コーピング」それぞれにどのような例があるのかをまとめておこう。

- **問題焦点型コーピング**
  - 例　問題の対処方法について、同僚にたずねる
  　　　プレゼンは苦手だが、成長の機会になると見方を変えて取り組む
- **情動焦点型コーピング**
  - 例　学生時代の友人に、職場の愚痴を話してみる
  　　　休日にヨガをしてリラックスする

- - - - - - - - - - - - - - - - - - - - - - - - - - - - - - - - - - - - - -

コルチゾールは、交感神経系の興奮を生じさせ、筋肉の緊張を促すよ

## 力試し問題

**次の文章が正しいか誤りかを答えなさい。**

**1** コーピングとは、ストレス要因とストレス反応を除去する行動やスキルのことである。

**2** ストレス要因に対するコーピングを「情動焦点型コーピング」、ストレス反応に対するコーピングを「問題焦点型コーピング」という。

**3** 「同じ悩みを持った人に解決方法についての情報を教えてもらった」というのは、問題焦点型コーピングである。

**4** ストレス反応には、情動的興奮と身体的興奮があり、身体的興奮には、筋肉の弛緩や心拍数の減少、血圧の上昇などがある。

**5** ストレス物質を消費するには、普段の心拍数より30％ほど多い心拍数に至る運動を10分続けるとよいといわれている。

**6** 人それぞれ、コーピングにはくせがあり、得意とするコーピングと不得意なコーピングとがある。

**7** 「満員電車の通勤は、立ちっぱなしでダイエットになる」という考え方は、ストレス要因の発生防止につながる。

**8** 怒りは、他者の自分への勝手な期待が原因であることが多い。

**9** 問題の対処方法を上司や同僚にたずねるのは、「情報焦点型コーピング」である。

**10** コーピングは、自分に合った方法を、使い続けるのがよい。

### 解説 ･････････････････････････････････････････････････････････････

**1** × コーピングとは、ストレス要因を取り除き、ストレス反応を低減させる行動やスキルのことである。

**2** × 逆である。ストレス要因に対するコーピングを「問題焦点型コーピング」、ストレス反応に対するコーピングを「情動焦点型コーピング」という。

**3** ○

**4** × 身体的に興奮すると、筋肉は緊張し、心拍数は増加する。

**5** × 普段の心拍数より10％ほど多い心拍数に至る運動を無理のない時間行うとよいといわれている。

**6** ○

**7** ○

**8** × 怒りは、自分の他者への勝手な期待が原因であることが多い。

**9** × 問題焦点型コーピングの説明である。

**10** × ストレス要因に合わせて使い分けたり、組み合わせたりする。

# 52. 自発的な相談の重要性

ココが
ポイント
- コミュニケーションにはどんな種類がある？
- 内的コミュニケーションとは？

## ◎セルフケアのポイント

身体の健康管理と同様、心の健康管理（セルフケア）も重要です。セルフケアのポイントとして、次の点が挙げられます。

① 自分の心の健康状態に関心を持ち、ストレスに早めに気づいて対処する
② 自分にあったストレスのセルフコントロール方法を身につける
③ 過剰なストレスに気がついたら、身近な人（同僚、上司、家族など）や専門家に早めに相談する

相談する相手について迷ったときには、まずは、社内の信頼できる人（上司、同僚）や事業場内の産業保健スタッフ（産業医や看護職など）に相談すれば、必要な情報や助言が得られます。また、事業場外に専門の相談窓口がある場合は直接そちらに相談することもできます。

## ◎「言語的コミュニケーション」と「非言語的コミュニケーション」

コミュニケーションは、社会で生きていくうえで必要なソーシャルスキルの一つであり、人格形成に役立ち、セルフケア能力を高めます。

コミュニケーションには、「言語的コミュニケーション」と「非言語的コミュニケーション（言葉以外の表情、態度、身振りなど）」があります。心理学者のMehrabian（メラビアン）は、日常のコミュニケーションでは、話の内容などの言語的情報は7％しか占めておらず、93％は表情や声の調子などの非言語的情報であると述べています。人と話をする際には、言葉だけではなく話し方や表情など、状況に合わせた態度を取ることが重要です。

## ◎「内的コミュニケーション」とは

コミュニケーションには、他者とのコミュニケーションだけでなく、自分自身の中で問題解決を行う「内的コミュニケーション」もあります。今までの対処行動でうまくいかない「問題的状況」に直面したときに、自分で自分に問いかける内省的思考により新たな問題解決策を発見することができます。

この際に、カウンセリングを利用すると、内省的思考が促進されてスムーズに問題が解決できることがあります。

## ◎職場でのコミュニケーション

厚生労働省「労働安全衛生調査」（2018年）によると、「仕事や職業生活に関することで強いストレス」がある労働者の割合は約6割（58.0%）、その悩みの内容の第3位が「対人関係（セクハラ、パワハラ含む）」（31.3%）でした。よって、職場のストレスを減らすには、職場の良好な人間関係を保つことが重要です。

職場という公共の場では、一人ひとりが状況や役割に応じたコミュニケーションを取ることが期待されます。職場での個人的な対立は、当事者間のコミュニケーションがうまく行われなかったことが原因になることがあります。しかし、周囲の人間と良好な人間関係が維持できれば、いざというときに支え合えるサポートネットワークとなり、ストレスの緩和や予防に役立ちます。

### 力試し問題

**次の文章が正しいか誤りかを答えなさい。**

**1** 誰に相談するか迷ったときには、まず社外の人に相談するようにする。

**2** 職場では、状況や役割を気にせずにざっくばらんなコミュニケーションを心がけることが大切である。

**3** コミュニケーションには、他者と行うコミュニケーション以外に、自分自身の中で問題解決を行う「内的コミュニケーション」がある。

**4** 日常的なコミュニケーションでは、誤解のないように、相手の話している内容や言葉遣いだけに注目するよう、気をつけるべきである。

### 解説 ••••••••••••••••••••••••••••••••••••••••••••••••••••••••••••••

**1** × 　まず社内の信頼できる人や産業保健スタッフに相談するとよい。
**2** × 　職場は公共の場なので、状況や役割に応じたコミュニケーションを取ることが望ましい。　**3** ○　**4** × 　表情や身振りなど、非言語的な面も大切である。

# 53. 良好な　コミュニケーションのために

③種
頻出度
★★

- ●「よい聴き手」として、どのような点に気をつけるか？
- ●アサーティブなコミュニケーションとは？

## ◎コミュニケーションのポイント

コミュニケーションには、発表（スピーチ、プレゼン）、対話（インタビュー）、討論、非言語的コミュニケーションがありますが、最も重要なのは相手の話を聴くことです。心理学者のRogers（ロジャーズ）は「建設的な人間関係をつくるために必要な条件」として、次の3つを挙げました。

① 共感：「もし私が同じ立場だったら」という観点で話を聴く
② 無条件の肯定的関心：相手の気持ちを批判せずに無条件に受け入れる
③ 自分に正直であること：相手の話がわかりにくいときはわかりにくいことを伝え、相手の真意を確認する。わからないことをそのままにしておくと、偽りの関係になってしまう

## ◎アサーティブなコミュニケーション

人間関係には、大きく分けて次の3つのタイプがあります。

① 攻撃的：自分のことだけを考えて、他者を踏みにじる関係
② 非主張的：他者を優先し、自分のことは後回しにする関係
③ アサーティブ：双方のことを考え、最もよい妥協点を見つける関係

いずれの関係であっても、「アサーティブな関係」を目指すことが望まれます。アサーティブな関係では、相手の考えと自分の考えが一致しない場合、自分の考えに固執せずに、お互いに意見を出し合い、納得のいく結論を出すよう努めます。結論に至るまでの過程も大切です。そのためにも、相手の意見に耳を傾けて、感情的にならずに冷静に判断し、自分の意見も率直に伝えるようにすることが必要です。

●アサーティブな関係を維持するためのスキル

1. **自分を知る**：自分の気持ち、考えに正直になる。
2. **共感的理解**：相手のことを相手の立場で理解しようとする。
3. **受容**：相手を受け入れられるようになる。
4. **対等で相互尊重**：権威や立場で相手を操作するのではなく、謙虚に相手を尊重する気持ちをもつ。
5. **自己信頼・自己尊重**：自分を信頼することで、自分の内部を知る。
6. **自責**：相手を尊重し相手に耳を傾けるのは、自分の責任で行っているという自己責任。
7. **多様性を受容**：自分と異なる多様性も受け入れる。
8. **感情を言葉にする**：感情をぶつけるのではなく「私は怒っています」と表現する。
9. **非言語コミュニケーション**：言葉以外のしぐさ、表情も理解する。

出典：平木典子『アサーショントレーニング』日精研心理臨床センター、2004年

## 力試し問題

**次の文章が正しいか誤りかを答えなさい。**

**1** 言いたいことがあっても言わないでおくというのは、アサーティブなコミュニケーションである。

**2** アサーティブな自己表現とは、相手の意見に左右されずに常に自分の考えを主張することである。

**3** よい聴き手は、話し手の立場に立って、話し手の気持ちを批判せずに、無条件に受け入れる。

## 解説 •••••••••••••••••••••••••••••••••••••••••••••••••••••••••••••••

**1** × 　他者とお互いに意見を出し合い、妥協点を見つけるのが、アサーティブなコミュニケーションである。

**2** × 　自分の考えを伝え、かつ相手の意見や立場を尊重することが、アサーティブなコミュニケーションでは大切である。

**3** ○

# 54. カウンセリングの実際

③種
頻出度
★★

**ココが
ポイント**
● カウンセリングを受けるとどのような
効果がある？
● カウンセリングの種類と特徴は？

◎**相談をすること（カウンセリング）の効果**

人に相談をする（カウンセリングを受ける）と次のような効果があります。

- 自分を理解してもらえると、孤独感や不安感がやわらぐ
- 他者に話をすることによって、新たな気づきや洞察が得られる
- 有益なアドバイスを得られる
- 自分の状況や問題を整理することができる

◎**カウンセリングとストレスのコントロール**

日本の社会ではカウンセリングを受けることに心理的な抵抗感を感じる人が多くいます。早期にカウンセリングを受けることで、問題が解決しやすくなりますので、セルフケアの一助として気軽に利用したいものです。

カウンセリングは、自分のストレスのコントロールに役に立ちます。

- リラクセーション方法（呼吸法、自律訓練法等）の指導を受けられる
- 自分の考え方を見直す機会となるので、ストレスをためやすい考え方を、多面的で肯定的な考え方に修正することができる
- 薬のような即効的な効果はないが、カウンセリングを継続することで「自己の成長や発達」を促進することができる

◎**カウンセリングの種類**

カウンセリングとは、心理学者の國分康孝によると「言語的および非言語的コミュニケーションを通して行動の変容を試みる人間関係である」と定義されます。

① **対面カウンセリング**
- 面接室など特定の場所で、カウンセラーと対面で、1回50分程度の面接を受ける
- 精神療法の一環として医師が行うカウンセリングは健康保険が適用される

② **電話によるカウンセリング**
- 顔の見えない相手と話すことに不安を感じる人もいる
- 慣れると電話特有の親密感が生まれ、本当の気持ちを話しやすくなるという人もいる

③ **メールによるカウンセリング**
- 文章を書くことで、相談者が自分の考えや問題を整理することができる
- カウンセラーの回答を受け取るまでに時間がかかるので、その間に状況が変わってしまい、回答内容が問題に合わなくなってしまうことがある
- 文章の解釈の違いにより、誤解が生じることがある

④ **オンラインによるカウンセリング（遠隔心理支援）**
- Zoom等のWeb会議システム等を使用したビデオ通話による遠隔でのカウンセリング
- 時間や場所によらず利用しやすい
- 物理的な移動が不要なため、感染下での支援や、地方や病気や怪我などで移動が困難な場合でも支援が可能
- セキュリティやプライバシーの管理、機器の取り扱いに注意が必要

　カウンセリングは、相談機関によってレベルの差があるのが現状です。よって、事業場内にカウンセリング対応のできる産業保健スタッフがいれば、その人に最初に相談するとよいでしょう。そのスタッフから事業場外の信頼できる相談機関を紹介してもらうこともできるでしょう。

　カウンセリングは、カウンセラーとの相性（関係）が重要です。違和感や相性の悪さを感じた場合は、無理をせずに、相性のいいカウンセラーに変えた方がよい場合もあります。友人などに話を聴いてもらうことで、問題が整理できるようであれば、無理に専門のカウンセリングを受ける必要はありません。

> カウンセリングでは、自分のことだけではなく、家族など身近な人に関する心配事の相談も可能だよ

**力試し問題**

**次の文章が正しいか誤りかを答えなさい。**

**1** カウンセリングでは、助言を受けることはできても、自分の問題を整理することはできない。

**解説** ••••••••••••••••••••••••••••••••••••••••••••••••

**1** ✕　助言だけでなく、自分の問題を整理することができる。

## 5章　理解度チェック

1. 過重労働によるストレスが、喫煙や飲酒の量の増加、食べ過ぎなどの不健康な生活スタイルを招き、脂質異常症などの生活習慣病を悪化させる。　　○

2. 安全配慮義務は、法律に明文化されていない概念である。　　×

3. メンタルヘルス不調の発症に関しては、個人の既往歴やパーソナリティ、家族の問題などは関係ないので考慮する必要はない。　　×

4. 「社会的再適応評価尺度」のストレス値が高い出来事には、職場に関するものが多い。　　×

5. 「職業性ストレス簡易調査票」は、あらゆる業種の職場で利用できる、信頼性の高いチェックリストである。　　○

6. 「健康づくりのための睡眠指針」では、毎日8時間以上睡眠時間を確保するように勧められている。　　×

7. 自律訓練法は、7つの公式すべてを実施しないと効果がない。　　×

8. ソーシャルサポートは重要だが、自分でも問題解決に向けて努力することが大切である。　　○

9. コーピングスキルを向上させるためには、会社や家庭、地域などのあらゆる場面で実際に試してみることである。　　○

10. カウンセリングは、1回受けるだけで薬のような即効的な効果がある。　　×

11. オンライン・カウンセリングは、時間や場所の制約が少ないというメリットがある。　　○

**解説>2.** 2008年「労働契約法」に明文化された。　**3.** メンタルヘルス不調の発症に関しては、さまざまな個人的な問題が絡んでいることが多いので、安易に自己判断はしないことである。　**4.**「配偶者の死」「離婚」「夫婦別居生活」など家族に関するものが多い。　**6.** 自分にあった睡眠時間があるので8時間にこだわらない。　**7.**「背景公式」「第1公式」「第2公式」だけでも効果がある。　**10.** カウンセリングには即効的な効果はないが、継続することで自己理解が深まり自己の成長につながる。

第6章
# 部下からの相談の対応

# 55. 相談対応の基本

> ●ジョハリの窓の4つの領域とは？
> ●コミュニケーションの性質には
> どういうものがある？

**ココが
ポイント**

## ◎コミュニケーションの意義

　管理監督者にとって、従業員からの相談対応の中で話を聴くことは、コミュニケーションの鍵となります。話し手が「話を聴いてもらった」と感じると、気持ちがすっきりし、気持ちをわかってもらえたという安心感が生まれます。また、相手との距離感にも好影響を及ぼし、親しみが増すといわれています。

　逆にとらえると、職場の人間関係の悩みは、コミュニケーションの阻害（機能不全）によって生じるといえます。

## ◎自分を知る「ジョハリの窓」

　「ジョハリの窓」とは、「自分が知っている領域」と「知らない領域」、また、「相手が知っている領域」と「知らない領域」の4つの視点から自分を知る方法です。

●ジョハリの窓

| | 自分が | |
|---|---|---|
| | 知っている | 知らない |
| 知っている | 開放領域<br>開かれた窓 | 盲点領域<br>見えざる窓 |
| 知らない | 隠蔽領域<br>隠されている窓 | 未知領域<br>暗黒の窓 |

（他人が　知っている／知らない）

---

🔖 発注ミスをした部下に気づかない上司は部下からみると？

→　隠蔽領域

---

　職場のメンタルヘルスを考えた場合、部下の「隠蔽領域」を「開放領域」へと移行させるためには、管理監督者側から発信される良質で積極的なコミュニ

ケーションの積み重ねが必要です。それにより、従業員の自己開示が促進され、居心地の良い職場風土が形成されていきます。

## ◎コミュニケーションの性質

コミュニケーションには、大きく次の3つの性質があります。

### ①道具的コミュニケーション

コミュニケーションがスムーズな業務遂行の道具（日常的コミュニケーション）となることです。相手に何かしてほしいという気持ちがあります。

> 例 上司から部下に「資料を作っておいて」と指示する

### ②自己充足的コミュニケーション

自己充足的コミュニケーションは、相手に何かを求める気持ちではなく、「話したい」、「やり取りしたい」という気持ちが土台となるもので、人間関係の形成、維持向上、緊張解消などの効果があります。

### ③返報性（互恵性）の法則

人から何かしてもらうと、「もらったものと同じものを返さなければならない」という心の動きが自然に生じます。上司からのコミュニケーションの粘り強い積み重ねが、返報性の法則により部下の中で上司とのコミュニケーションを図らなければいけないという意識につながります。

### 力試し問題

> 挨拶は自己充足的コミュニケーション！

**次の文章が正しいか誤りかを答えなさい。**

**1** 管理監督者が「最近どうかな？」と従業員に声をかけるコミュニケーションは、自己充足的なコミュニケーションである。

**2** 「新入社員のビジネスマナーの未熟さに、同行する先輩が冷や汗をかいている」というのは、新入社員からみるとジョハリの窓でいう隠蔽領域の問題である。

**3** 上司への信頼感が高まることは、部下の隠蔽領域の情報を開放領域に移行させることにつながる。

**解説** • • • • • • • • • • • • • • • • • • • • • • • • • • • • • • • • • • • • • • • • • • • •
**1**○ **2**× 　隠蔽領域ではなく、盲点領域である。　**3**○

## 56. いろいろな コミュニケーション

頻出度
★★★

ココが
ポイント

● アサーティブなコミュニケーションとは？
● 非言語コミュニケーションにはどういう
　ものがある？

### ◎伝えるコミュニケーション「アサーティブな自己表現」

　良好なコミュニケーションを阻害する一因として、話し手（送り手）と聴き手（受け取り手）の情報の送受信が正確に行われていないことが挙げられます。「非主張的な自己表現」や「攻撃的な自己表現」の際にはこうした状況に陥りやすくなります。良好なコミュニケーションを行うためには、**送り手**側の正確なメッセージの発信に焦点を当てた「アサーティブな自己表現」を意識する必要があります。アサーティブな自己表現とは、自分にも相手にも自分の意見を言う権利があるということを意識して、相手を尊重しながら自分の意見を伝えていくという表現技法です。

### ●自己表現のタイプと特徴

| 非主張的 | 攻撃的 | アサーティブ |
|---|---|---|
| 卑屈 | 尊大 | 自分に正直 |
| 消極的 | 他者を否定する | 相手を尊重している |
| 他力本願 | 他罰的 | 自発的 |
| 過度に承認を求めてしまう | 一方的な主張 | 柔軟性がある |
| 黙る | 支配的 | 歩み寄る姿勢 |
| 我慢 | 責任転嫁 | 自己責任 |
| 弁解的 | 自己中心的 | 積極性がある |
| 自分はOKではないが、相手はOK | 自分はOKだが、相手はOKでない | 自分も相手もOK |

> 例　自分自身が我慢しさえすればいい・・・・・・・・非主張的
> 　　自分のいうとおりに動けばいい・・・・・・・・・攻撃的
> 　　お互いの意見を聴き、より良い意見に昇華する・・アサーティブ

154

## ◎マイクロ技法

　聴き手（受け取り手）側の相手の身になって話を聴こうとする姿勢（傾聴）や態度もまた重要です。Ivey（アイビー）らはマイクロ技法を開発し、コミュニケーションを促進する技法を階層表にまとめました。階層表の下部の、人間関係を築くうえで基本的かつ不可欠な技法を「基本的かかわり技法」といいます。これは、傾聴技法や質問技法などを含むマイクロ技法の土台となるもので、良いコミュニケーションの前提です。

---

**●マイクロ技法の基本的かかわり技法**

1. かかわり行動
2. 質問技法
3. クライアント観察技法
4. はげまし、言い換え、要約
5. 感情の反映

---

## ◎言語的コミュニケーション

　言語的コミュニケーションは、言葉を媒介にしたコミュニケーションのことを指します。対面による会話だけではなく、電話での会話、メモや電子メール、チャットのやり取りなどが含まれます。

　こうしたメールなどを通じて行うコンピュータコミュニケーションの方が、対面コミュニケーションより自分の感情に素直になりやすいという調査結果も出ています。このため、メールやチャットのやり取りを行う際には、相手の主観や感情の高まりに十分注意することが重要です。

## ◎非言語的コミュニケーション

　非言語的コミュニケーションとは、言葉以外の「姿勢」や「表情」、「声の調子」などを媒介にしたコミュニケーションです。コミュニケーションに影響を与える情報のうち、言語的情報は7％、残り93％は非言語的情報です（心理学者Mehrabian（メラビアン）の研究より）。93％の内訳は、視覚的要素（表情など）が55％、聴覚的情報（声の大きさやスピードなど）が38％となっています。ただし、この研究結果は、非言語的コミュニケーションが、言語的コミュ

ニケーションより重要であることを示しているわけではありません。

　従業員とコミュニケーションをとる際に、管理監督者が非言語的コミュニケーションにも注意を払うことで、状況把握も早くなるなどスムーズなコミュニケーションが促進されます。

●非言語的コミュニケーションの具体例

| 会話の仕方 | 会話のスピード、TPOの合致、パターン（一方的・沈黙など）、声の調子、声の大きさ、会話のリズム、声色 |
|---|---|
| 環境的な情報 | 場所、部屋のインテリア、室内の装飾、音楽、照明、配色 |
| 空間行動 | 相手との距離感、立ち位置、向き、座席、配置 |
| 接触的行動 | 相手に触れる、タッチング、抱擁、物を蹴る、叩く |
| 身体的な特徴 | 身長、体格、容姿、体臭、頭髪、肌の色 |
| 動作行動 | 身振り手振り、顔の表情、微笑、表情の明暗、視線、機敏さ、落ち着き、声かけへの反応 |
| 身だしなみ | 化粧、香水、服装、持ち物など |
| 身体反応 | 呼吸促迫、動悸、震え、めまい、発汗など |

　たとえば、うつ状態にある人には、皮膚が荒れて手入れをしていないことが多くみられたり、また躁状態の人には、アクセサリーをたくさん身につけていることがしばしば観察されたりします。「身だしなみ」という非言語情報からその人の全体像が把握しやすくなるのです。特に上司から部下への声がけの場面などでは、声を張り上げるような伝え方をすると、部下は萎縮をしてしまうような場面もみられるので、こういった情報の伝わり方への配慮も必要になります。

● 自己意識とコミュニケーション

　「自分自身をどのように考えているのか」という概念は、「私的自己意識」と「公的自己意識」に分かれます。

- 私的自己意識：自分自身がとらえている自分の内面的な部分に対する意識
- 公的自己意識：他人から評価される自分の外面的な部分に対する意識

　対面コミュニケーションとコンピュータコミュニケーションにおける自己意

識の違いを比べると、コンピュータコミュニケーションの方が「私的自己意識」が高く、「公的自己意識」は低くなります。

> メールやチャットのやり取りでは、相手がより主観的になっていることに注意！

## 力試し問題

### 次の文章が正しいか誤りかを答えなさい。

1 アサーションは自己充足的なコミュニケーションである。

2 非言語的コミュニケーションでは、部下に安心感を与えることができない。

3 相手との距離感や立ち位置といった空間行動や、顔の表情や視線などの動作行動は、非言語的コミュニケーションに含まれる。

### 解説 ・・・・・・・・・・・・・・・・・・・・・・・・・・・・・・・・・・・・・・・・・・・・・・・・・・・・・・・・・・・・・・・・・・・・

1 × 自分と相手を大切にしながら自分の気持ちを伝える技法のことである。

2 × 非言語的コミュニケーションもコミュニケーションにおいて重要である。

3 ○

コラム

## 意外と難しいゆっくりと休むこと

部下の異変に気づいたとき、管理監督者の多くは休養することをアドバイスすることが多いものですが、そのような状況下では当人はゆっくりと休めなくなることを十分に念頭に置いて対処することが大切です。

　簡単にできそうですが「ゆっくり休むこと」は意外と難しいものです。大きなストレスがかかり、心身が混乱するとゆっくりと休めなくなることがあります。何日も休んでも気分が良くならないので焦ってしまい、休み方もわからなくなる場合もあります。また、一般に適切であるといわれていることが必ず役に立つとは限りません。寝てばっかりだと、退屈でストレスがたまってしまうこともありますし、散歩もときにはおっくうであったり、度が過ぎて快の感覚が損なわれ疲労感が残る場合もあります。大切なのは、そのとき・その場の「程よい、気が楽だ」の感覚を尊重することです。

　そして、どうしてもまとまった休みをとることが難しい場合は、たとえば、○○分間は「いい感じ」を味わえたと思うようにして気持ちを切り替えてみましょう。

## 相談者の心をほぐす積極的傾聴法

　ここでは「聴く」ことの効果・実践のポイントを少し解説します。「話を聴いてもらう」ことによって、話し手には変化や効果が現れます。「聴く」行為が有効に機能し始めると、相談者にも気づきや発見が起こり、結果として問題解決がもたらされます。

### ●3つの「きく」

| 訊く（ask） | 相手に質問して、聞きたいことを引き出すこと |
|---|---|
| 聞く（hear） | 相手の声や音が自然に耳に入ってくるような、受動的な意味 |
| 聴く（listen） | 相手の話に耳を傾けて聞くという、積極的な意味を持つ |

### 「傾聴」とは？

　その人の話したいこと、聴いてもらいたいこと、受け止めてもらいたいことに、じっくりと耳（心）を傾けていく姿勢そのものを指します。聴き手の価値観、解釈や判断でアドバイスすることではなく、その人の話したいことを引き出し、相手の身になって理解し、理解した内容をフィードバックすることが重要です。

### ●「傾聴」の基本

① **出会いの場の雰囲気づくり**：場所・時間、自由に話せる第一印象、服装
② **姿勢・態度・動作**：目線の高さを合わせる、腕組みは拒否のサイン
③ **表情、目の動き、声の調子・抑揚**：にこやかに、視線は口元目元を中心に全体を視野に入れておく、アイコンタクトの機会も大切に
④ **うなずき、あいづち**：「聴いています」の気持ちを込めて、話の腰を折らないで、解釈せずに最後まで聴く
⑤ **つぶやき**：相手の感情のこもった言葉や単語をとらえて口にしてみる、「こんな風に感じているのですね」という気持ちで
⑥ **プライバシーの保護**

## 「傾聴」によってもたらされる効果「話すは……離す」

　「傾聴」がもたらす効果として、相手との距離が親密なものとなることはよく知られています。その反対に「傾聴」が進展するにつれて、話し手（相談者）が話題にしている事象と本人との距離は、相対的に離れていきます。その結果、相談の当初は、目の前にへばりついた状態であるため近すぎてしっかりと認識することができなかった事象が、「積極的傾聴」によって、当事者から次第に適切な距離だけ離れていって徐々に観察できる対象となり、新しい気づきや発見が話し手にもたらされるという効果が生まれます。

　従業員との相談においては、「傾聴」が相談者自ら問題解決を促進させていくための重要な要素となります。そして、最終的には問題事象が本人から「放たれる」という解決状況が生じます。

### ●「積極的傾聴」（アクティブリスニング）の実践ポイント

| | |
|---|---|
| 繰り返し | 相手の話を繰り返し、内容や意図を確認する（すり合わせ） |
| 明確化 | 不十分な点やあいまいな点は確認し、焦点をはっきりさせる |
| 沈黙 | 苦しい時間で話題がそれてしまうリスクがあるが、「沈黙は金」と心得ること。相手が考えをまとめたり、熟考するうえで大切な時間となる |
| 質問 | 「なぜ？」（Why?）と相手を問い詰める言葉は避け、「どのように感じる？」（How?）など相手の考えや思いに関心を向ける言葉がけに配慮する |
| クローズド・エンド形式の質問 | 選択肢の中から答えを選択するような、手短に答えることのできる質問。エネルギーの低い人やコミュニケーション力の劣る人には負担が少ない質問形式であり、意識して使うことが大切 |
| オープン・エンド形式の質問 | 回答者が自由に答えられるような質問。聴き手と情報などを共有することを促進するが、答える側の負担が大きい |

● ストレスの段階によって自覚はどう変わる？
● どのようなストレス反応が起こってくるのか？

## ◎闘争─逃走反応

　私たちは、自分にとって危険で有害な状況に遭遇した際には、心身に危険が及ばないように防御反応が生まれるものです。その際に、危険に対して「立ち向かう」のか「逃げる」のかの行動を選択する必要があります。

　どちらがより適した選択肢であるかを検討し、そこへ調整をしていくことを「闘争─逃走反応」と呼びます。また、生体防御の反応としては、交感神経系の活動が活発になることから、次のような反応が起こります。

> 毛が逆立つ、瞳孔が開く、粘液性の唾液が出る、気管支が太くなる、心拍が増加する、消化活動を抑制する、尿の産生を抑制するなど

## ◎ストレス反応

　人間は、外部からのストレス要因に対して防御反応を起こすことがあります。こうした防御反応には大きく３つの段階があります。

### ●防御反応の３つの段階

| | |
|---|---|
| 1. 警告反応期 | ストレス要因が加えられた直後の時期で、抵抗力が一時的に低下（ショック相）し、そのショックを特に感じる時期。その後に抵抗力が高まる（抗ショック相） |
| 2. 抵抗期 | ストレス要因に対して、抵抗力が高まり、安定が確保できるようにバランスをとり始める時期 |
| 3. 疲はい期 | 再び抵抗力が低下し、ストレスに対しての身体的、精神的な反応が現れるようになる時期 |

長時間ストレスにさらされると、疲はい期に至り、メンタルヘルス不調のサインとしてのストレス反応が現れるようになります。このストレスの反応には、大きく3つ、身体的反応、心理的反応、行動的反応があります。

●メンタルヘルス不調のサインとしてのストレス反応

| 身体的反応 | ・消化器運動抑制（胃痛、食欲不振）<br>・発汗、心拍数増加（動悸、めまい）<br>・血糖値、血圧上昇（脂質代謝促進） |
|---|---|
| 心理的反応 | ・情緒的反応（不安、焦燥、憂うつ、無気力、混乱）<br>・認知的反応（注意力散漫、考えがまとまらない、意思決定できない） |
| 行動的反応 | ・食行動変化（食べ過ぎ、飲み過ぎ）<br>・攻撃的、逃避的 |

　上記の身体的・心理的・行動的な反応には、それぞれ「急性反応」と「慢性反応」がみられます。

●3つの反応の「急性反応」と「慢性反応」

| 身体的反応 | 急性反応 | 動悸、胃痛、発汗、下痢、緊張感 |
|---|---|---|
| | 慢性反応 | 疲労感、消化器系症状、不眠 |
| 心理的反応 | 急性反応 | 不安感、緊張感、怒り、混乱、落胆、やる気の低下 |
| | 慢性反応 | 抑うつ、不安感、無気力、会社を辞めたい |
| 行動的反応 | 急性反応 | 回避行動、事故、口論 |
| | 慢性反応 | 遅刻や欠勤、作業能率の低下、生活の乱れ |

　厚生労働省の委託研究によると、ストレスの段階によって、自覚される内容には次のような変化があるとされています。

●3段階のストレスと自覚の内容

| ストレスの段階 | 自覚の内容 |
|---|---|
| ①低い段階 | 活気のなさ |
| ②中程度の段階 | 不安感、イライラ感、身体愁訴 |
| ③高い段階 | 抑うつ感 |

## ◎いつもと違う様子に気づく

　部下の異変は、日頃から観察していたり話したりしていれば気づくものです。普段から部下に関心を寄せ（特に生きがいの有無は重要）、声かけを惜しまないことです。たとえば風邪をよくひいたり、胃痛の次は歯痛などと病気が連続したりする状態は、病気への抵抗力が低下しており、背景にメンタルヘルス不調が潜んでいるかもしれません。小さな病気であっても部下がアピールしたときは、聞き逃さずにメモしておくことが大切です。

　仕事面や身体的な問題だけに注目するのではなく、言葉・態度や対人関係まで幅広くアンテナを張ります。部下が「コミュニケーションが面倒くさい」と考えているかのような状態は要注意です。昼休み時の食事のとり方の変化（最近コンビニのおにぎりで済ませている）や飲み会の参加率の低下は、観察の1つのポイントです。

　いつもと違った状況が2週間以上続くようであれば、事業場内産業保健スタッフと連携するなどの実際的な対応も検討することが必要です。

● 「いつもと違う」部下の様子

| 午前の様子 | 午後の様子 |
|---|---|
| • 服装・身だしなみが乱れている<br>• 眠そうな様子<br>• やつれた表情<br>• 挨拶をしなくなる<br>• 目が合わなくなる<br>• 酒の臭いがする | • 食事をとらなくなる<br>• 食べることを面倒がる<br>• メニューを選べない<br>• 雑談を避ける<br>• 昼寝・居眠りが増える<br>• 離席が増える |

● 「いつもと違う」部下の仕事

- 遅刻や早退、欠勤など、勤怠が通常と異なる
- 事故発生率が高い
- 以前はすばやくできた仕事にも時間がかかる
- 以前は正確にできた仕事にもミスが目立つ
- ルーチン仕事に手こずる
- 職務遂行のレベルにムラが出る
- 取引先や顧客からのクレームが多い
- 同僚との言い争いが目立ち、気分のムラが出てくる
- 期限に間に合わない
- 平均以上の仕事ができない

従業員の異変に気づくには、他のスタッフと比較するのではなく、<u>従業員個人の特徴や状態の変化</u>を<u>時系列</u>にとらえるようにします。そのため、従業員について気になることは、メモ（記録）をとるなどしてとらえておくとよいでしょう。

　また、異変に気づくことは日常的なコミュニケーションの質が問われる問題でもありますので、普段からの１次予防的なかかわりも重要になってきます。場合によっては、本人のみならず周囲の意見も参考にしながら、組織として対処するべきリスクがあるかどうかを検討する必要性も出てきます。

緊張は、身体や心理的な急性反応！

### 力試し問題

**次の文章が正しいか誤りかを答えなさい。**

**1** 動悸や胃痛、不眠は身体面に現れるストレス反応の急性反応である。

**2** 抑うつ感は、ストレスレベルが中程度の段階で現れる症状である。

**3** Ａさんが同僚より残業が長いことは、「いつもと違う」サインである。

### 解説 ･･････････････････････････････････････････････････････････

**1** × 動悸や胃痛は急性反応であるが、不眠は慢性反応である。
**2** × 中程度の段階ではなく、最も高い段階で現れる。
**3** × Ａさん個人の時系列的な変化ではないため、「いつもと違う」サインではない。「残業が前に比べて非常に増えた」という場合はサインとなりうる。

第６章　部下からの相談の対応

**コラム**

## 同僚にメンタルヘルス不調のサインがみられたら

　長時間残業の継続、昇進・配置転換などの環境変化、責任の変化、結婚・出産・引越し・単身赴任などの変化があった場合に、不調のサインがみえやすくなる傾向があります。

　不調がみられた場合は、心配していることを伝え、サポートする意思がある旨を伝えることが重要です。同僚が話してみたい様子のときは、話しやすい場所を選んで相手が話しやすいように「聞き役」になります。もし、専門的なサポートや業務上の配慮が必要な場合は、その旨を同僚に伝え、専門家や上司などの関係者に相談するように勧めます。

ココが<br>ポイント

- ●心の不調を発見することに必要な対応とは？
- ●部下の話を聴くことによる効果とは何か？

### ◎心の不調の「見えにくさ」とスクリーニングの難しさ

2015年12月から50人以上の事業場でのストレスチェックの実施が義務化となりましたが、身体面の健康診断と異なり、労働者に受検義務はありません。ストレスチェックは労働者のストレスへの気づきを促し、メンタルヘルス不調を未然に防止することが目的とされ、メンタルヘルス不調者の発見（スクリーニング）を一義的目的としていません。また、メンタルヘルス不調は、身体の不調以上に、「他人に知られたくない個人情報」と感じて事業者に知られたくない労働者も多いことが、精神面の健康診断やスクリーニングの難しさにつながります。

スクリーニングテストは比較的実施が簡易ですが、偽陽性が多発する問題もあります。偽陽性とは、テストの結果で陽性と判断された人が医師の診断を受けると陰性であったという状況です。つまり、スクリーニングテストを実施する際には、「うつ病の疑いがあり」と判定された労働者の中に、実際にはうつ病ではない人が含まれる可能性がある、ということをきちんと認識する必要があります。

なお、テストを行う際には、個人情報保護の観点から本人の同意が必要です。

### ◎発見者は周囲の人であることが多い

メンタルヘルスの不調に最初に気づくのは、周囲の人間、特に管理監督者であることが多いものです。つまり、管理監督者はこういった部下の変化に注目することが求められます。「よく話をする部下の口数が減った」「不満を口にする様子が以前より増えた」など、行動や言動への変化に注意を向けるようにしていきましょう。

### ◎疾病性と事例性は一致するとは限らない

メンタルヘルス不調において、疾病性（病気であるかの医学的判断）と、事例性（業務に影響が出て本人や周囲が困ること）が一致するとは限りません。事例

性が低い（本人や周囲が困っていない）ときには、管理監督者は受診を軽く促す程度にとどめます。強く受診を勧めることはできないので注意が必要です。

## ◎話すことによる意味

　管理監督者に求められる「労働者からの相談対応」についての意義とは、メンタルヘルス不調の早期発見・治療や、また相談者の悩みやストレスの軽減や解消などです。部下の相談に乗る際には、次のような状態を考慮し、相談者が悩みを抱え込んでしまわないよう適切に対応する必要があります。

### ①相談者が、問題の正しい状況把握や整理ができていない場合

　管理監督者は、問題を整理し、相談者にフィードバックすることが求められます。状況整理のための質問はしても、非難することは避けましょう。

### ②問題の解決に必要な手段や資源を知らない、または気づいていない場合

　必要な機関や資源などを紹介します。メンタルヘルス不調がみられる場合は、産業医や医師、EAPなど専門家の紹介も意識しましょう。

### ③気持ちの整理ができていない場合

　頭ではわかっていても、"気持ち"がついていかない場合もあります。そういった際には、相手の葛藤を踏まえたうえで、客観的な意見や、説得をしていきましょう。

## ◎相談を受けるポイント

　管理監督者として相談を受ける場合には、①相談者の気持ちや立場を理解すること、②真に相談者のためになる長期的にみた解決策（たとえ相談者に苦痛を強いる策であっても）を検討すること、③解決策を押しつけず、無理なく納得をしてもらうこと、などに注意しましょう。また、相談関係は、エンドレスではなく、その相談が終わった時点で終了します。

### 力試し問題

**次の文章が正しいか誤りかを答えなさい。**

■**1** スクリーニングテストでうつ病が陽性と判断されたからといって、必ずしもうつ病であるとは限らない。

■**2** 軽いうつ病の疑いがある部下に、自分の行っているリラクセーションを勧めた。

**解説** ・・・・・・・・・・・・・・・・・・・・・・・・・・・・・・・・・・・・・・・・・・・・・・・・・・・・・・・・・・・・・・・・・・

**1** ○

**2** ×　素人判断をせず、専門家を紹介する。

# 59. こころの病に 気づいたときの対応

2種

頻出度
★★★

ココが
ポイント

● 事実に基づいた声かけ面接から、専門スタッフへつなぐ
● 自分の価値観にとらわれず、中立性を保つ

## ◎管理監督者が「やるべきこと」と「注意すべきこと」

部下の生きがいの有無や心身の疲労の蓄積状況などは、日頃のコミュニケーションが円滑に行われており、部下の言動や態度の変化に注意していれば、特別なチェックを行わずとも異常に気づくものです。しかし現実的には、日常の業務に追われ、職場のメンタルヘルスは「特別な業務」になっている状況が懸念されます。組織の安全配慮義務責任を考えた場合、同じケースでも部下に声をかける上司とそうでない上司に分かれるのはリスクが高いといえます。

部下にメンタルヘルス不調が疑われる場合は、管理監督者は以下の点に留意し、準備をしっかりと整えて、「心配しているよ」という思いやりのある態度で、まずは声かけ面接を実施します。

## ●上司がやるべきこと

厚生労働省が2006年に発表した「労働者の心の健康の保持増進のための指針」によると、管理監督者は「労働者の相談対応」が義務化されています。相談対応の際には、次の点に留意します。

① 部下の状況（勤務態度・心配な事項・超過勤務の状況など）について最低2週間の記録を詳細にとる。これは後の面接の資料となる
② 当事者が語る「不安」や「不満」を黙って好意的・共感的に聴く。ただし、全く同じ感情を共有する必要はない
③ 職場外のメンタルヘルス不調の問題にも幅広く対処する姿勢を示す
④ 一人で抱え込まず関係機関や専門家につなぐ
⑤ メンタルヘルス不調が原因で業務に支障があるときに本人が受診を拒否する場合は、本人の同意を得て家族に連絡し、治療につなげる。家族

も拒否する場合は、社内の関係機関に相談・検討する

⑥ メンタルヘルスに関する基礎知識を持って、部下に対応する。基礎知識とは、たとえば、メンタルヘルス不調は早期に十分な休養をとらせることで長期化を防止する、ファーストコンタクトが今後を左右する、適切な治療と業務調整で元の自分に戻ることができるなど

⑦ 自分の<u>人生観</u>や価値観にとらわれず、また<u>中立性</u>を保つ

## ●注意すべきこと

① メンタルヘルス不調に対して、「根性論」や「自分の人生論」でもって接することは百害あって一利なし

② 激励は症状を悪化させるだけでなく、自殺の可能性が高まることもある

③ 重大な事項の決定や約束を迫ることは、許される行為ではない

④ 飲酒に誘うことは、不眠を誘発し生活リズムを崩しやすくなるので忌避する

⑤ 腫れ物に触るような態度は、当事者を精神的に孤立させてしまう。職場の仲間としての普通の感覚を大切にする

## ◎「具体的な声のかけ方」

部下についての記録を参考にし、事実に基づいた声かけ面接を実施します。「心配しているよ」という配慮を前面に押し出しますが、感情には流されないようにします。声をかける場面や面接の実施場所は、周囲を配慮し、プライバシーが保たれる空間と時間の確保に注意するとよいでしょう。「朝起きたとき、ぐっすり寝た感じはある？」「身体の調子が悪そうだけれど、どこか痛いところでもあるの？」「職場や家庭で何か気になることがあれば何でも話してほしい」など、何よりも当事者を安心させる姿勢と言葉かけを意識することが重要です。

### 力試し問題

**次の文章が正しいか誤りかを答えなさい。**

**1** メンタルヘルス不調の相談を受ける上司の対応として、自分の経験をもとに説得や忠告をすることが有効である。

**2** 管理監督者が部下から相談を受けた際に、解決のための適任者がほかにいる場合は、その人に相談するように促すとよい。

**解説** ••••••••••••••••••••••••••••••••••••••••••••••••••••••••••

**1** × 自分の価値観にとらわれず中立性を保つ。 **2** ○

# 60. 危機対応と リスクマネジメント

②種

頻出度
★★

ココが
ポイント

- 自殺のサインがみられたら、どのように対応する?
- 幻覚妄想状態の場合は、どのように対応する?

## ◎危機対応とは何か

　危機とは、人が自分を守るために持っている保護や問題解決の方法が使えない、まさに命をも脅かすほどの危ない状況であるといえます。自殺や幻覚妄想状態など、緊急な対応が迫られることを、危機対応といいます。

## ◎自殺防止の第一歩は誤解をとくこと

　次はすべて誤った考え方であり、誤解されやすいので注意が必要です。

## ●誤解されやすい考え方

- 自殺の可能性をより高めてしまうため、自殺念慮については問いたださないほうがよい
- 自殺を口走る人は、実際には自殺をしない
- うつ状態が回復してくるにつれ、自殺の危険は低くなる
- 自殺傾向のある人は意思が弱い
- 自殺傾向を不安や絶望の防衛反応として解釈し、感情を否定したり軽視したりする

## ◎自殺のサイン

　自殺や他人に危害を加える可能性のあるメンタルヘルス不調には、緊急の対応が必要です。特に、うつ病の症状は自殺の兆候としてのリスクが高いといわれています。

　また、特に次の自殺のサインがみられた場合には、1分1秒でも早く専門医を受診させることや、本人を一人にしないような対処が必要です。

- 「死にたい」「生きていくのがいやになった」と言葉にする

- 「頭がパニックになった」「何も考えられない」など強い困惑を示す
- 「会社を辞めるしかない」などと追い詰められている
- 失踪する、自殺未遂をする

このような場合には一人で帰宅をさせず、一緒に帰宅したり、家族に迎えに来てもらったりなどします。そして、専門医を受診したときは、自殺企図があることをきちんと伝えるようにします。

また、自殺のサインがある場合は、本人の了解がなくても、メンタルヘルス不調についての個人情報を、関係者に伝えてもよいとされます。

管理監督者は、部下の訴えを軽視せず、共感と支持をしながら支援をするようにします。「自殺はいけない」など一方的に非難をするのではなく、辛い気持ちを受容することが大切です。ただし、安易な励ましや前進を促す言動、叱責や批判はもちろんのこと、強引な説得は避けるようにしましょう。

また、「死にたい」気持ちが本当の気持ちではなく、その裏には困難な問題があり、今は死にたいほど辛いが、その問題が解決されれば「生きたい」というメッセージに変わることがあります。自殺の行動自体にだけとらわれるのではなく、困難な問題の本質に目を向けることが今後重要となってきます。

●覚えておきたいTALKの原則

| Tell | あなたのことを心配しているということをはっきりと伝える |
| Ask | 自殺についてはっきりとたずねる |
| Listen | 傾聴する、絶望的な気持ちについて耳を傾ける |
| Keep safe | 危ないと感じたら、その人を一人にしない |

## ◎幻覚妄想状態に対する対応

従業員が幻覚や妄想をきたす状態にある場合には、正常な判断力を失っており事故を起こす可能性が高いため、専門医への受診が必要です。本人の病識は低いため、受診が困難な場合もありますが、まずは本人を説得します。本人の強い拒否がある場合は、家族に連絡し、受診の必要性を理解してもらって受診を勧めてもらうことが重要です。その際に、入院の必要性を考慮しなければならない場合もあります。

本人の同意がなくても、自傷他害の疑いがあるときや自分をコントロールできない状況下では、家族への連絡は可能です。なお、受診させる主体は本来家

族であるべきですが、家族からの理解や協力が得られない場合は、本人が住む地域の保健所に相談するとよいでしょう。

## ◎精神保健福祉法による2つの入院措置

幻覚妄想状態に対する対応には、主に次のような法的措置（医療保護入院、措置入院）があります。

| 医療保護入院 | 精神保健指定医が入院の必要性があると判断したとき、本人の同意が得られなくても家族等の同意で実施できる入院 |
|---|---|
| 措置入院 | 自傷他害の疑いがある場合は、家族の同意なしに2名の精神保健指定医が必要と判断すれば、知事や市長の権限で入院できる |

＊どちらの入院も日頃のネットワーク構築が危機対応時に決め手となる

## ◎躁状態に対する対応

躁状態とは、気分障害の一つで、気分が異常なほどに高揚した状態です。躁状態では、相手かまわず批判する、暴言を吐く、ケンカする、非常識・無謀な提案や主張をする、危険な行為から事故を起こす……などのトラブルが生じることがあります。この躁状態は数週間から数カ月続きます。また気分が高揚して自信に満ち溢れているので、周囲が指摘しても行動を改めることはありません。服薬を中心とした治療が必要です。しかし、自分から受診しようとはしない場合が少なくありません。そこで「受診は本人のためでもある」と説得します。もし本人の納得が得られない場合は、家族の責任で受診させるよう計らいます。家族や親類の協力が得られない場合は、本人が居住する地域の保健所に相談します。

うつ状態と躁状態は交互に発現することがありますので、家族や主治医と連携して治療を勧められることが望ましいです。

●躁状態の主症状

| 症状 | 具体的なエピソード |
|---|---|
| 気分の高揚 | 多幸感。陽気。気持ちが高ぶる |
| 開放的 | 誰にでも見境なく話しかける |
| 自尊心の肥大 | 自分は何でもできると気が大きくなる |
| 易怒性<br>（いどせい） | ささいなことでイライラする。怒りっぽくなる |
| 睡眠欲求の減退 | 眠らなくても元気なまま過ごせる |
| 会話心迫<br>（しんぱく） | 多弁。早口で次々に話す |
| 観念奔逸<br>（ほんいつ） | 次から次へと考えが浮かんでくる。話が飛ぶ |
| 注意散漫 | 気が散って集中が困難。落ち着きがない |
| 見境のない熱中 | 仕事などにおいて過活動になる。手当たり次第電話をかける |
| 楽天的・軽率な判断 | 多額の浪費をする。逸脱した行動をとる |

## 力試し問題

### 次の文章が正しいか誤りかを答えなさい。

**1** 部下が「大きなミスをしてしまい、自分は存在する価値のない人間です。今すぐ消えてしまいたい。生きていても仕方ない」というので、産業医のもとに連れて行った。

**2** 先週、自殺未遂をし、産業医の診断のもと自宅療養をしている部下が、「大丈夫です」といって出勤したので、本人の意思を尊重し、勤務を認めた。

**3** 誰かに襲われるという妄想に取りつかれ、刃物を持っている部下であったとしても、本人の許可なく家族と連絡をとることはできない。

**4** 躁状態の主症状には、自尊心の肥大や睡眠欲求の減退がある。

**解説** ・・・・・・・・・・・・・・・・・・・・・・・・・・・・・・・・・・・・・・・・・・・・・・・・・・・・・・・・・・・・・

**1** ○

**2** × 自殺未遂の直後は、再び自殺行動をする危険性もあるので、直ちに産業医につなぐ必要がある。

**3** × 他害の危険性を持ち、幻覚妄想状態にあるので、家族への連絡は本人の了解がなくても可能。

**4** ○

## 6章 理解度チェック

1. コミュニケーションの研修では、メッセージの「送り手側のスキル」 ○
   と「受信側のスキル」の両方を学ぶ必要がある。

2. 面接の際には声のボリュームやピッチにも気を遣うが、小さいと聞き ○
   取りにくい。

3. コミュニケーションにおいては表情も大切であるため、アサーティブ ×
   な自己表現は笑顔で行うことが望ましい。

4. 従業員のストレスに気づく大事な視点である「いつもと違う」という ×
   のは、一般の基準に照らし合わせて「違い」を見つけることである。

5. 従業員のメンタルヘルス不調を早期に発見するためのスクリーニング ×
   テストを行う際は、対象者に目的を説明し同意を得る必要はない。

6. 部下が何を言おうとしているのかよくわからなかったので、問題を整 ×
   理してから再度来るように伝えた。

7. 管理監督者が従業員と行う相談では、問題解決を目的にするのではな ○
   く部下の気持ちに焦点を当て、傾聴姿勢で聴くことが求められる。

8. メンタルヘルス不調が原因で業務に支障があるときに本人が受診を拒 ×
   否する場合は、強制的に受診させることができる。

9. 幻覚妄想状態にある従業員に入院の必要性が生じたが、当人にも家族 ×
   等にも了解が得られないときは入院を断念せざるを得ない。

10. 従業員のメンタルヘルス不調にかかわる情報は、他者に伝えるときは ○
    本人の了解が必ず必要となるが、自殺の可能性が考えられる場合は例
    外である。

---

**解説>3.** アサーティブな自己表現は必ずしも笑顔である必要はない。　**4.**「いつも
と違う」というのは、従業員の個人の特徴を押さえながら、時系列的な変化をとら
えることが必要。　**5.** スクリーニングテストは、法令に基づく検査・診断にあたら
ないので、個人情報保護の観点から同意が必要。　**6.** 部下自身で自分の頭の中が整
理できない場合は、管理監督者が質問やフィードバックを行うことで、部下本人に
よる理解や整理が促進される。　**8.** 本人の同意を得て家族に連絡する。　**9.** 当人に
も家族等にも了解が得られないときは、2名の精神保健指定医の判断により知事な
どが認める措置入院が可能。

第7章

# 社内外資源との連携と
# プライバシーへの配慮

# 61. 社内資源とは

**ココが ポイント**

- 社内資源と呼ばれるものにはどんな種類が あるか？
- それぞれの資源の役割と立場を理解しよう

## ◎事業場内の産業保健スタッフと人事労務管理スタッフ

社内資源の中の産業医・保健師・衛生管理者のことを、事業場内産業保健ス タッフと呼びます。メンタルヘルス不調者の対応では、人事労務管理スタッフ （総務・人事など）や管理監督者は、事業場内産業保健スタッフとの連携や活用 が非常に重要なポイントになります。

## ●産業医

1,000人以上の労働者がいる事業場や、有害な業務に常時500人以上の労働 者を従事させる事業場では、専属産業医を選任する必要があります。50人以上 の労働者がいる事業場では嘱託の産業医が原則月に1度事業場を訪問（一定の 条件を満たしていれば2カ月に1度も可能）することになっています。産業医は 法令に基づき一定の要件を備えていることが必要で、要件を満たすために修了 する研修にはメンタルヘルスに関する項目も含まれます。

産業医は、健康診断や面接指導を行います。医療の専門家として労働者の症 状を評価（病態のアセスメント）し、健康を維持できるように配慮し助言する 立場にあります。このため労働者の健康を守るためには、労働者の意に反した 意見をすることもあります。また、休職していた労働者の復職について、主治 医と情報交換し、労働者の疾病の状況や業務遂行能力に応じ、就業上必要な 配慮や職務内容、環境改善の提案など社内制度に基づいたアドバイスを実施し ます。ほかに職場巡視も産業医の職務の一つです。2019年の労働安全衛生法 改正では、産業医の権限が次のように強化されました。

- 事業者、あるいは総括安全衛生管理者に意見を述べること
- 労働者の健康管理を実施するため、必要な情報を労働者から集めること

> ・労働者の健康確保のため、緊急の場合は労働者に必要な措置を指示すること

　また、事業者は労働者の健康管理に必要な情報を産業医に提供する必要があります。

　なお、通常は診断（病名を決めること）や治療は主治医の役割です。産業医は診断、治療は行いません。

### ●保健師・看護師

　健康保険組合や健康管理室などに所属し、保健指導、健康の相談・教育、疾病予防をすることが一般的な役割です。疾病の診断はできませんが、メンタルヘルス不調の疑いがある人の早期発見やメンタルヘルス不調者のフォローアップ、労働者や管理監督者の相談窓口、また必要に応じて産業医との面談につなげるなどの役割を果たします。健康教育には産業医と連携したメンタルヘルス教育も含まれます。

### ●衛生管理者

　メンタルヘルス対策の計画に基づいて、産業医の助言をふまえた教育研修の企画と実施、相談窓口などの体制づくり、職場環境の評価と改善を図ります。また、産業医や保健師、人事労務管理スタッフと連携してメンタルヘルス不調者を早期に発見し、素早い対応を図る役割を担っています。労働安全衛生法（12条）では、常時50人以上の労働者を使用する事業場は、その規模によって一定人数の衛生管理者の選任義務があります。なお、50人未満の比較的小規模の事業場についても、常時10人以上50人未満の労働者を使用する場合は、衛生推進者を選任します。

### ●その他の産業保健スタッフ

　公認心理師、臨床心理士、産業カウンセラー、THPの心理相談担当者も産業スタッフとなります。他の産業保健スタッフと連携したメンタルヘルス教育の企画と実施、職場環境の評価と改善、労働者や管理監督者からの相談対応・助言を行います。

## ●人事労務管理スタッフ

　メンタルヘルス対策においては、メンタルヘルス不調者への早期の気づきなど、大きな役割を担うことに自覚を持つことが非常に大切です。産業医と連携しながら、労働者の業務の軽減や時間外労働の制限、異動・配置転換など、メンタルヘルス不調者に対する人事労務管理上で適切な配慮をすることが重要です。

**重要！覚えておこう**

### 事業場内産業保健スタッフの選任義務

労働安全衛生法に基づき、事業場における労働者数に応じて次の定めがある。産業保健スタッフが医療機関と連携する際には、基本的に本人の同意を得る必要がある。

| スタッフ | 選任義務 |
|---|---|
| 産業医 | 労働者が常時50人以上いる場合は選任しなければならない<br>（常時1,000人以上の場合は専属産業医の選任が必要）<br>未選任の場合、罰則規定がある |
| 保健師・看護師 | 労働者数にかかわらず選任義務はない |
| 衛生管理者 | 労働者が常時50人以上いる場合は選任しなければならない<br>未選任の場合、罰則規定がある |
| 衛生推進者 | 常時10人以上50人未満の労働者を使用する場合は選任しなければならない |

**重要！覚えておこう**

### 産業医の役割の重要性

産業医は健康診断や面接指導を行い、労働者の健康を守る必要がある。また、職場巡視では月に1回以上は事業場に訪問することになっている。産業医は社内資源の中でも大きな役割を担うことから、2019年の改正で強化された権限についてもしっかりと確認しておきたい。

## 力試し問題

**次の文章が正しいか誤りかを答えなさい。**

**1** 労働安全衛生法に基づき、労働者が50人以上いる場合には、事業主は産業医を選任しなければならない。

**2** 衛生管理者は、事業場内でメンタルヘルスの講習会の講師として精神疾患に関する啓発・教育を行う。

**3** 人事労務管理スタッフの役割には、労働者のメンタルヘルス不調の早期発見と診断がある。

**4** メンタルヘルス不調により休職していた労働者の復職の最終的な可否判断は、産業医が実施する。

**5** 保健師は、必要に応じてメンタルヘルス不調がある人を産業医との面談につなげることができるが、疾病の診断はできない。

**解説** ••••••••••••••••••••••••••••••••••••••••••••••••••••••••••••••••••••••

**1** ○
**2** × 講師としてではなく、産業医などの助言や指導を踏まえて教育研修の企画・実施をすることが望まれる。
**3** × 診断は人事労務管理スタッフではなく、医師の役割である。
**4** × 復職の最終判断は企業側にある。産業医は就業上の配慮など意見書を提示する。
**5** ○

## ◎メンタルヘルス対策における社内資源の役割

社内資源の役割を下表にまとめました。

●社内資源の役割

| スタッフ | メンタルヘルス対策についての役割 |
|---|---|
| 産業医 | • 病気の状態の評価（病態のアセスメント）<br>• 休職者に対する復職の可否の意見<br>• ストレスチェック制度による高ストレス者の面接や指導<br>• 就業上の配慮についての提案<br>• 社内の関係各部署との連携<br>• 職場環境の改善についての提案<br>• 主治医との情報交換や連携<br>• メンタルヘルス対策の企画や教育実施、個人情報の保護 |
| 保健師・看護師 | • メンタルヘルス不調者の早期発見とフォローアップ、相談窓口<br>• 産業医、人事労務管理スタッフ、管理監督者との連携<br>• メンタルヘルス対策の企画や教育実施<br>• ストレスチェック制度の実施 |
| 衛生管理者 | • メンタルヘルス不調者の早期発見<br>• メンタルヘルス対策の実施（教育研修の企画など）<br>• 関係各部署との連携と調整<br>• メンタルヘルス不調者のプライバシーへの配慮 |
| 人事労務管理スタッフ | • メンタルヘルス不調者の早期発見<br>• 健康配慮義務を果たすための人事労務管理<br>• 人事労務施策（キャリア形成やEAP※との連携など）<br>• メンタルヘルス不調者のプライバシーへの配慮 |
| 心理職（臨床心理士・公認心理師、産業カウンセラー、キャリアコンサルタント、心理相談担当者など） | • メンタルヘルス不調者の相談窓口と早期発見<br>• 就業上の配慮の助言<br>• 産業医、人事労務管理スタッフ、管理監督者との連携<br>• メンタルヘルス対策の企画や教育実施<br>• メンタルヘルス不調者のプライバシーへの配慮 |

※EAP（Employee Assistance Program）：従業員支援プログラムの略。

## ◎メンタルヘルスの専門家 ③種

　そのほか、メンタルヘルスの専門家として、次のスタッフが社内外にいます。これらの特徴についても簡単に目を通しておきましょう。

●社内外の専門家の特徴

| スタッフ | 特徴 |
|---|---|
| 精神科医・心療内科医 | ・国が定めている規定はない<br>・それぞれ日本精神神経学会、日本心身医学会が認定 |
| 精神保健指定医 | ・国が要件を定めている<br>・精神保健福祉法による措置入院を判定する精神科医 |
| 精神保健福祉士（国家資格） | ・精神障害者などに対して相談援助を行う（ソーシャルワーカー）<br>・必要な研修を受けると、ストレスチェック制度の(共同)実施者になることができる |
| カウンセラー・産業カウンセラー・キャリアコンサルタント（国家資格） | ・産業カウンセラーは日本産業カウンセラー協会が認定<br>・悩みについてのカウンセリングを行い、問題解決のためのアドバイスをする |
| 臨床心理士 | ・臨床心理学の技術を用いて、心の問題を扱う専門家<br>・（公財）日本臨床心理士資格認定協会が認定 |
| 公認心理師（国家資格） | ・公認心理師法により、2018年から国家資格試験が実施されている<br>・一定の研修を受けた公認心理師は、ストレスチェック制度の実施者になることができる |
| 心理相談担当者 | ・研修を受けて資格を取得<br>・トータル・ヘルスプロモーション・プラン(THP)の担い手<br>・職場で産業医の指示のもと、必要な人にメンタルヘルスケアを提供する |

# 62. 社外資源とは

 **ココが
ポイント**
- 社外資源と呼ばれるものにはどんな種類が
ある？
- それぞれの資源の役割と立場を理解しよう

## ◎公共の相談機関

　厚生労働省による「労働者の心の健康の保持増進のための指針」（2006年）において、事業所はメンタルヘルスケアに関して専門的知識を持つ各種の事業場外資源を活用することが有効とされています。

### ●行政機関と保健所

　労働衛生・産業衛生の分野での行政機関として、労働基準監督署・労働局があります。この機関では、心の健康づくりとメンタルヘルス対策の基本的な情報発信や指導を行っています。

　厚生労働省が運営するホームページ「こころの耳」（http://kokoro.mhlw.go.jp/）では、労働者・家族・上司や同僚・産業保健スタッフなどの支援者を対象に、それぞれが必要なメンタルヘルスに関する情報を得ることができます。

　また、身近なところでは、都道府県や政令指定都市などに設置されている保健所、市区町村ごとに設置されている保健センターが、地域住民を対象として、相談や訪問指導などの保健活動を実施しています。

### ●「労働安全衛生」に関する公的機関

　労働安全衛生分野の公的機関には、大きく次の2つがあります。

| 中央労働災害防止協会<br>（中災防） | 労働災害防止団体法に基づいて設立された機関で、事業主が自主的に労働災害防止活動を促進し労働災害を絶滅することを目的に、情報提供・意識向上運動・コンサルティング・教育研修などを実施。メンタルヘルス対策事業では、入門的支援、現状チェック、心の健康づくり計画の支援、意識向上・方針策定、仕組みづくり、教育研修、ストレスチェックとセルフケア援助などさまざまな支援を有償で行う |
|---|---|

| 産業保健総合支援<br>センター | ・事業主などに対し、職場の健康管理の啓発を実施する産業<br>保健スタッフ（産業医・保健師・衛生管理者など）を支援<br>する機関。相談窓口には、メンタルヘルスやカウンセリン<br>グの専門家を配置しており、労働者健康安全機構によって<br>全国47都道府県に設置<br>・地域窓口（通称、地域産業保健センター）が設置され、小<br>規模事業場（50人未満の事業場）とその従業員を対象と<br>し、メンタルヘルス相談や産業保健サービスを無料で実施 |
| --- | --- |

## ●「メンタルヘルス対策」に関する公的機関

メンタルヘルス対策に関する公的機関には、大きく次の5つがあります。

| いのちを支える<br>自殺対策推進センター | 自殺対策の先進的取り組みの情報の収集や整理、提供を行う。国内の自殺総合対策において、つなぎ目の役割を持つ。地域の状況に対応した自殺対策の策定・実施、地方公共団体への助言・援助、さらには関係者への研修まで行っている |
| --- | --- |
| 精神保健福祉<br>センター | 精神保健・精神障害者福祉において、知識の普及や調査研究を実施し、また相談の窓口となる。精神保健福祉法に基づいた、精神保健福祉に関する総合的な技術センターという位置づけで、都道府県および政令指定都市に設置 |
| 勤労者メンタルヘルス<br>センター | 労災病院に設置されるメンタルヘルス専門センター。ストレス関連疾患の診療を行い、相談窓口としての機能もある。また、メンタルヘルスに関する研究や、勤労者・医療従事者などを対象とした研修なども実施 |
| 地域障害者職業<br>センター | 精神障害で休職している労働者が職場復帰をする際に必要となる、ジョブコーチの派遣やリワーク（職場復帰支援：専門スタッフによって行われる復職の訓練やグループワーク）を実施。各都道府県に設置されており、支援内容は各センターで異なる |
| こころの耳 | 厚生労働省のメンタルヘルスポータルサイト。こころの耳電話相談、こころの耳SNS相談、こころの耳メール相談を行う。こころの耳メール相談では、産業カウンセラーなどの相談員が、労働者や家族、人事労務担当者の相談窓口となっている |

## ◎民間の相談機関
### ●健康保険組合

健康保険法に基づき、保険給付のほか、健康相談や健康診査などを行います。メンタルヘルスに関して十分にトレーニングを受けたカウンセラーや臨床心理士、メンタルヘルスの知識を持つ保健師・看護師などによる面談や電話相談の実施から、事業所と協力して「セルフケア」「ラインによるケア」といった教育

を実施するところもあり、各組合によって内容はさまざまです。

## ●外部EAP機関

　EAP（Employee Assistance Program：従業員支援プログラム）は、1940年代の米国において、アルコール依存者のケアをする活動から始まったといわれています。1960年代、労働者のアルコール薬物依存によって生産性が低下し、治療費用が増大するなど企業経営上の大きな課題となりましたが、EAPサービスを提供する会社が現れると、明らかな効果が示されるようになりました。1980年代になると、このプログラムはアルコール問題以外にも身体・心理的問題、行動上の問題、家族の問題、経済的な問題なども含めて対応するように変化していきました。

### EAPの役割

　外部EAP機関は、対企業には、組織の生産性にかかわる問題を見つけて支援し、対社員には、仕事の業績（パフォーマンス）に影響を与える個人的な問題（健康、結婚・家族問題、経済、法的問題、人間関係、アルコール・ドラッグ中毒、ストレスなど）を見つけて支援します。企業がこうした外部EAP機関と契約し、メンタルヘルスに関する業務を委託することで、メンタルヘルス体制整備が可能となり、さらにより専門性の高いサービスの提供が期待できます。なお、外部EAP機関に対し、企業内に専門のスタッフを抱えて、上記と同等のサービスを行う場合、これを内部EAP機関と呼びます。内部EAP機関は「社内資源」です。

　EAPの機能には、次のものがあります。

- 組織に対する職業性ストレスの評価・コンサルテーション
- 労働者の心の健康問題に関する評価（治療は行わない）
- 管理監督者や人事労務管理スタッフへの問題対処方法やEAPの適切な利用に関するコンサルテーション
- 労働者の問題に対する適切な医療機関や相談機関への紹介とフォロー
- 短期的カウンセリング
- 健康問題を生じる可能性がある危機への介入
- 従業員やその家族、管理監督者、人事労務管理スタッフに対するメンタルヘルス教育、EAP利用方法の教育
- EAP機関と連携する事業内メンタルヘルス担当者の育成と教育

- 事業場内産業保健スタッフへのメンタルヘルス対策の教育
- EAPサービスの効果評価

## ●その他の民間相談機関

そのほかに、主に個人の相談に乗ってくれる窓口として次の2つがあります。

- いのちの電話・・・電話相談、インターネット相談（一部）などをボランティアが無料で実施。多くの都道府県に設置
- 働く人の悩みホットライン・・・一般社団法人日本産業カウンセラー協会による無料電話相談

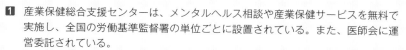

行政機関や公共機関にどんなものがあるか覚えておこう！

### 力試し問題

**次の文章が正しいか誤りかを答えなさい。**

1 産業保健総合支援センターは、メンタルヘルス相談や産業保健サービスを無料で実施し、全国の労働基準監督署の単位ごとに設置されている。また、医師会に運営委託されている。

2 精神保健福祉センターは、精神保健福祉法に基づき精神保健福祉に関する総合的な技術センターという位置づけにあり、都道府県および政令指定都市に1カ所設置されている。

3 EAPの機能と役割の中に、管理監督者や人事労務管理スタッフへの問題対処法やEAPの適切な利用に関するコンサルテーションがある。

4 EAPは、労働者の心の健康問題に対して治療行為をするところである。

5 外部EAP利用の際に従業員が感じる人事・処遇への影響懸念を、内部EAP機関を利用することで払拭できる。

### 解説 ・・・・・・・・・・・・・・・・・・・・・・・・・・・・・・・・・・・・・・・・・・・・・

1 × 地域産業保健センターの説明。
2 ○
3 ○
4 × 治療行為は行わない。
5 × 外部EAPと内部EAPが逆である。

# 63. 医療機関の種類と 選び方

頻出度
② 種 ★★★

頻出度
③ 種 ★★

ココが
ポイント

● 適切な診療科で治療を受けるために気を つけることは？
● 初めての受診を決めるタイミングとは？

## ◎症状に合った診療科

　メンタルヘルス不調の治療をするのは、「精神科」と「心療内科」です。「神経内科」という似た診療科もありますが、神経内科は脳血管障害や神経の病気、認知症を専門に扱い、メンタルヘルス不調の治療は行わないので注意が必要です。

- 心療内科（心療内科医・精神科医）：主に身体に症状・疾患が現れる心身症や、内科など他の診療科で受診しても異常が認められないが症状が改善しない場合に受診する
- 精神科：集中力の低下や不眠、無気力、倦怠感など、主に精神の症状・疾患が現れる場合に受診する。統合失調症やアルコール依存症などの場合も精神科を受診する

重要！
覚えて
おこう

### 疾患に対応する医療機関

| 科 | 内科・外科等 | 心療内科 | 精神科 | 神経内科 |
|---|---|---|---|---|
| 身体疾患 | ◎ | ○ | | |
| 心身症 | ○ | ◎ | ○ | |
| 気分障害 | | ◎ | ◎ | |
| 神経症性障害 | | ◎ | ◎ | |
| アルコール依存症 | | ○ | ◎ | |
| 統合失調症 | | | ◎ | |
| 認知症 | | | ○ | ◎ |
| 神経の病気 | | | ○ | ◎ |
| 脳血管障害 | | | | ◎ |

※◎は主に対応する疾患

うつ病は精神疾患ですが、うつ病によく現れる気分の落ち込みなどの精神症状よりも、身体症状（眠れない、頭痛がする等）を強く訴えることもあるため、心療内科でも治療されています。また、心療内科の方が精神科よりも受診の際の抵抗感が少ないなどの理由から、心療内科の看板を掲げる精神科もあるようです。

## ◎医療機関の選び方

一般的に、メンタルヘルス不調の治療はある程度の継続治療が必要になるため、就業しながら通院できる医療機関を選ぶことがポイントです。大学病院や総合病院では、曜日ごとの医師の固定や転勤なども考えられますが、クリニック（診療所）ではこのような問題はありません。

精神疾患の入院施設には「精神病床」の許可が必要なため、総合病院の精神科であれば必ず入院できるというものでもありません。そのため、精神病院（精神科専門病院）に入院するケースが多くみられます。

## ◎受診を決めるポイント

言動や行動などにおいて「普段と違う様子」に気づき、体調変化や生活における支障を確認した場合、特に憂うつな気分や不眠などが週単位で続くようなら、受診の必要性を検討します。

精神疾患は、症状が重くなるほど自身の病気についての病識が薄れ、受診に対する抵抗感も高くなる傾向にあるため、早期対応が鍵となります。

### 力試し問題

仮面うつ病は、精神の症状より身体症状が前面に出るうつ病！

#### 次の文章が正しいか誤りかを答えなさい。

1　うつ病は、心療内科、精神科、神経内科で治療できる。

2　精神疾患の治療は2〜3回程度の受診で回復する。

3　精神疾患は、症状が重い方が治療に対する意識が高くなる。

4　「精神病床」の許可を得ていない総合病院の精神科もあるため、精神疾患での入院先の多くは精神病院（精神科専門病院）になる。

#### 解説 ••••••••••••••••••••••••••••••••••••••••••••••••••••••••

1×　「神経内科」は脳血管障害や神経の病気、認知症を専門に扱いメンタルヘルス不調の治療は行わない。　2×　精神疾患は一般的にある程度継続した治療が必要となる。　3×　症状は重いほど病識が薄れ受診への抵抗感は高くなるため、早めの対応が必要。　4○

- 一般的なうつ病の治療方法は？
- 休養・薬物療法・心理療法と精神療法の違いは？

## ◎治療の流れ

「適切な治療をすることで、病気は回復する」ということを理解し、治療への意欲が高くなるように、次のような説明を受けることから始まります。

- 病気を診断するための検査や診察（血液検査や他の科での受診・心理テスト・過去の病歴や成育歴などのヒアリング）
- 病気の説明
- 選択できる治療方針と方法（薬の副作用など、望ましくない効果の説明など）
- 患者・家族・周囲が守ることの説明
- 一般的な治療の経過や今後の見通しについての説明

## ◎休養

うつ病をはじめとするメンタルヘルス不調の治療の中で、一番大切なことは休養です。症状の程度によって異なりますが、休職が必要になる期間も、数日間から数カ月とさまざまです。

責任感が強くまじめなあまりに、長期間休むことで周囲に迷惑をかけてしまう罪悪感や、職場を離れる不安が休養の妨げになることもあります。管理監督者は、このような部下の不安感を取り除き、安心して治療に専念できるように職場内の調整（業務量の減少や引継ぎなど）が必要となります。

## ◎薬物療法

うつ病や不安障害は、脳が生理学的・機能的に不全の状態という病気です。治療には、脳内の神経伝達物質の働きを回復させる薬が必要で、抗うつ薬、抗不安薬、睡眠薬、抗精神病薬が使用されます。

●薬物療法に使われる薬剤

| 薬剤の種類 | | 薬の特徴 |
|---|---|---|
| 抗うつ薬<br>（脳内の神経伝達物質の働きを回復させる作用を持つ） | 三環系抗うつ薬<br>四環系抗うつ薬 | • 副作用がある（眠気、眼のかすみ、口の渇き、動悸、便秘、排尿困難、立ちくらみなど）<br>• 四環系よりも三環系の方が副作用が強い |
| | SSRI | • 副作用が少なく使いやすい<br>• 吐き気など消化器に症状が出ることがある |
| | SNRI | • 軽度・中程度のうつ病の第1選択剤とされている<br>• SSRIは一部の薬と併用ができない |
| | NaSSA | • 副作用が少なく使いやすい<br>• 抗うつ作用が強い<br>• 眠けや体重増加の副作用が出ることがある<br>• 軽度・中程度のうつ病の第1選択剤とされている |
| | スルピリド | • 少量では潰瘍の治療薬に使用される<br>• 大量では統合失調症の治療薬に使用される |
| 気分安定剤 | リチウム<br>抗てんかん剤<br>非定型抗精神薬 | • 気分の波を抑え、安定させる<br>• 双極性障害（うつと躁状態を繰り返す）や、抗うつ剤だけでは効かないうつ病に使用される |
| 抗不安薬 | | • 抗うつ剤の効果が出てくるまでの期間に抗うつ剤と併せて使用される（うつ病で不安が強い場合）<br>• SSRIなどの投薬初期にみられる不安・焦燥感に対しても使用される |
| 睡眠剤 | | 睡眠障害（中途覚醒・早期覚醒）を改善し、生活リズムを整え、休養をとるために使用される |
| 抗精神病薬 | | • 精神症状（幻覚・妄想）を伴ううつ病や、不安や焦燥感が前面に出て落ち着きなく動き回るうつ病に使用される<br>• 一般的には統合失調症に使用 |

　抗うつ薬は、他の疾患の治療に比べて効果が出るまでに時間が必要となることから、効果が出る前に副作用が出現することがあります。まず、2〜4週間継続して経過をみて、効果があれば継続、なければさらに増量して2〜4週間経過をみます。それでも効果がみられない場合には薬剤を変更してまた経過をみます。抗うつ薬は、うつ病以外にも、パニック障害、強迫性障害、心的外傷後ストレス障害（PTSD）、摂食障害など他の疾患にも使用されます。さらに、症状が改善されても再発を防ぐために、半年、1年といった長期的な服薬が必要とされています。なお、服薬中は飲酒を避ける必要があります。

## ◎心理療法・精神療法

　うつ病には、認知行動療法が用いられます。認知行動療法とは、うつ病の人にみられる考え方と受け止め方の特徴を「認知のゆがみ」ととらえて、そのゆがみを元に戻していくといった認知再構成法を用いた治療方法です。また、問題を解決するスキルを身につけていく問題解決技法も用いられます。問題を明確にして具体的な解決策をたくさん考え、最も効果的で実行可能なものに取り組み、うまく解決できなければ問題の明確化からやり直します。うまく解決できると、認知も変わっていきます。ただし、うつ病の状態によっては自分の性格や問題について深く考えることを避けた方がよい場合もあり、この治療を行うかどうかは主治医が判断します。このような心理療法だけでうつ病を治療することはできませんが、治療開始当初は、治療を継続できるように不安感などを受け止めるなど支持的な援助を行い、その後、休養や薬で症状が落ち着いてから、うつ病の精神療法を行っていきます。

　うつ病にみられる考え方と受け止め方の特徴とは次のとおりです。

---

- 全か無かの思考
- 破局的なものの見方
- 過度の一般化（個人の経験を一般的なものと置き換えること）
- ポジティブ面の否認
- ○○○すべきという思考

---

**重要！覚えておこう**

**うつ病の治療としての心理療法・精神療法**

心理療法・精神療法は、うつ病の患者に対して、聴く・話す・治療する人との人間関係などを通して心にアプローチ（心理的援助）することで不調を改善していく療法である。心理的な治療だけではうつ病の治療はできない。ほかに精神分析、自律訓練法、交流分析、家族療法などさまざまな治療法がある。

## ◎その他の治療法

　休養・薬物療法・心理療法と精神療法が治療の中心ですが、うつ病では電撃療法（電気けいれん療法）、磁器刺激治療、高照度光療法、断眠療法といった治療法が病態にあわせて利用されることがあります。

## ◎入院治療

　うつ病などの治療において、次のようなケースのときに、入院が必要とされています。

---

- 自殺をする危険性が高い
- 焦燥感が強くて気持ちが不安定
- 重度のうつ病で身体的管理が必要
- 社会的な信頼を失う恐れがある
- 一人暮らしで生活リズムを保つことが困難であり、服薬が守れない
- 飲酒行動に問題がある
- 「家庭の状況により在宅では休養にならない」「家にいると仕事が気になる」など、気持ちの切り替えが難しい

---

## 力試し問題

うつ病と決めつけず、別の疑わしい病気でないことを確認することも大事だよ！

### 次の文章が正しいか誤りかを答えなさい。

**1** SSRI、SNRI、NaSSAは、抗うつ薬の中でも比較的副作用が多いとされている。

**2** うつ病は睡眠障害を伴うことが多く、症状が軽くなると睡眠薬を使用することはない。

**3** 抗精神病薬は、一般的には統合失調症に使用されるが、精神症状（幻覚・妄想）を伴ううつ病や、不安や焦燥感が前面に出て落ち着きなく動き回るうつ病にも使用される。

**4** うつ病の治療の中でも一番大切なことは休養である。休養が取れれば抗うつ薬は必要ない。

**5** 家庭の事情で、在宅では休養が取れない状況では、入院治療が有効な場合がある。

**6** 症状改善後は再発を防ぐために、半年、1年といった長期的な服薬が必要とされている。

**7** 抗うつ薬は、脳内の神経伝達物質の働きを回復させる作用を持ち、いろいろな種類があるが、三環系よりも四環系の方が副作用（眠気・眼のかすみ、口の渇き、動悸、便秘、排尿困難・立ちくらみなど）が強い。

### 解説 ・・・・・・・・・・・・・・・・・・・・・・・・・・・・・・・・・・・・・・・・・・・・・・・

**1** ×　比較的副作用が少ないとされている。　**2** ×　生活リズムを整えるために睡眠薬を使用することがある。　**3** ○　**4** ×　休養のほか、薬物療法・心理療法・精神療法を適切に併用することで治療効果が高まる。　**5** ○　**6** ○　**7** ×　三環系の方が副作用が強い。

# 65. 社外資源との連携の 必要性と方法

頻出度
★★★

ココが
ポイント

● 社外資源との連携が必要かどうかの
　判断方法は？
● 具体的な連携方法について理解しよう

## ◎連携のポイント

　外部機関との連携で一番のポイントは、社内での連携体制を整え、外部の専門機関との連携を担当する窓口を一本化してそれを明確化しておくことです。その際、誰が窓口になるのか、事業場内メンタルヘルス推進担当者（メンタルヘルス指針にて選任する努力義務が既定）などを決めておきます。また、従業員への対応統一のためにも、得た情報は文書として保管することが大切です。その際、プライバシー保護の観点からも情報の取り扱いルールを定めておく必要があります。

## ◎メンタルヘルス関連の情報収集と教育

　社外資源との連携には、情報の取得が重要です。メンタルヘルス関連の情報は、次のような機関が発行するリーフレットやホームページより収集することができます。また、収集した情報を共有する仕組みが必須です。

**メンタルヘルスおよび安全衛生に関する情報**

- 労働基準監督署
- 中央労働災害防止協会（中災防）
- 産業保健総合支援センター
- 労働基準協会

**メンタルヘルス専門医療機関の情報**

- 保健所
- 保健センター
- 精神保健福祉センター

　メンタルヘルス教育は、さまざまなところで受講することができます。しかし、職場研修などで得た知識を実践につなげるためには、外部資源との連携を視野に入れて考えることが大切です。また、メンタルヘルス教育を継続的に実施することで社内のメンタルヘルスに対する意識は向上します。連携先と継続的なメンタルヘルスケアができるような調整や教育計画も必要です。

## ◎メンタルヘルス不調の早期発見

中央労働災害防止協会では、「職業性ストレス簡易調査票」を使った、職場の
ストレスチェックを行っています。こうしたツールを使って職場環境を評価
し、結果に問題があるようなら、早期に対策を図るとよいでしょう。

また管理監督者の役割は、部下の「普段と違う様子」に気づいたときに、な
るべく早く産業保健スタッフをはじめとする専門機関につなげることです。産
業保健スタッフなど相談窓口がない場合には、部下との面談において精神科や
心療内科の受診を勧めることが必要になることもあります。特に一人暮らしや
単身赴任中で家族からの情報が得られない場合には、同僚など周囲の情報が的
確な診断に役立つこともあり、実際の受診の際に上司が同行することもあります。

## ◎治療経過での連携

医師には守秘義務がありますので、患者本人の同意なしには受診の有無でさ
え他者に伝えることはありません。一方、会社における疾病や休業に関する制
度、休職時の待遇や可能な配慮、実際の業務内容など、どこまでが主治医に伝
わっているかわかりません。労働者本人の同意を得たうえで、できれば本人を
交えて主治医に直接会い、的確な情報提供と業務上の配慮の相談をすること
が、適切な治療と病気改善さらには再発防止に役立つと考えられます。

> 職業性ストレス簡易調査票の実施機関は、
> 中央労働災害防止協会！

### 力試し問題

**次の文章が正しいか誤りかを答えなさい。**

**1** 外部資源との連携で一番のポイントは、外部の専門機関と連携する担当者を決め
て窓口を一本化することである。また、情報は文書化して保管する。

**2** 従業員の主治医から情報を得る際には、管理監督者が直接主治医に連絡を取って
もかまわない。

**3** 管理監督者は、メンタルヘルス不調の部下との面談において産業保健スタッフな
どの相談窓口がない場合には、医療機関の受診を勧めることが必要になる。

**4** 事業場外資源との連携は、事業場内にメンタルヘルス不調者が出た場合や、事業
場内でメンタルヘルス対策を講じる際に必要となる。特に事業場内に産業保健ス
タッフやメンタルヘルスを専門とする担当者がいない場合は、重要である。

### 解説 ••••••••••••••••••••••••••••••••••••••••••••••••••••••••••••••••••
**1**○ **2**× 主治医から情報を得る際は、従業員の同意が必要。さらには本人同席の
もとで情報を得ることが望ましい。 **3**○ **4**○

## 7章　理解度チェック

1. 衛生管理者、産業医、保健師は、常時50人以上の労働者を使用する事業場では選任しなければならない。　✕

2. 産業医、保健師、衛生管理者を「事業場内産業保健スタッフ」と呼び、心の健康づくり専門スタッフおよび人事労務管理スタッフを含めると「事業場内産業保健スタッフ等」という。　○

3. 相談できる機関には行政機関と公的機関があるが、中央労働災害防止協会（中災防）はメンタルヘルス対策の役割を担った行政機関として事業場のメンタルヘルス関連のさまざまな支援を実施している。　✕

4. 民間の相談機関には、健康保険組合、労働組合、外部EAP機関、いのちの電話、働く人の悩みホットラインなどがある。　○

5. 統合失調症は、主に神経内科が対応する。　✕

6. 神経の症状や脳血管障害は、主に心療内科が対応する。　✕

7. うつ病の治療方法では、薬物療法と心理療法、精神療法などを用いるが、ほとんどが入院治療となる。　✕

8. 社外資源との連携について、主治医と連携する場合には基本的に本人の同意が必要である。　○

9. 社外資源と連携する際には、なるべく多く広く誰でも窓口になれるような体制に教育することが望ましい。　✕

10. 軽症や中程度のうつ病の治療薬として、副作用が少なく使いやすいのはSSRI・SNRI・NaSSAとされている。　○

11. 抗うつ薬は、うつ病患者のみに使用される。　✕

12. 外部EAP機関と契約し、メンタルヘルスに関する業務を委託することで、企業内部のメンタルヘルス体制整備が可能となり、さらにより専門性の高いサービス提供が期待できる。　○

**解説>1.** 保健師の選任義務はない。　**3.** 中央労働災害防止協会（中災防）は行政機関ではなく、公的機関である。　**5.** 神経内科ではなく、精神科が対応する。　**6.** 心療内科ではなく、神経内科が対応する。　**7.** 入院治療は自殺の危険性が高い場合や重度のうつ病で身体的な管理が必要な場合などに限られる。　**9.** 事業場内での連携体制を確立し、社外資源との連携窓口は一本化する方がよい。　**11.** パニック障害やPTSDなど他の疾病にも使用される。

第**8**章
# 職場復帰支援の方法

# 66. 心の健康問題で休職した 従業員への復職支援

2種
頻出度
★★★

ココが
ポイント

● 職場復帰における管理監督者の役割は？
● 職場復帰支援の基本的な流れを把握しよう
● 「職場復帰支援の手引き」5つのステップとは？

## ◎職場復帰支援の基本的な考え方

メンタルヘルス不調などで休職していた従業員の完全な職場復帰は簡単ではありません。復職する際のキーポイントは、次の3点です。

### ①管理監督者の役割

まず、管理監督者による理解と支援が大きなポイントです。管理監督者のサポートは、復職時に従業員が必ず抱く不安感の軽減や治療に及ぼす好影響につながり、その結果、スムーズな職場復帰が期待できるからです。また、職場における復職後のケアは、再発防止に役立ちます。

### ②職場復帰支援プログラム

職場復帰支援プログラムは、心の健康問題で休業している従業員のために、休業の開始から通常業務への復帰までの流れを事前に明確にしておき、職場へのスムーズな復帰と業務の継続を支援するプログラムです。

事業場において、こうした職場復帰支援に関するプログラムや規則を作成し、従業員にはこれらの体制や規則が完備されていることを周知することが必要です。また管理監督者はプログラムや規則に沿って、公平な態度で行動しなければなりません。

### ③専門スタッフとの連携

管理監督者は、人事労務管理担当スタッフや産業保健スタッフと連携した支援が大切となります。これが復職しようとする従業員の心理的支援や職場環境の改善につながっていきます。

## ◎職場復帰支援の流れ「5つのステップ」とは？

　職場復帰支援に関するルールづくりの手引きとして、厚生労働省より発表された「心の健康問題により休業した労働者の職場復帰支援の手引き」があります。これを参考に、各事業場に見合った職場復帰プログラムやルールを策定するように求められています。具体的な職場復帰支援は、5つのステップ（次ページ参照）から成り立っています。この5つのステップは、都合に合わせて再構成して利用することもできます。

| 重要！ 覚えて おこう |
|---|

### 5つのステップ

「心の健康問題により休業した労働者の職場復帰支援の手引き」は、2004年10月厚生労働省より、事業者が利用するために作成され発表されたものであるが、2009年3月と2012年7月に改訂された。一般的には「職場復帰支援の手引き」と呼ぶ。この手引きに掲載されている職場復帰支援の流れ「5つのステップ」については、各ステップの内容を覚えておこう。

こうしたプログラムがあると、働く人の支えになるし、安心感もあるね

### 力試し問題

**次の文章が正しいか誤りかを答えなさい。**

1　事業場では、職場復帰支援のためのプログラムと運用に関するルールが必要であり、管理監督者はこれらに沿って公平な態度で行動する。

2　管理監督者のサポートは、従業員の不安の軽減や治療への好影響につながり、その結果早い職場復帰が期待される。復職後にも継続することで再発予防にもつながる。

3　復職支援において、管理監督者は常に従業員の症状を確認し、主治医と連携を取りながら職場において治療の一環を担うことが望ましい。

4　管理監督者は、人事労務管理担当スタッフ、産業保健スタッフなど専門スタッフと連携した支援が大切である。また、それが心理的支援や職場環境の改善につながる。

### 解説

1 ○

2 ○

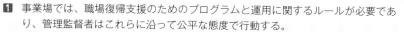

3 ×　管理監督者は、職場における従業員の状態を主治医に伝えることはできても治療はできない。また、主治医と連絡を取る必要がある場合は、本人の了解を得たうえで、産業医など産業保健スタッフを中心にして行う。

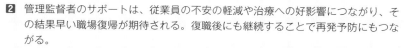

4 ○

## ●職場復帰支援の流れ「5つのステップ」

### 第1ステップ　病気休業開始および休業中のケア

ア　病気休業開始時の労働者からの診断書（病気休業診断書）の提出
イ　管理監督者によるケアおよび事業場内産業保健スタッフ等によるケア
ウ　病気休業期間中の労働者の安心感の醸成のための対応
エ　その他

### 第2ステップ　主治医による職場復帰可能の判断

ア　労働者からの職場復帰の意思表示と職場復帰可能の診断書の提出
イ　産業医等による精査
ウ　主治医への情報提供

### 第3ステップ　職場復帰の可否の判断および職場復帰支援プランの作成

ア　情報の収集と評価
　　（ア）労働者の職場復帰に対する意思の確認
　　（イ）産業医等による主治医からの意見収集
　　（ウ）労働者の状態等の評価
　　（エ）職場環境等の評価
　　（オ）その他
イ　職場復帰の可否についての判断
ウ　職場復帰支援プランの作成
　　（ア）職場復帰日
　　（イ）管理監督者による就業上の配慮
　　（ウ）人事労務管理上の対応
　　（エ）産業医などによる医学的見地から見た意見
　　（オ）フォローアップ
　　（カ）その他

**第4ステップ**　最終的な職場復帰の決定

ア　労働者の状態の最終確認

イ　就業上の配慮等に関する意見書の作成

ウ　事業者による最終的な職場復帰の決定

エ　その他

職場復帰

**第5ステップ**　職場復帰後のフォローアップ

ア　疾患の再燃・再発、新しい問題の発生等の有無の確認

イ　勤務状況及び業務遂行能力の評価

ウ　職場復帰支援プランの実施状況の確認

エ　治療状況の確認

オ　職場復帰支援プランの評価と見直し

カ　職場環境の改善など

キ　管理監督者、同僚等への配慮等

出典：厚生労働省「心の健康問題により休業した労働者の職場復帰支援の手引き」（著者改変）

### 力試し問題

**厚生労働省「心の健康問題により休業した労働者の職場復帰支援の手引き」に関する次の文章が正しいか誤りかを答えなさい。**

**1**　「職場復帰支援プランの作成」は、第3ステップに含まれる。

**2**　「就業上の配慮等に関する意見書の作成」は、第3ステップに含まれる。

**3**　「家庭での状態の確認」は、職場復帰後のフォローアップに含まれる。

#### 解説 ●●●●●●●●●●●●●●●●●●●●●●●●●●●●●●●●●●●●●●●●●●●●●●

**1**○　**2**×　第3ステップではなく、第4ステップに含まれる。　**3**×　第5ステップ「職場復帰後のフォローアップ」には含まれていない。

# 67. 管理監督者としての復職支援のポイント

**ココが
ポイント**

- 職場復帰支援の5つのステップについて、管理監督者として必要なことは？
- 復職可否の判断はどのように行う？
- 各ステップのポイントを押さえよう

## ◎＜第1ステップ＞　病気休業開始および休業中のケア

　職場復帰支援は、復職可能の診断書が主治医から出される前から始めます。具体的には休業が必要だと判断されたときから開始するものです。

　管理監督者は、従業員が休業中に安心して療養に専念できるように、必要な情報（職場の状況・職場復帰支援の仕組み・傷病手当金制度など）を伝えます。また休業中の従業員への連絡については、頻繁に連絡を取ったり、逆に全く取らなかったりするのではなく、症状や状況に合わせて行うようにします。

　さらに管理監督者は、従業員の休業中に産業保健スタッフを中心に連携を取り、必要に応じて従業員の了解を得たうえで、主治医との連携によるケアも考慮します。なお、休業中の関係者間の連携や主治医との連絡などは、人事労務担当者とともに職場復帰支援に関するルールとして事前に決めておく必要があります。主治医には、勤務に関する制度や職場で必要な業務遂行能力の内容について事前に情報提供することで円滑な職場復帰につながります。

## ◎＜第2ステップ＞　主治医による職場復帰可能の判断

　従業員は、症状が改善すると職場復帰の希望を管理監督者に伝えます。その際、管理監督者は、従業員に主治医の診断書（復職診断書）を提出するように伝えます。

　事業場で準備した「復職診断書フォーム」を使用する場合には、記載内容やプライバシーについて十分な検討を実施し、従業員の同意を得たうえで使用しなければなりません。産業医が選任されていない事業場では、就業上の配慮など主治医の意見を求める方法として、フォームを活用するとよいでしょう。

## ◎＜第3ステップ＞　職場復帰の可否の判断および職場復帰支援プランの作成

### ●情報収集・評価と職場復帰の可否判断

　主治医は、主に症状の評価から職場復帰を判断しますが、実際の職場においては、業務遂行能力や職場環境への適応能力について十分に考慮したうえで職場復帰を判定することが大切です。すなわち、「従業員の病状の評価」や「職場環境の評価」などで判断します。この評価は、厚生労働省が公開している「心の健康問題により休業した労働者の職場復帰支援の手引き」の「情報の収集と評価」（次ページ参照）を参考にするとよいでしょう。

　評価の際には、従業員本人・管理監督者・人事労務管理スタッフ・産業保健スタッフなど、関係者全員の情報交換と連携が必須となります。具体的には、従業員の職場復帰に対する明確な意思や、主治医による就業上の配慮の意見、家族からの情報、職場環境の情報などを共有します。

　また、外部資源によるリワーク・プログラム※を利用したり、復職前に規則正しいプログラム（連日図書館などに通って自習するなど）を実施したりしてもよいでしょう。精神的・身体的な力や規則正しい睡眠覚醒リズムが回復していることを確認し、従業員の状態を評価している事業場もあります。なお、リワーク・プログラムを導入する際には、人事労務管理上の位置づけ等について事業場でルールを定義しておくことが重要です。管理監督者は、職場環境についての情報を収集し、職場側で可能な受け入れ準備を検討する必要があります。

　職場復帰の可否判断は、主治医の判断や管理監督者等の意見を考慮しながら、事業場内産業保健スタッフ等が中心になって行います。

※職場復帰のために、地域障害者職業センターや一部の精神科医療機関で実施。症状の自己管理、自己洞察、コミュニケーション、集中力、モチベーション、感情表現、リラクセーション、基礎体力などのプログラムを組み合わせて行う

### ●職場復帰支援プランの作成

　職場復帰が可能と判断されたら、職場復帰支援のための具体的なプランを作成します。プランは回復の過程に応じて複数の段階を設定しますが、それぞれ内容や期間の設定、また担当者の役割を明確にしておくことが大切です。

　管理監督者は、業務上の配慮や配置転換・人事異動などの対応を産業保健スタッフの意見を参考に具体化しておく必要があります。職場復帰後の再発を防ぐためにもフォローアップのタイミングも明確にしておきます。

## ●職場復帰の可否を判断するうえで必要な「情報の収集と評価」

　職場復帰の可否については、労働者及び関係者から必要な情報を適切に収集し、様々な視点から評価を行いながら総合的に判断することが大切である。家族を含めた第三者からの個人情報の収集については、労働者のプライバシーに十分配慮することが重要なポイントとなる。情報の収集と評価の具体的内容を以下に示す。

　なお、事業場外の職場復帰支援サービスや医療リハビリテーション等を利用している場合には、その状況等も有効な情報である。

### （ア）労働者の職場復帰に対する意思の確認

　　a　労働者の職場復帰の意思及び就業意欲の確認
　　b　職場復帰支援プログラムについての説明と同意

### （イ）産業医等による主治医からの意見収集

　診断書に記載されている内容だけでは十分な職場復帰支援を行うのが困難な場合、産業医等は労働者の同意を得た上で、下記（ウ）のa及びbの判断を行うに当たって必要な内容について主治医からの情報や意見を積極的に収集する。この際には、「職場復帰支援に関する情報提供依頼書」（様式例1）等を用いるなどして、労働者のプライバシーに十分配慮しながら情報交換を行うことが重要である。

### （ウ）労働者の状態等の評価

　　a　治療状況及び病状の回復状況の確認
　　　（a）今後の通院治療の必要性及び治療状況についての概要の確認
　　　（b）業務遂行（自ら自動車等を運転しての通勤を含む。）に影響を及ぼす症状や薬の副作用の有無
　　　（c）休業中の生活状況
　　　（d）その他職場復帰に関して考慮すべき問題点など
　　b　業務遂行能力についての評価
　　　（a）適切な睡眠覚醒リズムの有無
　　　（b）昼間の眠気の有無（投薬によるものを含む。）
　　　（c）注意力・集中力の程度

（d）安全な通勤の可否

（e）日常生活における業務と類似した行為の遂行状況と、それによる疲労の回復具合（読書やコンピュータ操作が一定の時間集中してできること、軽度の運動ができること等）

（f）その他家事・育児、趣味活動等の実施状況など

c　今後の就業に関する労働者の考え

（a）希望する復帰先

（b）希望する就業上の配慮の内容や期間

（c）その他管理監督者、人事労務管理スタッフ、事業場内産業保健スタッフに対する意見や希望（職場の問題点の改善や勤務体制の変更、健康管理上の支援方法など）

d　家族からの情報

可能であれば、必要に応じて家庭での状態（病状の改善の程度、食事・睡眠・飲酒等の生活習慣など）についての情報

## （エ）職場環境等の評価

a　業務及び職場との適合性

（a）業務と労働者の能力及び意欲・関心との適合性

（b）職場の同僚や管理監督者との人間関係など

b　作業管理や作業環境管理に関する評価

（a）業務量（作業時間、作業密度など）や質（要求度、困難度など）等の作業管理の状況

（b）作業環境の維持・管理の状況

（c）業務量の時期的な変動や、不測の事態に対する対応の状況

（d）職場復帰時に求められる業務遂行能力の程度（自動車の運転等危険を伴う業務の場合は投薬等による影響にも留意する。）

c　職場側による支援準備状況

（a）復帰者を支える職場の雰囲気やメンタルヘルスに関する理解の程度

（b）実施可能な就業上の配慮（業務内容や業務量の変更、就業制限等）

（c）実施可能な人事労務管理上の配慮（配置転換・異動、勤務制度の変更等）

**（オ）その他**

その他、職場復帰支援に当たって必要と思われる事項について検討する。また、治療に関する問題点や、本人の行動特性、家族の支援状況など職場復帰の阻害要因となりうる問題点についても整理し、その支援策について検討する。

出典：厚生労働省「心の健康問題により休業した労働者の職場復帰支援の手引き」（2012年7月）

## ◎＜第4ステップ＞　最終的な職場復帰の決定

職場復帰可能の判断・職場復帰支援プランでまとめられた内容は、正式な文書（事業場で作成したフォームや産業医による意見書など）としてまとめます。ただし、職場復帰支援プランの各段階においては状況の変化に応じて適宜変更します。最終的な職場復帰の決定は事業者が行います。

リワーク・プログラムの活用など就業上の配慮については、それぞれの企業によって異なるため、従業員を通して主治医に伝えるようにしておくといいでしょう。

## ◎＜第5ステップ＞　職場復帰後のフォローアップ

メンタルヘルス不調者の中には、残念ながらどうしても再発を防げないこともあります。このため、職場復帰支援では復職後のフォローアップは非常に重要な位置づけとなります。

管理監督者は、従業員の様子をしっかりと把握しましょう。たとえば、業務遂行能力や勤務状況、業務が治療（受診）の妨げになっていないか、ほかに症状の再燃の有無、産業医の意見書による就業上の配慮の履行状況などについても確認します。

職場復帰後に何かしらの問題が生じた場合には、できる限り早期に関係者間で対応することが必要です。

## ●職場復帰支援の流れ

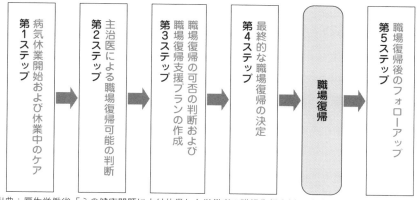

| 第1ステップ 病気休業開始および休業中のケア | 第2ステップ 主治医による職場復帰可能の判断 | 第3ステップ 職場復帰の可否の判断および職場復帰支援プランの作成 | 第4ステップ 最終的な職場復帰の決定 | 職場復帰 | 第5ステップ 職場復帰後のフォローアップ |

出典：厚生労働省「心の健康問題により休業した労働者の職場復帰支援の手引き」（著者改変）

### 力試し問題

**次の文章が正しいか誤りかを答えなさい。**

1. 第1ステップ「病気休業開始および休業中のケア」について、職場復帰支援は、復職可能の診断書が主治医から出されてから始める。具体的には主治医より復職可能と判断されたときから開始するものである。

2. 第2ステップ「主治医による職場復帰可能の判断」について、事業場で準備した復職診断書フォームを使用する場合には、記載内容やプライバシーについて十分な検討を実施し、労働者の同意を得たうえで使用しなければならない。

3. 第3ステップ「職場復帰の可否の判断および職場復帰支援プランの作成」について、職場復帰の可否判断では、主治医は主に症状の評価から職場復帰可否を判断するが、実際の職場における業務遂行能力や職場環境への適応能力について十分に考慮したうえでの職場復帰の判定が大切である。

4. 第4ステップ「最終的な職場復帰の決定」について、就業上の配慮に関する情報は労働者より主治医に伝わるようにする。

5. 第5ステップ「職場復帰後のフォローアップ」について、職場復帰後に何かしらの問題が生じた場合には、管理監督者の判断で、できる限り早期に中断することが望ましい。

### 解説 ・・・・・・・・・・・・・・・・・・・・・・・・・・・・・・・・・・・・・・・・・・・・・・・・・

1 × 職場復帰支援は復職可能の診断書が主治医から出される前、休業の必要性があると判断されたときより始める。

2 ○　3 ○　4 ○

5 × 管理監督者だけの判断で即座に中断するのではなく、産業保健スタッフ等の関係者間で対応する。管理監督者は、日々労働者の様子をしっかりチェックする必要がある。

# 68. プライバシー保護と 職場復帰支援の注意点

**ココが ポイント**
- 情報管理の取り扱いルールやプライバシー 保護の重要性とは？
- 労働者のプライバシーに深くかかわる 個人情報の取り扱いは？

## ◎プライバシーの保護

　職場復帰支援に必要な情報を取り扱う際には、その目的を、復職のための支援と事業場の安全配慮義務の履行に限定する必要があります。そこでプライバシーにかかわる情報管理については、事業場で取り扱いのルールや情報収集・利用の目的などを事前に定めておくことが重要です。

　従業員のプライバシーに深くかかわる個人情報は、原則として常に本人の同意を得たうえで取り扱う配慮が必要です。そして、復職についての従業員の情報はほとんどこれにあたります。

　不安感が大きい労働者が不利な立場に置かれないように、特に職場復帰における同意については、管理監督者の十分な配慮が必要となってきます。

　従業員の健康に関する情報の集約と調整は、産業医が実施すると安心ですが、産業医が選任されていない事業場では健康情報の取り扱いの厳密なルールが必要不可欠です。

## ◎職場復帰しようとする労働者への心理的支援

　メンタルヘルス不調によって休業する労働者の多くは、自分が働くことについて自信を失っていることが少なくありません。そのような労働者に対して、周囲は自然に接し、必要に応じて声をかけてあげましょう。

　特に管理監督者は、労働者に不安や心配などの相談窓口となることを伝え、十分なコミュニケーションを継続的に図る必要があります。

## ◎中小規模事業場における外部機関との連携

　中小規模事業場などについては、産業保健スタッフなどの必要な人材確保ができていないことも考えられます。その場合、管理監督者は人事労務管理スタッフや衛生管理者、衛生推進者と連携を図りながら、事業場外資源のサポート（産業保健総合支援センター・地域産業保健センター・中央労働災害防止協会・労災病院・勤労者メンタルヘルスセンター・精神保健福祉センター・保健所・地域障害者職業センターなど）を有効活用するとよいでしょう。

　復職のためのリハビリテーションプログラムを実施する施設（医療機関・精神保健福祉センター・外部EAP機関など）も増えています。

．．．．．．．．．．．．．．．．．．．．．．．．．．．．．．．．．．．．．．．．．．

**重要！覚えておこう**　**情報の取り扱い**

職場復帰支援に必要な個人情報を取り扱う際には、その目的を、復職のための支援と事業場の安全配慮義務の履行に限定すること。特に、健康情報の管理は産業医が行い、産業医が選任されていない事業場では健康情報の取り扱いの厳密なルールが不可欠である。

．．．．．．．．．．．．．．．．．．．．．．．．．．．．．．．．．．．．．．．．．．

### 力試し問題

**次の文章が正しいか誤りかを答えなさい。**

**1**　個人情報は労働者のプライバシーに深くかかわるものであり、原則として常に本人の同意を得たうえで取り扱う配慮が必要である。

**2**　復職しようとする労働者の休業中の情報は、復職に際して必要なものであるので職場内においてオープンにするべきである。

**3**　管理監督者は、職場復帰における同意について労働者が不利な立場に置かれないよう十分に配慮しつつ、さらに労働者の不安や心配事などの相談窓口となるなど十分なコミュニケーションを図る必要がある。

**4**　メンタルヘルス不調によって休業する労働者に対して、周囲は自然に接し必要に応じて声をかけてあげるとよい。

### 解説 ．．．．．．．．．．．．．．．．．．．．．．．．．．．．．．．．．．．．．．．

**1** ○
**2** ×　休職者の情報のほとんどはプライバシーに深くかかわる個人情報として情報管理の取り扱いルールに沿って大切に扱わなければならない。よって、職場内において安易にオープンにするべきものではない。
**3** ○
**4** ○

# 69. 治療と仕事の両立を 支援するためには

2種
頻出度
★★

**ココが ポイント**
- 病気の治療と仕事を両立するための ガイドラインの内容は？
- 病気の治療と仕事を両立するために 留意すべきこととは？

## ◎両立支援のガイドライン

　がんや脳卒中をはじめとした疾患を抱えながらも、働く意欲や能力のある労働者が、仕事を理由に治療の機会を逃すことなく、かつ治療を理由に就業の継続を妨げられることなく、適切な治療を受けながらいきいきと働くことができるような取り組みとして「治療と職業生活の両立」の重要性が指摘されています。施策の推進にあたり、厚生労働省からは「事業場における治療と仕事の両立支援のためのガイドライン」が示されています。

　このような取り組みは、健康保健対策としても重要であり、継続的な人材確保や労働者の安心感やモチベーションの向上、健康経営の実現、労働者のワーク・ライフ・バランスの実現などの観点からも意義があります。

### ●ガイドラインのねらい

　がん、脳卒中などの治療が必要な疾病を抱える労働者が、業務によって疾患を増悪させることがないよう、事業場において適切な就業上の措置や治療に対する配慮を行い、治療と仕事が両立できるようにすること

### ●ガイドラインの対象者

　主に、事業者、人事労務担当者および産業医や保健師、看護師等の産業保健スタッフ等を対象としているが、労働者本人や家族、医療機関などの支援にかかわる人も活用が可能。また、本ガイドラインが対象とする疾患は、がんや脳卒中、心疾患、糖尿病、肝炎、その他難病など、反復・継続して治療が必要となる疾患で、短期で治癒する疾患は対象としない。

## ◎治療と仕事の両立支援を行うにあたっての留意事項
### （1）安全と健康の確保

　就労によって、労働者の疾病の増悪、再発や労働災害が生じないよう、事業者は就業場所の変更、作業の転換、労働時間の短縮、深夜業の回数の減少等の適切な就業上の措置や治療に対する配慮を行うことが就業の前提です。仕事の繁忙等を理由に必要な就業上の措置や配慮を行わないことがあってはなりません。

### （2）労働者本人による取り組み

　疾病を抱える労働者本人が、主治医の指示等に基づき、治療を受けること、服薬すること、適切な生活習慣を守ることなど、治療や疾病の増悪防止について適切に取り組むことが重要です。

### （3）労働者本人の申出

　私傷病である疾病に関わるものであることから、両立支援は労働者本人から支援の申出がなされたことを端緒に取り組むことが基本です。なお、労働者本人からの申出がスムーズに行われるよう、事業場内ルールの作成・周知、労働者や管理職等への研修による意識啓発、相談窓口や情報の取扱方法の明確化など、申出が行いやすい環境を整備することも重要となります。

### （4）治療と仕事の両立支援の特徴をふまえた対応

　入院や通院、療養のための時間の確保等が必要となるほか、疾病の症状や治療の副作用、障害等によって労働者自身の業務遂行能力が一時的に低下する場合があります。育児や介護と仕事の両立支援とは異なり、時間的制約に対する配慮以外にも、労働者本人の健康状態や業務遂行能力もふまえた就業上の措置等が必要です。

### （5）個別事例の特性に応じた配慮

　症状や治療方法などは個人ごとに大きく異なるため、個人ごとに取るべき対応やその時期等は異なるものであり、個別事例の特性に応じた配慮が必要です。

### （6）対象者、対応方法の明確化

　事業場の状況に応じて、事業場内ルールを労使の理解を得て制定するなど、治療と仕事の両立支援の対象者、対応方法等を明確にしておくことが必要です。

## （7）個人情報の保護

　治療と仕事の両立支援を行うためには、症状、治療の状況等の疾病に関する情報が必要となりますが、これらの情報は機微な個人情報であることから、労働安全衛生法に基づく健康診断において把握した場合を除いては、事業者が本人の同意なく取得してはなりません。また、健康診断または本人からの申出により事業者が把握した健康情報については、取り扱う者の範囲や第三者への漏洩の防止も含めた適切な情報管理体制の整備が必要となります。

## （8）両立支援にかかわる関係者間の連携の重要性

　労働者本人以外にも、以下の関係者が必要に応じて連携することで、労働者本人の症状や業務内容に応じた、より適切な両立支援の実施が可能です。

- 事業場の関係者（事業者、人事労務担当者、上司・同僚、労働組合、産業医、保健師、看護師等の産業保健スタッフ等）
- 医療機関関係者（医師、看護師、医療ソーシャルワーカー等）
- 地域で事業者や労働者を支援する関係機関・関係者（産業保健総合支援センター、労災病院に併設する治療就労両立支援センター、保健所、保健師、社会保険労務士等）

　労働者と直接連絡が取れない場合は、労働者の家族等と連携して、必要な情報の収集等を行う場合があります。特に治療と仕事の両立支援のためには、医療機関との連携が重要であり、本人を通じた主治医との情報共有や、労働者の同意のもとでの産業医、保健師、看護師等の産業保健スタッフや人事労務担当者と主治医との連携が必要となります。

## ◎治療と仕事の両立支援の進め方

> 1）両立支援を必要とする労働者が、支援に必要な情報を収集して事業者に提出。労働者からの情報が不十分な場合は、産業医等または人事労務担当者等が、労働者からの同意を得たうえで主治医から情報を収集することも可能

> 2）事業者が、産業医等に対して収集した情報を提供して、就業継続の可否や就業上の措置および治療に対する配慮について産業医等の意見を聴取

3）事業者が、主治医および産業医等の意見を勘案して、就業継続の可否を判断

4）事業者が労働者の就業継続が可能と判断した場合は、就業上の措置および治療に対する配慮の内容・実施時期などを事業者が検討・決定して実施

5）事業者が労働者の長期の休業が必要と判断した場合は、休業を開始する前の対応や休業中のフォローアップを事業者が行うとともに、主治医や産業医等の意見、本人の意向、復帰予定の部署の意見などを総合的に勘案し、職場復帰の可否を事業者が判断する。そのうえで、職場復帰後の就業上の措置および治療に対する配慮の内容や実施事項等を事業者が検討・決定し、実施

## ◎両立支援に必要な情報

| 医療費 | 高額療養費制度、限度額適用認定証、高額療養費貸付制度、高額医療・高額介護合算療養費制度、医療費控除、難病患者に対する医療費の支援、自立支援医療制度 |
|---|---|
| 生活支援 | 傷病手当金、生活福祉資金貸付制度、介護保険制度、障害基礎年金、障害厚生年金、障害手当金、身体障害者手帳、精神障害者保健福祉手帳、障害福祉サービス |
| 医療機関 | がん診療拠点病院、労災病院の治療就労両立支援センター |
| 就業支援 | ハローワーク、精神保健福祉センター |
| 事業者が利用可能な支援制度 | 治療と仕事の両立支援助成金、人材確保等支援助成金、障害者雇用安定助成金 |
| 事業者が利用可能な支援機関 | 産業保健総合支援センター、ハローワーク、障害者就業・生活支援センター、地域障害者職業センター |

厚生労働省「事業場における治療と仕事の両立支援のためのガイドライン」から著者が作成

### 力試し問題

#### 次の文章が正しいか誤りかを答えなさい。

**1** 「事業場における治療と仕事の両立支援のためのガイドライン」によると、短期に治療が完結する疾患も両立支援の対象とされている。

**2** 治療と仕事の両立支援の対象者は、従業員本人のみである。

**3** 症状や治療方法などは個人ごとに大きく異なるため、個別事例に対応した取り組みが重要である。

#### 解説 •••••••••••••••••••••••••••••••••••••••••••••••••••••

**1** × 短期で治癒する疾患は対象外である。

**2** × 家族や主治医など当該労働者にかかわる人も対象者に含まれる。

**3** ○

## 8章　理解度チェック

1. 「心の健康問題により休業した労働者の職場復帰支援の手引き」は、2004年10月に厚生労働省より発表されたが、2009年3月と2012年7月に改訂され、一般的には「職場復帰支援の手引き」と呼ばれている。　○

2. メンタルヘルス不調によって休業する従業員の多くは、自分が働くことについて自信を失ってしまうことが少なくない。よって、そのような従業員に対する周囲の言動は常に特別な配慮が必要不可欠である。　×

3. 職場復帰支援は、復職可能の診断書が主治医から出される前から始めるものであり、具体的には休業が必要だと判断されたときから開始するものである。　○

4. 復職についての労働者の情報は、プライバシーに深くかかわる個人情報であり、原則として常に本人の同意を得たうえで取り扱う配慮が必要である。　○

5. 管理監督者は、自分の部下が病気で休職している間は自身がすべて関与していくことが一番望ましい。　×

6. 職場復帰支援に関するプログラムは、事業場において事前に完備しておくことが必要である。　○

7. 職場復帰支援の流れの＜第2ステップ＞とは、「産業医による職場復帰可能の判断」である。　×

8. 職場復帰した後のフォローアップは、特に問題がなければ必要はない。　×

9. リワーク・プログラムの活用は、職場復帰後のフォローアップで行われるものである。　×

10. 復職の際には、事業場外資源（地域産業保健センター・地域障害者職業センターなど）のサポートを有効活用することもできる。　○

---

**解説>2.** 周囲は自然に接し、必要に応じて声をかけてあげるとよい。管理監督者は特に、労働者の不安や心配事などいつでも相談窓口となることを伝え、十分なコミュニケーションを図る必要がある。　**5.** 管理監督者は、人事労務担当スタッフや産業保健スタッフと連携して支援することが大切。　**7.** 第2ステップは「主治医による職場復帰可能の判断」である。　**8.** 定期的にフォローアップを実施することが再発の予防に大きく関与する。　**9.** リワーク・プログラムは、復職前に実施する。

# 模擬問題

# 2種　模擬問題

次の［1］〜［10］の設問に答えなさい。

**第1問［1］**　労働者のメンタルヘルスの状況に関する次の記述のうち、最も**適切なもの**を一つ選びなさい。

① 「労働安全衛生調査」（厚生労働省、2018年）によると、ストレスの原因は男女全体では、「対人関係（セクハラ・パワハラを含む。）」「仕事の質・量」「仕事の失敗、責任の発生等」の順で高い。

② 「労働安全衛生調査」（厚生労働省、2018年）によると、「仕事や職業生活に関することで、強いストレスとなっていると感じる事柄がある」と回答した労働者は58.0％である。

③ 「日本人の意識調査」（NHK放送文化研究所、2018年）によると、仕事と余暇に関する考え方は1970年代から80年代にかけて大きく変化し、「仕事志向」といえる人の割合が増えている。

④ 自殺の原因は、経済的な問題という単一の理由である。

**第1問［2］**　安全配慮義務に関する次の記述のうち、最も**不適切なもの**を一つ選びなさい。

① 事業者は、安全配慮義務を履行していなかった場合に損害賠償請求をされることがある。

② 労働安全衛生法は、労働基準法の規定を受けて制定された。

③ 安全配慮義務は、労働安全衛生法に規定されている。

④ 従来は不法行為責任を問うことが多かったが、1975年の最高裁判例後は、契約責任を問うケースが増加した。

第1問 [3]　労災保険に関する次の記述のうち、最も**不適切なもの**を一つ選びなさい。

① 労災保険より療養補償給付、休業補償給付、傷病補償年金給付、障害補償給付、介護補償給付、遺族補償給付、葬祭料が給付される。

② 労災法による保険給付は、逸失利益なども補償されるため、民事上の損害賠償請求を受けることはない。

③ 労働基準法の災害補償責任を填補する目的で、労働者災害補償保険法が定められた。

④ 労災認定における業務上外は、「心理的負荷による精神障害の認定基準」「セクシュアルハラスメントによる精神障害等の業務上外の認定について」「上司の『いじめ』による精神障害等の業務上外の認定について」を基準に判断される。

第1問 [4]　メンタルヘルスケアに関する次の記述のうち、最も**不適切なもの**を一つ選びなさい。

① 4つのケアとは、「セルフケア」「ラインケア」「事業場内産業保健スタッフ等によるケア」「事業者によるケア」である。

② メンタルヘルスケア推進上で、「心の健康問題の特性」「労働者の個人情報保護への配慮」「人事労務管理スタッフとの連携」「家庭・個人生活等の職場以外の問題」に留意する必要がある。

③ 管理監督者は、過重な疲労、過度の長時間労働や心的負荷が生じないよう配慮を求められる。

④ 小規模事業所（常時雇用従業員50名以下）では、実現可能なことから取り組むことが望まれる。

**第1問 [5]** 「過重労働による健康障害防止のための総合対策」（厚生労働省、2020年改正）に関する次の記述のうち、最も**適切なもの**を一つ選びなさい。

① 時間外労働時間が80時間を超える労働者から面接指導希望の申出があった場合、面接指導実施に努めなければならない。
② 時間外労働時間が80時間を超えて長くなるほど、脳・心臓疾患との関連が強まるという医学的知見がある。
③ 過重労働による業務上の疾病が発生した場合は、原因究明、再発防止を徹底して行う。
④ 面接指導を申し出た労働者については、賞与・一時金の減額をしてもかまわない。

**第1問 [6]** 事業者がメンタルヘルスに取り組む意義に関する次の記述のうち、最も**適切なもの**を一つ選びなさい。

① 強いストレスを感じたり、メンタルヘルスが悪化したりした場合、集中力・判断力が低下し、生産性が低下する。
② 従業員の健康や満足と、組織の生産性は相反する。
③ ワーク・ライフ・バランスの実現により、プライベートが充実することで、仕事がおろそかになる。
④ リスクマネジメントの一環としてはあまり意義がない。

**第1問 [7]** 事業者がメンタルヘルスに取り組む意義に関する次の記述のうち、最も**不適切なもの**を一つ選びなさい。

① 従業員のメンタルヘルスの悪化は、仕事の生産性の低下にもつながり、企業にとっても損失となる。
② 従業員のメンタルヘルスの悪化は、他の従業員、顧客、地域住民の安全と健康を脅かす。
③ 従業員のメンタルヘルスの悪化は、損害賠償責任、社内への衝撃、企業のイメージダウンなどのリスクになる。
④ 米国立労働安全衛生研究所の「職業性ストレスモデル」によると、従業員の健康や満足度と生産性は両立できる。

第1問 [8] 　メンタルヘルスケア方針、計画、実施、評価に関する次の記述のうち、最も**適切なもの**を一つ選びなさい。

① 　トップによる意思表明は、あまり意義がない。
② 　安全衛生部門のスタッフが中心となり、参画意識を高め、職場ラインがサポートする。
③ 　活動ルールを体系化した文書を作成しておく。
④ 　評価はしっかり優劣をつけて、競争意識を目的として行う。

第1問 [9] 　管理監督者の役割に関する次の記述のうち、最も**不適切なもの**を次の中から一つ選びなさい。

① 　部下への相談対応では、問題解決のみに焦点を当てる必要がある。
② 　部下の様子を判断するために、メンタルヘルス疾患の特徴を理解しておく必要がある。
③ 　「事例性」とは、業務に支障が出て、本人や周囲が困って治療を求めることである。
④ 　管理監督者は、部下の職場復帰の支援にかかわることが求められる。

第1問 [10] 　職場環境等と疾病との関係に関する次の記述のうち、最も**不適切なもの**を次の中から一つ選びなさい。

① 　1カ月あたりの残業時間がおおむね80時間を超える場合、1日当たりの睡眠時間は6時間程度と想定される。
② 　上司や同僚のサポートが低いと、心血管疾患が多くなるといわれている。
③ 　騒音、照明などの（物理的）作業環境の問題は、メンタルヘルス疾患との関係性はないといわれている。
④ 　出張や交代制勤務等の不規則勤務の増加は、メンタルヘルス疾患との関係性があるといわれている。

次の ［1］ ～ ［4］ の設問に答えなさい。

**第2問 ［1］**  ストレスによる健康障害のメカニズムに関する次の記述のうち、最も**適切なもの**を一つ選びなさい。

① ストレッサーに直面すると、これまでの経験に基づいて、その負担の大きさや困難性、苦痛の程度などが、脳の中の大脳辺縁系で評価される。
② 自律神経系では、強いストレッサーに直面すると副交感神経系が優位になる。
③ 視床下部では神経伝達物質の生成や伝達がなされており、これが阻害されることによって、うつ病や不安障害などのメンタルヘルス不調が生じる。
④ 内分泌系、免疫系、自律神経系は、生体のバランスを保つ生命維持機能であり、バランスがくずれると、健康障害が発生する。

**第2問 ［2］**  NIOSH（米国立労働安全衛生研究所）の職業性ストレスモデルに関する次の記述のうち、最も**適切なもの**を一つ選びなさい。

① 従業員の健康や満足感と組織の生産性を両立させることは可能であり、むしろ両者には相互作用があり、互いに強化することができるとするモデルである。
② 職業における「努力」と「報酬」の2軸をもとに、これがつり合わないと慢性的なストレス状況となることを示した。
③ 仕事の要求度と仕事のコントロール度を2大要因として提案され、後に社会的支援要員が加えられた。
④ 業務に伴うストレッサーとストレス反応、そして疾病への進行を横軸とし、この反応過程の途中に、仕事以外の要因、家族の支援などの緩衝要因の影響を取り入れている。

**第2問［3］** 職場におけるメンタルヘルス不調の現れ方に関する次の記述の
うち、最も**不適切なもの**を一つ選びなさい。

① 遅刻、早退、欠勤が増える。
② 人との付き合いが増える。
③ 他人の言動を気にする。
④ 服装がおざなりになる。

**第2問［4］** 心身症や発達障害に関する次の記述のうち、最も**不適切なもの**
を一つ選びなさい。

① 心身症とされる疾患には、胃・十二指腸潰瘍、狭心症、心筋梗塞、高
　 血圧症が含まれる。
② 摂食障害のうち、神経性食欲不振症の場合は、活動性が高いことが多
　 い。
③ ADHD（注意欠陥多動性障害）は、薬物療法が有効な場合がある。
④ 心身症は、精神疾患である。

**次の［1］～［4］の設問に答えなさい。**

**第3問［1］** 職業性ストレスの原因に関する次の表の ⬚ に当てはまる
語句の組み合わせについて、最も**適切なもの**を次の中から一つ選びなさい。

（表）職業性ストレスの原因となる作業内容と環境

| 原因となる項目 | 原因の詳細 |
|---|---|
| 作業内容 | • 仕事の負荷が大きすぎる、または ⬚A⬚<br>• 仕事の役割や責任が明確でない<br>• 技能や技術が活用されていない |
| 組織環境 | • 管理監督者や ⬚B⬚ からの支援がない<br>• 職場の意思決定に参加する機会が少ない<br>• ⬚C⬚ についての情報がない |
| 物理化学的環境 | • 有機溶剤などへの暴露<br>• 適切でない換気、照明、騒音など<br>• 適切でない ⬚D⬚ など |

① （A）小さすぎる （B）経営者 （C）昇進 （D）生活環境
② （A）一定である （B）同僚 （C）市場動向 （D）作業レイアウト
③ （A）一定である （B）経営者 （C）昇進 （D）生活環境
④ （A）小さすぎる （B）同僚 （C）昇進 （D）作業レイアウト

**第3問［2］** 「職業性ストレス簡易調査票」に関する次のA～Dの記述につ
いて、正しいもの（○）と誤っているもの（×）の組み合わせとして、最
も**適切なもの**を次の中から一つ選びなさい。

A．身体的なストレス反応（身体愁訴）は調査されない。
B．仕事や生活の満足度を調査している。
C．集団結果は、全国平均との比較ができる。
D．「仕事のストレス判定図」に家族の支援が含まれている。

① （A）× （B）○ （C）○ （D）○
② （A）○ （B）× （C）○ （D）×
③ （A）× （B）○ （C）○ （D）×
④ （A）○ （B）× （C）× （D）○

**第3問 [3]** 「メンタルヘルスアクションチェックリスト」に関する次の表の [            ] に当てはまる語句の組み合わせについて、最も**適切なもの**を次の中から一つ選びなさい。

| 6つの領域（改善技術領域）抜粋 | 具体的な改善視点 |
|---|---|
| 1. 作業計画への参加と情報の共有 | 少人数単位の裁量範囲、<br>[ A ]、情報の共有 |
| 2. 勤務時間と作業編成 | ノー残業デーなどの目標、<br>[ B ]、交代制、休日 |
| 3. 円滑な作業手順 | 物品の取り扱い、情報入手、<br>反復作業の改善、[ C ] |

① （A）過大な作業量の調整 　　　（B）作業ミス防止
　（C）ピーク作業時の作業変更

② （A）過大な作業量の調整 　　　（B）ピーク作業時の作業変更
　（C）作業ミス防止

③ （A）ピーク作業時の作業変更 　（B）過大な作業量の調整
　（C）作業ミス防止

④ （A）作業ミス防止 　　　　　　（B）ピーク作業時の作業変更
　（C）過大な作業量の調整

2種　模擬問題

**第3問 [4]** 職場のメンタルヘルス改善のアプローチに関する次の記述のうち、最も**不適切なもの**を次の中から一つ選びなさい。

① 自分たちと同じ業種や企業系列で行われているストレス対策や改善に役立った事例を積極的に取り組む視点が大切である。

② 改善事項には、事業者（経営者）の意見も反映される。

③ 最終的な改善事項は、衛生委員会により決定される。

④ メンタルヘルス対策には長期的なアプローチが必要である。

次の〔1〕〜〔12〕の設問に答えなさい。

**第4問〔1〕**「心理的負荷による精神障害の認定基準」(2020年改正)に関する次の記述のうち、心理的負荷が「強」とされるものを一つ選びなさい。

① 会社で起きた事故、事件について、責任を問われた。
② セクシュアルハラスメントを受けた。
③ 上司等から、身体的攻撃、精神的攻撃等のパワーハラスメントを受けた。
④ 1カ月に80時間以上の時間外労働を行った。

**第4問〔2〕**「心理的負荷による精神障害の認定基準」(2020年改正)に関する次の記述のうち、最も**不適切なもの**を一つ選びなさい。

① 2011年に新たに定められた同基準については、その事案の審査期間を短縮することを目的に策定された。
② 同基準については、事案の評価時に発生する精神科医の評価を、判断が難しい事案のみに限定している。
③ 同基準において新たな評価表が示され、その中で、発病直前の1カ月に概ね120時間を超えるような、またはこれに満たない期間にこれと同程度の時間外労働を行った場合に、心理的負荷の総合評価を「強」とするものとした。
④ 旧判断指針から同基準への変更点として、いじめやセクハラの出来事がくり返されるものについて、その開始時からのすべての行為を評価するものとした。

**第4問 [3]** 長時間労働に関する次の記述のうち、最も**不適切なもの**を一つ選びなさい。

① 「過重労働による健康障害防止のための総合対策」において、時間外・休日労働時間が1カ月あたり80時間を超え、申出を行った労働者については、医師による面接指導を実施するように努めなければならない。

② 事業者が労働者に対し週40時間以上の労働を課すには、労働者と労使協定「36協定」を締結することが必要である。

③ 労使協定「36協定」を締結した場合、1年間の時間外労働の限界時間は360時間と定められている。

④ 「過重労働による健康障害防止のための総合対策」では、過重労働による健康障害を防止するために事業者が講ずる措置として、年次有給休暇取得の促進が挙げられている。

**第4問 [4]** 職場におけるストレス要因に関する次の記述のうち、最も**不適切なもの**を一つ選びなさい。

① 職場のストレス要因や私生活での変化によるストレスを感じている部下に対しては、可能な範囲で注意を向け、自然なタイミングで心身の状態をたずねてみるなどするとよい。

② うつ病などメンタルヘルス不調の発生に関連性が認められる原因について、可能性の高い原因は極力職場から排除する。

③ ストレス要因を抱えていると思われる部下に気づいた場合、注意深く様子を観察し、しばしば声をかけて心身の健康状態を確認し、必要に応じて医師による健康状態のチェックにつなげる。

④ ストレス要因はわからないが、勤務態度や言動に変化の兆候がみられた場合、まずはしばらく様子をみて、変化がさらに大きくなったときに声がけをする。

**第4問 [5]** 職場や職場以外のストレス要因に関する次の記述のうち、最も**適切なもの**を一つ選びなさい。

① 労働者は、子どもが生まれるなどして家庭内での責任が増えた場合に、心身の不調が生じることがある。

② 喪失体験とは、職場以外のストレス要因としてよくみられるもので、引越しや家族の死などが当てはまる。一方で子供の独立、離婚や失恋などはその程度から喪失体験には含まれない。

③ 悩みの種やショックは、しばしばメンタルヘルス不調を引き起こす要因となるが、経済的困窮については心理的な負荷とは別なので、これには当てはまらない。

④ 単身の海外出張や遠隔地での困難な業務を遂行する場合などといった、容易に相談や援助が求められない状況で、さらに厳しい事態が発生した場合、自殺までは至らないが、メンタルヘルス不調を発生させることがある。

**第4問 [6]** 過重労働に関する次の記述のうち、最も**不適切なもの**を一つ選びなさい。

① 過重労働が引き起こす健康障害については、特に脳や心臓の血管の疾患を招くことがわかっており、それを誘発する要因として、高血圧症、高脂血症、糖尿病といった病状の悪化が挙げられる。

② 過重労働による健康障害は、労働者自身の取り組みによって予防が可能である。

③ 長時間労働が続くと労働者の帰宅時間は遅くなり、十分な睡眠時間を確保できず、その結果、疲労の回復が遅れ、体力が低下し、自律神経系がさらに不安定な状態となる。

④ メタボリックシンドロームを診断する際のポイントとしては、BMIの数値を使わず、腹囲を使用する。

**第4問 [7]**　ストレスへの対処に関する次の記述のうち、最も**適切なもの**を一つ選びなさい。

① ストレス対処に有効なコーピングは2種類に分けられ、ストレッサーを取り除くために行うコーピングを、情動焦点型コーピングという。

② ストレスの発生段階と効果的なコーピングとして、刺激が発生した際に適したストレス対処は、配置転換や生活習慣の改善などが挙げられる。

③ 身体的興奮を抑える効果的なコーピングとしては、ウォーキングやサイクリングなどの無酸素運動を行うとよいとされている。

④ 一般的に問題焦点型コーピングは課題の解決に有効といわれている。ゆえにどうしても解決しない課題にも、問題焦点型コーピングを適用し続けることで打開を図ることが重要である。

**第4問 [8]**　ソーシャルサポートに関する次の記述A〜Dについて、正しいもの（○）と誤っているもの（×）の組み合わせとして最も**適切なもの**を一つ選びなさい。

A．情緒的サポート　　気分を安定させ、心をおちつかせる
B．情報的サポート　　問題解決に有効な情報を与える
C．道具的サポート　　問題解決のための手助けを行う
D．評価的サポート　　仕事や業績について適切に評価する

① （A）○　　（B）○　　（C）○　　（D）○
② （A）○　　（B）○　　（C）×　　（D）○
③ （A）○　　（B）○　　（C）○　　（D）×
④ （A）×　　（B）○　　（C）○　　（D）○

**第4問 [9]** メンタルヘルス情報とプライバシーに関する次の記述のうち、最も**適切なもの**を一つ選びなさい。

① 職場において心の健康問題にかかわる者としてプライバシー配慮を求められるのは、事業者、管理監督者、事業場内産業保健スタッフ等などが挙げられる。同僚の労働者は、直接かかわらないため対象に含まない。

② メンタルヘルス情報を管理するにあたり、法律でその守秘義務を課せられているのは、産業医や保健師などの医療職のみである。

③ 労働者のメンタルヘルス情報を外部に提供することは、プライバシー配慮や個人情報保護法などによって原則本人の承諾がなければ行えない。また、それが緊急性が高い場合であっても、その原則は守らなければならない。

④ メンタルヘルス情報の管理は、事業場内に医療職がいれば医療職が一元管理することが望ましく、かつ必要に応じて加工して提供されるのがよい。


**第4問 [10]** メンタルヘルス情報の取り扱いに関する次の記述のうち、最も**不適切なもの**を一つ選びなさい。

① 健康診断の事務担当者は、労働安全衛生法により健康診断の守秘義務が定められている。

② 医療事務やカウンセラーには、医師同様にメンタルヘルス情報について法律上の守秘義務がある。

③ 事業者は、健康情報の漏えい防止の対策として、セキュリティの安全性確保を行う必要がある。

④ 企業が安全配慮義務を果たす必要があるとき、企業は状況の「重要性・緊急性」と「プライバシーの保護」を考慮し、必要最小限の情報を提供する場合がある。

第4問 [11]　管理監督者のストレスに関する次の記述のうち、最も**不適切**なものを一つ選びなさい。

① 管理監督者が受けやすいストレスには、中間管理職という板ばさみの役割からくるストレス、権限のない名ばかり管理職となったことからくるストレス、また昇進したことによる責務増大からくるストレスなどがある。

② ストレスを受けやすい性格として、まじめ、几帳面、仕事好き、人間関係に気を遣うといった性格が挙げられる。

③ 「労働者の心の健康の保持増進のための指針」（厚生労働省、2006年）において、管理監督者もラインケアの対象者として含めることが明記されている。

④ 職場のメンタルヘルス対策においては、管理監督者の役割として「ラインによるケア」が挙げられるが、管理監督者自身の「セルフケア」も非常に重要であり、事業場内産業保健スタッフが管理監督者の相談対応についてフォローすることが望ましい。

第4問 [12]　管理監督者のセルフケアに関する次の記述のうち、最も**不適切なもの**を一つ選びなさい。

① 管理監督者のセルフケアのため、自身のストレスに気づくために定期的にストレスチェックを受検する。

② 管理監督者のストレス対処として、質の良い睡眠はとても重要である。最近日本国内でも早朝に出社することで仕事の密度を高め、そうしてつくった時間を睡眠にあてるといったことが進んでいる。

③ 管理監督者が積極的に有給休暇を取得することは、自身のリフレッシュのためだけではなく、部下の有給休暇の取得を促すことにもつながり、部署全体のストレスを低下させることに繋がる。

④ ストレスチェック制度では、集団分析の結果として「上司の支援」が点数化される。点数が悪い場合、当該上司はその原因を評価し、しっかりと対策を考える必要がある。

**第5問**

次の［1］〜［9］の設問に答えなさい。

**第5問［1］** 危機対応に関する次の記述のうち、最も**適切なもの**を一つ選びなさい。

① 自他に危害を及ぼす恐れがある場合は、本人の同意が得られなくても事業者の安全配慮義務遂行のため、強制的に受診させることができる。

② 自殺の可能性が高い者への対応で緊急の場合は、産業医が強制入院（医療保護入院）を指示することができる。

③ 自殺のサインが認められる場合でも、本人の了解なしに関係者にしかるべき情報を伝えることは個人情報保護法に触れるため実行できない。

④ 自殺の可能性が高い者には細心の注意が必要である。一日でも早く専門医に受診させることが必要である。

**第5問［2］** 部下の異変を早期発見するための対応に関する次の記述のうち、最も**不適切なもの**を一つ選びなさい。

① 管理監督者は、部下の具合の悪さより、部下の仕事ぶりの把握に努めるべきである。

② 「いつもと違う」様子が2週間以上継続する場合は、管理監督者として産業保健スタッフなどとの連携が求められる。

③ ストレスレベルの低い段階では、「活気のなさ」が表れ、ストレスのもっと高い段階では「抑うつ感」が自覚されることが多い。

④ 部下の「いつもと違う」様子に気づくことは、外部の基準に照らし合わせながら時系列的な変化をとらえることである。

第5問［3］　管理監督者が部下に対して取るべき対応に関する次の記述のうち、最も**不適切なもの**を一つ選びなさい。

① 部下の気になる症状をみつけたが、本人が気にしていないようなのであえて指摘せず、仕事を頑張るように伝えた。
② 部下の個人的な問題は、上司であっても踏み込んで確認するなど常に状態を把握することは問題となる。
③ うつ病などとの関連が深いストレス要因に日常から気を配ることは重要である。
④ ストレス要因が認められなくても、勤務態度や言動に変化がみられた部下には必ず声をかけ、心身の状態を確認する。

第5問［4］　ストレス反応に関する次の表の　　　　　に当てはまる語句の組み合わせについて、最も**適切なもの**を次の中から一つ選びなさい。

（表）身体・行動・心理面の反応内容

| 反応 | | 反応の詳細 |
|---|---|---|
| 身体面のストレス反応 | 急性反応 | 動悸・発汗・顔面紅潮・胃痛・下痢など |
| | 慢性反応 | 疲労・　A　・循環器系症状など |
| 行動面のストレス反応 | 急性反応 | 回避・逃避・　B　・事故など |
| | 慢性反応 | 遅刻・欠勤・作業効率の低下・喫煙など |
| 心理面のストレス反応 | 急性反応 | 　C　・怒り・興奮・混乱など |
| | 慢性反応 | 不安・短気・　D　・無気力・不満など |

① （A）エラー　　　　（B）大酒　　　（C）抑うつ　（D）混乱
② （A）瞳孔が開く　（B）やけ食い　（C）抑うつ　（D）自己効力感の低下
③ （A）不眠　　　　（B）エラー　　（C）緊張　　（D）抑うつ
④ （A）不眠　　　　（B）エラー　　（C）退職願望　（D）落胆

**第5問 [5]** メンタルヘルス不調に陥った部下への管理監督者の対応に関する次の記述のうち、最も**不適切なもの**を一つ選びなさい。

① 部下が受診を拒否している場合は、診療科を伏せて受診させることには問題がある。

② 部下との相談の内容を正確に把握するためには、これまでの部下の行動から推測して仮説を立てることが大切である。

③ 管理監督者は、専門家の診断や治療につなげることには抵抗を示すことが多い。それは、部下から頼りないと思われたくない気持ちが働くからである。

④ 場合によっては、本人のみならず周囲の同僚からも、客観的な情報を収集することがある。

**第5問 [6]** メンタルヘルスの検査や兆候に関する次の記述のうち、最も**適切なもの**を一つ選びなさい。

① 事前の質問紙による調査（スクリーニングテスト）は、個人にフィードバックする範囲の検査であれば事業者は自由に実施できる。

② 敏感度80%、特異度80%のスクリーニングテストでは、健康者がうつ病とスクリーニングされる可能性は少ない。

③ メンタルヘルス不調は、病気であるか否かの医学的診断（疾病性）と、本人や周囲が困って治療を求めること（事例性）とが同一である。

④ 精神医学的診断は、血液検査やレントゲン検査に基づいて行うものでなく、本人の話に基づき医師が診断する。

**第5問 [7]** 自己充足的コミュニケーションに関する次の記述のうち、最も**適切なもの**を一つ選びなさい。

① こちらの発注ミスで生じた損害を詫びる。
② 仕事の指示を上司に仰ぐ。
③ 出勤時に、部屋のみんなに聞こえる声であいさつする。
④ 部下から発注のミスが生じた状況に関して報告を受ける。

**第5問 [8]** 上司が部下に行うサポートに関する次の記述のうち、最も**不適切なもの**を一つ選びなさい。

① 慢性的な長時間残業の改善のために、具体的な仕事の進め方をアドバイスする。
② 慢性的な疲労感に悩まされている部下に対して、「頑張れ」と激励する。
③ 過重労働となっていることで、産業医の面接を受けるように情緒的なかかわりを行う。
④ 慢性的な過重労働改善のために、環境改善など課題解決に向けて実際的なサポートをする。

**第5問 [9]** アサーティブな自己表現に関する次の記述のうち、最も**適切なもの**を一つ選びなさい。

① 話を聴くときは、相手の言いたいことをきちんと確認しながらきちんと聴く。
② 相手の意見に賛同できないときは、きちんと否定したうえで、自分の考えの正当性を主張する。
③ 相手が怒っていたら、「怒るなよ」と自分の考えを伝える。
④ 自分の意見は、相手の気持ちを考慮して控えめに主張する。

次の［1］～［6］の設問に答えなさい。

第6問［1］　産業医に関する次の記述のうち、最も**不適切なもの**を次の中から一つ選びなさい。

① 常時50人以上の労働者を使用する事業所において、事業主は産業医を選任しなければならない。
② 産業医は、労働安全衛生法に定められている「労働者の健康を確保する責務を果たすため」に医療の専門家として助言する立場にある。
③ 長時間労働を行う労働者やストレスチェック制度に基づく高ストレス者に対する医師の面接指導を実施するのは、産業医の役割である。
④ 産業医は、メンタルヘルス対策における役割は担わない。

第6問［2］　メンタルヘルスケアの事業場外資源との連携に関する次の記述のうち、最も**不適切なもの**を次の中から一つ選びなさい。

① 事業場外資源からは、配布されるリーフレットやホームページなどメンタルヘルスに関連する情報を収集することができる。
② 外部資源からメンタルヘルス教育を受ける際には、継続的な教育計画が効果的である。
③ 管理監督者は、通院している部下の主治医と連携する必要があるため、直接コンタクトを取ればよい。
④ 外部の機関と連携する際には、メンタルヘルス指針でいうところの事業場内メンタルヘルス推進担当者を活用して、連携窓口を決めるとよい。

**第6問 [3]** EAP機関に関する次の記述のうち、最も**適切なもの**を一つ選びなさい。

① EAPは、1980年代に米国においてアルコール依存者のケアをする活動から始まった。

② 主にアルコール・ドラッグ中毒の問題解決の手助けをすることから始まったEAPは、現在の日本にはまだ必要ないと考えられている。

③ EAPには、企業内のスタッフがサービスを行う内部EAPと、企業外からサービスを提供する外部EAPがある。

④ EAPでは、うつ病などメンタルヘルス不調者の診断と治療もしてくれる。

**第6問 [4]** うつ病の治療に関する次の記述のうち、最も**不適切なもの**を次の中から一つ選びなさい。

① うつ病の症状を見出すためには、普段より円滑なコミュニケーションを図り「いつもと違う様子」になるべく早く気づくことである。

② 精神疾患は、症状が重くなればなるほど病気に対する意識が乏しくなり、受診に対する抵抗感が大きくなりやすい。

③ 抗うつ薬は、効果が出るのがゆっくりであり、2〜4週間継続してその経過をみながら調整（薬の継続・増加・変更など）される。

④ 治療中はゆっくり休養することが望ましいので、完全に症状が改善するまで入院して仕事は休むべきである。

**第6問 [5]** うつ病の薬物療法に関する記述のうち、最も**適切なもの**を一つ選びなさい。

① 抗うつ薬の中で三環系抗うつ薬は、四環系抗うつ薬と比べて副作用が少ない。

② SSRI、SNRI、NaSSAは副作用が少なく、軽度から中程度のうつ病の第1選択薬剤である。

③ うつ病の症状が治まれば、服薬する必要はない。

④ うつ病の薬物治療では、抗うつ薬のみが使用される。

**第6問 [6]**　医療機関の種類と選び方について最も**不適切なもの**を1つ選びなさい。

① アルコール依存症は、精神科や心療内科で治療することができる。

② メンタルヘルス不調が出たとしても、すぐに受診はせず、1カ月ほど様子を見ることが望ましい。

③ 神経内科は、脳血管障害や認知症などが専門である。

④ メンタルヘルス不調は、症状が重くなるほど自身の病気についての病識が薄れることもあるため、早期対応が必要である。

次の［1］～［5］の設問に答えなさい。

**第7問［1］** 厚生労働省による「心の健康問題により休業した労働者の職場復帰支援の手引き」（2009年改訂）の職場復帰支援の流れの中で、最も**不適切なもの**を一つ選びなさい。

① 第1ステップ　　病気休業開始及び休業中のケア
② 第2ステップ　　産業医による職場復帰可能の判断
③ 第3ステップ　　職場復帰の可否の判断及び職場復帰支援プランの作成
④ 第4ステップ　　最終的な職場復帰の決定

**第7問［2］** 職場復帰支援に関する次の記述のうち、最も**適切なもの**を一つ選びなさい。

① 職場復帰支援プランの作成は、管理監督者や産業保健スタッフ等が行なうが、計画通りに進まないこともあることを想定してなるべく抽象的な内容にしておくことが望ましい。
② 職場復帰支援は、主治医から復職診断書が出されてから初めて開始するものである。
③ 職場復帰後は、一般の労働者と同じ扱いをした方がよいのでフォローアップは特に必要ない。
④ 職場復帰の際に、必要な業務遂行能力の中でも、まずは通勤時間帯に一人で安全に通勤でき、職場で必要な時間勤務できる程度に回復しているかを確認する必要がある。

**第7問 [3]** 職場復帰支援に関する次の図の ⬚ に当てはまる語句の組み合わせについて、最も**適切なもの**を次の中から一つ選びなさい。

**職場復帰支援の流れ**

＜第1ステップ＞

| 労働者からの診断書の提出、管理監督者・産業保健スタッフからのケア |
| --- |

⬇

＜第2ステップ＞

| 労働者からの職場復帰の意思表示、 A など |
| --- |

⬇

＜第3ステップ＞

| 情報の収集と評価、 B など |
| --- |

＜第4ステップ＞

| 労働者の状態の最終確認、 C 、事業者による最終的な職場復帰の決定など |
| --- |

⬇

| 職場復帰 |
| --- |

⬇

＜第5ステップ＞

| D 、勤務状況及び業務遂行能力の評価、職場復帰支援プランの評価と見直しなど |
| --- |

① （A）産業医等による精査　（B）職場復帰の可否についての判断
   （C）就業上の配慮等に関する意見書の作成
   （D）症状の再燃・再発の有無の確認

② （A）主治医による精査　　（B）就業上の配慮等に関する意見書の作成
   （C）治療状況の確認
   （D）症状の再燃・再発の有無の確認

③ （A）産業医等による精査　（B）職場復帰支援プランの作成
   （C）主治医による職場復帰可能の判断
   （D）就業上の配慮等に関する意見書の作成

④ （A）主治医による精査　　（B）職場復帰の可否についての判断
   （C）就業上の配慮等に関する意見書の作成
   （D）症状の再燃・再発の有無の確認

**第7問[4]** 職場復帰支援におけるプライバシー保護に関する次の記述のうち、最も**不適切なもの**を一つ選びなさい。

① 労働者のプライバシーに深くかかわる個人情報は、原則として常に本人の同意を得たうえで取り扱う配慮が必要である。

② 事業場におけるプライバシーにかかわる情報管理では、情報管理の取り扱いルールや情報の収集と利用の目的などを事前に定めておくことが重要となる。

③ 労働者の健康に関する情報の集約と調整は、産業医が実施するため、事業場では特に情報管理の取り扱いに注意する必要はない。

④ 職場復帰支援に必要な情報は、復職サポートと事業場の安全配慮義務の履行を目的としたものに限定しなくてはならない。

**第7問[5]** 職場復帰支援において、管理監督者の役割に関する次の記述のうち、最も**不適切なもの**を一つ選びなさい。

① 復職後のケアは再発防止に大きく役立つ。フォローアップのタイミングも明確にしておくとよい。

② 人事労務管理担当スタッフや産業保健スタッフと連携し支援することは、復職しようとする労働者の心理的支援や職場環境の改善につながっていく。

③ 休業中は、労働者が療養に専念できるように一切の連絡は取らない方がよい。

④ 労働者の休業中は、産業保健スタッフと連携を取り、必要に応じて労働者の了解を得たうえで主治医との連携によるケアも考慮することが望ましい。

# 2種 解答・解説

## 第1問

| 問題番号 | 解答 | 解説 |
|---|---|---|
| [1] | ② | ① 「労働安全衛生調査」（厚生労働省、2018年）によると、ストレスの原因は男女全体では、「仕事の質・量」「仕事の失敗、責任の発生等」「対人関係（セクハラ・パワハラ含む。）」の順で高い。<br>③ 「仕事志向」といえる人の割合は減っている。<br>④ 自殺の原因は、複雑でさまざまな理由が絡み合っている。 |
| [2] | ③ | ③ 安全配慮義務は、労働安全衛生法ではなく、労働契約法で規定されている。 |
| [3] | ② | ② 労災法による保険給付は、逸失利益や慰謝料は給付されないため、事業者に過失があった場合に、民事上の損害賠償請求を受けることがある。 |
| [4] | ① | ① 「事業者によるケア」ではなく、「事業場外資源によるケア」である。 |
| [5] | ③ | ① 時間外労働時間が「80時間を超える」労働者から面接指導希望の申出があった場合は、面接指導の実施に「努めなくてはならない」ではなく、実施を「しなくてはならない」である。<br>② 時間外労働時間が「80時間」ではなく、「45時間」を超えて長くなるほど、脳・心臓疾患との関連が強まるという医学的知見がある。<br>④ 面接指導を申し出たことを理由に、賞与・一時金の減額など不利益な取扱いをしてはいけない。 |
| [6] | ① | ② 従業員の健康や満足と組織の生産性は、「相反」ではなく「両立」する。<br>③ ワーク・ライフ・バランスの実現により、プライベートが充実することで、時間をつくりだす創意工夫や新たな気づきなどがある。<br>④ メンタルヘルス不調により自殺者などが出ると、損害賠償責任、社内への衝撃、企業のイメージダウンといったリスクがあるため、事業者は真剣にメンタルヘルスに取り組む必要がある。 |
| [7] | ④ | ④ 従業員の健康や満足度と、職場の生産性は両立できると提唱しているのは、米国立労働安全衛生研究所の「職業性ストレスモデル」ではなく、「健康職場モデル」である。 |
| [8] | ③ | ① メンタルヘルスケアについて、トップが意思表明すると、位置づけが明確になり、正当性を得られ優先順位も上がる。これにより、スタッフや従業員も安心して取り組むことができる。<br>② メンタルヘルスケアにおいて中心となるのは、安全衛生部門のスタッフではなく、職場ラインである。職場ラインが中心となり参画意識を高め、安全衛生部門のスタッフがこれをサポートする。<br>④ メンタルヘルスケアにおいては、優劣をつけるのではなく、改善に結びつくことを目的にする。 |

| 問題番号 | 解答 | 解説 |
|---|---|---|
| [9] | ① | ① 相談対応では単に問題解決のみを目指すのではなく、部下の感情や思いにも焦点を当てた「積極的な傾聴」が必要である。<br>② 管理監督者も、メンタルヘルス疾患の特徴は理解しておくべきである。ただし、病気の有無「疾病性」の診断は、医師の役割である。 |
| [10] | ③ | ③ 騒音や照明といった (物理的) 作業環境の問題も、メンタルヘルス疾患の増加と関連するといわれている。 |

### 第2問

| 問題番号 | 解答 | 解説 |
|---|---|---|
| [1] | ④ | ① ストレッサーに直面したとき、これまでの経験に基づいて負担の大きさや困難性などを脳の中で評価するのは、大脳辺縁系ではなく、大脳皮質である。<br>② 強いストレッサーに直面すると優位になるのは、副交感神経系ではなく、交感神経系である。<br>③ 神経伝達物質の生成や伝達がなされるのは、視床下部ではなく、大脳辺縁系である。 |
| [2] | ④ | ① 従業員の健康や満足感と組織の生産性を両立させることは可能であり、むしろ両者には相互作用があり、互いに強化することができるとするモデルは、「健康職場モデル」である。<br>② 職業における「努力」と「報酬」の2軸をもとに、これがつり合わないと慢性的なストレス状況となることを示したのは、「努力—報酬不均衡モデル」であり、「職業性ストレスモデル」ではない。<br>③ 仕事の要求度と仕事のコントロール度が2大要因として提案され、後に社会的支援要員が加えられたのは「仕事の要求—コントロール支援モデル」であり、「職業性ストレスモデル」ではない。 |
| [3] | ② | ② メンタルヘルス不調に陥ると、あいさつや人との付き合いを避けるようになるとされている。 |
| [4] | ④ | ④ 心身症は精神疾患ではなく、身体疾患である。 |

2種　解答・解説

## 第3問

| 問題番号 | 解答 | 解説 |
|---|---|---|
| [1] | ④ | 職業性ストレスは、主に直接にかかわる身近なストレスで、かつ職場にかかわるものを指す。仕事の負荷は小さすぎてもストレスになる。また、同僚からのサポートがない、昇進の情報が得られない、作業レイアウトが適切でないなどの場合も、職業性ストレスの原因となる。 |
| [2] | ③ | A × 「職業性ストレス簡易調査票」は、心理的ストレス反応に加えて、身体的なストレス反応（身体愁訴）を調査する。<br>B ○ 「職業性ストレス簡易調査票」は、仕事や生活の満足度や、家族の支援度等も調査する。<br>C ○ 「職業性ストレス簡易調査票」による集団結果は、全国平均との比較ができる。<br>D × 職場集団の結果である「仕事のストレス判定図」には、家族の支援ではなく、上司や同僚の支援が含まれる。 |
| [3] | ② | 「メンタルヘルスアクションチェックリスト」に関する表に当てはまる語句は次のとおりである。 |

| 6つの領域（改善技術領域）抜粋 | 具体的な改善視点 |
|---|---|
| 1. 作業計画への参加と情報の共有 | 少人数単位の裁量範囲、**[過大な作業量の調整]**、情報の共有 |
| 2. 勤務時間と作業編成 | ノー残業デーなどの目標、**[ピーク作業時の作業変更]**、交代制、休日 |
| 3. 円滑な作業手順 | 物品の取り扱い、情報入手、反復作業の改善、**[作業ミス防止]** |

| 問題番号 | 解答 | 解説 |
|---|---|---|
| [4] | ③ | ③ 衛生委員会の役割は、問題や防止策を「調査審議」する場であり、改善事項を決定する機関ではない。 |

## 第4問

| 問題番号 | 解答 | 解説 |
|---|---|---|
| [1] | ③ | ①②④の内容については、心理的負荷は「中」とされる。 |
| [2] | ③ | ③ 120時間ではなく、160時間である。「心理的負荷による精神障害の認定基準」は、発病直前の1カ月に概ね160時間を超えるような、またはこれに満たない期間にこれと同程度の（たとえば3週間に概ね120時間以上の）時間外労働を行った場合に、心理的負荷の総合評価を「強」とするものとした。 |
| [3] | ① | ①「労働安全衛生法」において、時間外・休日労働時間が1カ月あたり80時間を超え、申出を行った労働者については、医師による面接指導を実施しなければならない。この面接指導の実施は、「努める」という努力義務ではなく、「実施しなければならない」という義務である。 |
| [4] | ④ | ④ 勤務態度や言動に変化がみられた場合は、すぐに声がけをし、心身の健康状態を確認する。 |

| 問題番号 | 解答 | 解説 |
|---|---|---|
| [5] | ① | ② 子供の独立、離婚や失恋といったことも喪失体験に含まれる。<br>③ 経済的困窮も心理的な負荷であり、悩みの種やショックになりうる。ほかに自身や家族の病気・ケガ、子供の非行や犯罪、借金、犯罪や災害との遭遇などがある。<br>④ 困難な業務の遂行中に、容易に相談や援助が求められない状況であるのに、さらに厳しい事態が発生すると、メンタルヘルス不調だけにとどまらず、自殺も引き起こすことがある。 |
| [6] | ② | ② 過重労働は、労働者自身ではコントロールできない職場特有の健康障害因子であり、事業者が「時間外・休日労働時間の削減」「労働時間等の設定の改善」「労働者の健康管理に係る措置の徹底」などの対策をすべきである。 |
| [7] | ② | ① ストレッサーを取り除くために行うコーピングは、問題焦点型コーピングという。<br>③ ウォーキングやサイクリングは有酸素運動である。有酸素運動は、身体的興奮を抑える効果的なコーピングとされている。<br>④ 一般的に問題焦点型コーピングは課題の解決に有効といわれているが、どうしても解決しない課題には情動焦点型コーピングを活用するなど、使い分けが必要となる。 |
| [8] | ④ | A 情緒的サポートは、気分を安定させ、「やる気」を起こさせるソーシャルサポートである。 |
| [9] | ④ | ① 同僚の労働者も、同じ職場で働くメンバーとしてプライバシー配慮が求められる。<br>② メンタルヘルス情報の守秘義務を課せられているのは、産業医や保健師といった医療職だけではなく、健康診断に携わる事務担当者も法的規制（労働安全衛生法）を受ける。<br>③ 労働者のメンタルヘルス情報を外部に提供することはプライバシー配慮や個人情報保護法などにより原則本人の承諾がなければ行えないが、緊急性が高い場合はその限りではなく、必要最低限の情報を必要最低限の関係者に提供することも有り得る。 |
| [10] | ② | ② メンタルヘルス情報の取り扱いについて、医療事務やカウンセラーには、医師法や保健師助産師看護師法などの法律上の定めはない。就業規則上の取り決めによる定めや、あるいは厚生労働省「医療・介護関係事業者における個人情報の適切な取扱いのためのガイダンス」に基づく守秘義務の遵守となる。 |
| [11] | ③ | ③ ラインケアではなく、管理監督者もセルフケアの対象として含めることが明記されている。 |
| [12] | ④ | ④ ストレスチェック制度では、集団分析の結果として「上司の支援」が点数化される。点数が悪い場合、当該上司はその原因を評価する必要はあるが、部下の主観的なものでもあるため、過度にストレスを抱え込まず、前向きに取り組むとよい。 |

| 問題番号 | 解答 | 解説 |
|---|---|---|
| [1] | ④ | ① 自他に危害を及ぼす恐れがある場合に、本人の受診拒否に加えて、家族等の同意も得られない場合は、本人が住む地域の保健所に相談するとよい。<br>② 医療保護入院は、家族等の同意によって行う強制入院であり、産業医が指示できるものではない。<br>③ 自殺のサインが認められる場合は、家族への説明や必要な関係者への協力要請が必要であり、法的にも問題はない。 |
| [2] | ④ | ① 仕事ぶりに影響が出てくることが多く、管理監督者が気づきやすい。<br>② 日常的なコミュニケーションや行動の記録が重要な資料となる。<br>③ ストレスの時期による現れ方の違いを押さえること。<br>④ 部下の「いつもと違う」様子に気づくことは、他のスタッフや外部の基準との比較ではなく、部下自身の特徴から時系列的な変化をとらえる。 |
| [3] | ① | ① 気になる点をみつけたら、積極的に声をかけることがラインケアである。「何かあれば相談にのるよ」という声かけも重要である。<br>② 職場の上司が立ち入りすぎるとプライバシーを侵害することになる。<br>③ うつ病などのメンタルヘルス不調の発病に関係あるストレス要因は、できるだけ職場から除外すべきである。<br>④ 気になる部下には声をかけることが、リスクマネジメントになる。管理監督者にとって必須の仕事である。 |
| [4] | ③ | ストレス反応に関する表に当てはまる語句は次のとおりである。 |

| 反応 | | 反応の詳細 |
|---|---|---|
| 身体面のストレス反応 | 急性反応 | 動悸・発汗・顔面紅潮・胃痛・下痢など |
| | 慢性反応 | 疲労・[不眠]・循環器系症状など |
| 行動面のストレス反応 | 急性反応 | 回避・逃避・[エラー]・事故など |
| | 慢性反応 | 遅刻・欠勤・作業効率の低下・喫煙など |
| 心理面のストレス反応 | 急性反応 | [緊張]・怒り・興奮・混乱など |
| | 慢性反応 | 不安・短気・[抑うつ]・無気力・不満など |

| 問題番号 | 解答 | 解説 |
|---|---|---|
| [5] | ② | ① 受診の理由が不明確であると、その効果はない。部下の不信感が増大するだけである。<br>② 先入観は捨てて、中立性を保つ努力が必要である。<br>③ 管理監督者は、部下に頼りない、冷たいと思われたくないという気持ちが抵抗として生じる。<br>④ 出来事の事実確認が必要な場合は、先入観を持たず慎重に行うことが大切である。 |
| [6] | ④ | ① 個人情報保護法に基づき、従業員にその目的を説明し同意を得る必要がある。<br>② 敏感度80%、特異度80%のスクリーニングテストでは、2割近くの人がうつ病ではないのに、うつ病の疑いありとされるので、少ないとはいえない。<br>③ 必ずしも同じとは限らない場合が多い。 |

| 問題番号 | 解答 | 解説 |
|---|---|---|
| [7] | ③ | ① 発注ミスで生じた損害を詫びるのは、情報のやり取りが中心の「道具的コミュニケーション」である。<br>② 仕事の指示を上司に仰ぐのは、情報のやり取りが中心の「道具的コミュニケーション」である。<br>③ 出勤時にみんなに聞こえる声であいさつするのは、人間関係の形成・維持が目的の「自己充足的コミュニケーション」である。<br>④ 部下から発注のミスが生じた状況に関して報告を受けるのは、情報のやり取りが中心の「道具的コミュニケーション」である。 |
| [8] | ② | ② 慢性的な疲労感に悩まされている部下に対して、「頑張れ」と激励するのは、さらに追い詰められた気持ちにさせるため、リスクが生じる可能性が高い。 |
| [9] | ① | ② アサーティブな自己表現においては、相手の意見に賛同できないとき、否定ではなく、両者の妥協点をみつけることが大切である。<br>③ 相手が怒ったら、その怒りを否定するのではなく、相手のものとして冷静に受け止める。<br>④ 自分の意見は、相手の気持ちを考慮しながら、正直に的確に伝えるようにする。 |

2種 解答・解説

241

## 第6問

| 問題番号 | 解答 | 解説 |
|---|---|---|
| [1] | ④ | ④ メンタルヘルス対策における産業医の役割は次のものがある。<br>・医療の専門家としての病態アセスメント（特に、休職中や復職時など）<br>・就業上の配慮についての意見<br>・ストレスチェック制度による高ストレス者の面接と指導<br>・主治医など医療機関との情報交換<br>・職場環境の改善提案<br>・社内関係部署間との調整や連携<br>・メンタルヘルスに関する個人情報保護<br>・メンタルヘルス対策の教育と企画 |
| [2] | ③ | ③ 医師には守秘義務があり、患者の同意がなければ上司であっても情報は提供しない。よって、管理監督者が通院している部下の主治医と連携する必要がある場合は、本人の同意をとった上で、本人も一緒に主治医と面会することが望ましい。 |
| [3] | ③ | ① EAPは、1980年代ではなく1940年代に、米国においてアルコール依存者のケアをする活動から始まったとされる。<br>② 1989年に米国でEAP協会が発足し、現在は日本にもその支部である日本EAP協会がある。EAPは、企業の生産性に関連する問題提議のほか、仕事に影響を与えるような社員の問題（身体的、心理的、行動上、家族、家計、アルコール・薬物依存など）の問題解決の手助けをするものであり、日本でもEAP機関は増えている。<br>④ EAPは、労働者の心の健康問題に関する評価や短期的カウンセリングを実施する。医者ではないので、メンタルヘルス不調者の診断や薬物治療は行わない。 |
| [4] | ④ | ④ 治療中は休養をしっかり取り、エネルギーを蓄えることが必要ではあるが、必ずしも入院が必要とは限らない。入院の必要があるのは、自殺をする恐れがあり危険性が高い場合や、躁状態で自傷他害の恐れがある場合、また症状が重く食事も取れないなど身体的な管理が必要な場合などで、医師の判断による。 |
| [5] | ② | ① 抗うつ薬の中で三環系抗うつ薬は、四環系抗うつ薬と比べて副作用が強く出るといわれている。<br>③ うつ病の症状が治まっても、再発予防のために半年〜1年という長期継続が必要である。<br>④ うつ病の薬物治療では、抗うつ薬が使用されるが、症状によって抗不安薬や睡眠薬、抗精神病薬などと併用される。 |
| [6] | ② | ② 憂鬱な気分や不眠などが週単位で続く場合は、受診を検討する。 |

| 問題番号 | 解答 | 解説 |
|---|---|---|
| [1] | ② | ② 第2ステップは、産業医ではなく、「主治医による職場復帰可能の判断」である。産業医は、主治医が職場復帰可能と判断した後に、主治医からの意見収集や労働者の状態を判断したうえで職場復職に関する具体的な支援プランの作成などの助言を行う（第3ステップ）。また、第1、第5ステップにおいても事業主に助言し労働者をサポートしていく。 |
| [2] | ④ | ① 職場復帰支援プランの作成は、管理監督者や産業保健スタッフ等が作成するが、回復の経過に合わせたさまざまな内容と各役割を明確に設定することが望ましい。厚生労働省「心の健康問題により休業した労働者の職場復帰支援の手引き」によれば、（ア）職場復帰日（イ）管理監督者による就業上の配慮（ウ）人事労務管理上の対応等（エ）産業医等による医学的見地からみた意見（オ）フォローアップ（カ）その他と、6つの項目に分けてそれぞれ詳細を示している。<br>② 職場復帰支援は、主治医から休業の判断がなされた時から職場復帰支援を開始することが望ましい。休業中は管理監督者や産業保健スタッフが連携して職場復帰支援を行う。<br>③ 職場復帰後のフォローアップは非常に重要とされている。症状の再燃有無、業務遂行能力、勤務状況、就業上の配慮の履行状況、受療の状態などを確認し、問題がある場合にはなるべく早く関係者間で対応する。<br>④ 通勤やある程度の勤務がこなせるかどうかリワーク・プログラムを活用している事業場も多い。 |
| [3] | ① | ① 第2ステップでは、「主治医による職場復帰可能の判断」に基づいて、「産業医による精査」が行われる。職場復帰支援の流れの5つのステップについては、細かいところまで覚えておきたい。 |
| [4] | ③ | ③ 労働者の健康に関する情報の集約と調整は、産業医が実施することが望ましい。また、労働者の健康に関する情報はプライバシーに深くかかわるものであり、産業医に限らず、事業場において情報管理の取り扱いルールを定め、ルールに沿って扱うことが重要である。 |
| [5] | ③ | ③ 休業中は、労働者が安心して療養に専念できるように、必要な情報は伝えるべきである（職場の状況・職場復帰支援の仕組み・傷病手当金制度など）。 |

2種 解答・解説

# 3種　模擬問題

第1問

**次の［1］〜［5］の設問に答えなさい。**

**第1問［1］** 「労働安全衛生調査」（厚生労働省、2018年）の結果に関する次の記述のうち、最も**不適切なもの**を一つ選びなさい。

① 「仕事や職業生活に関することで、強いストレスとなっていると感じる事柄がある」労働者の割合は、50％を超えている。
② 「強いストレスとなっていると感じる事柄がある」と回答した人の割合を就業形態別にみると、正社員、派遣労働者、パートタイム労働者、契約社員の順に高い。
③ 男性の「強いストレス」の原因は、「仕事の質・量」「仕事の失敗、責任の発生等」「対人関係（セクハラ・パワハラを含む。）」の順である。
④ 現在の「強いストレス」について「相談できる人がいる」とする労働者の割合は、男性よりも女性のほうがより高い。

**第1問［2］** 労働者のメンタルヘルスの状況に関する次の記述のうち、最も**不適切なもの**を一つ選びなさい。

① 自殺者は2008年に急増し、以降3万人を超えている。
② 被雇用者・勤め人に限っても、自殺者数は高値が続いており、2019年は6,202人だった。
③ メンタルヘルスケアは個人の問題だけでなく、組織全体での取り組みが必要である。
④ 自殺者は直前には、精神健康面での不調や、心の病があることが多いとされている。

第1問 [3]　労働者のメンタルヘルスの状況に関する次の記述のうち、最も**不適切なもの**を一つ選びなさい。

① 2018年の「労働安全衛生調査」によると、過去1年間に心の健康問題で1カ月以上休業した労働者がいた事業所は6.7%であった。
② 厚生労働省は、2011年に、地域医療の基本方針となる医療計画に盛り込む疾病として、がん、脳卒中、急性心筋梗塞、糖尿病に精神疾患を加えた「五大疾病」とする方針を打ち出した。
③ 2006年に「自殺総合対策大綱」、2007年に「自殺対策基本法」が制定された。
④ 2018年の「労働安全衛生調査」によると、女性の相談相手は家族・友人が第一位である。


第1問 [4]　メンタルヘルスケア方針、計画、実施、評価に関する次の記述のうち、最も**不適切なもの**を一つ選びなさい。

① 事業者の方針が浸透するために、職場内・ウェブサイトに掲示、社内報に掲載、メール送信するなど、目に触れるように周知することが重要であり、労働者側もこれを確認、理解する。
② 事業者が方針を表明することにより、事業活動や個人の評価におけるメンタルヘルスケアの位置づけが明確になる。積極的に取り組むモチベーションにつながり、優先順位も上がる。
③ 目標が達成できなかった場合は、原因分析し改善に結びつける。
④ 計画の達成状況を、毎月開かれる経営会議で確認する必要がある。


第1問 [5]　「心の健康づくり計画」に関する次の記述のうち、最も**不適切なもの**を一つ選びなさい。

① 体制づくりは、必要な役割や手順を文書にして作成し、実施を推進するための人材育成を行う必要がある。
② 実施計画の策定は、実施体制、具体的スケジュール、目標で構成する。
③ 目標は、評価項目と達成目標で構成する。
④ 達成目標は、数値化が難しいので感覚的目標である必要がある。

次の［1］～［8］の設問に答えなさい。

第2問［1］　ストレスによる健康障害のメカニズムに関する次の文章の
　　　　　　に当てはまる語句の組み合わせについて、最も**適切なもの**を一
つ選びなさい。

ストレッサーに直面すると、これまでの経験に基づいて負担の大きさなど
が　　A　　で評価される。これは、　　B　　に伝達され、感情やストレ
ス軽減のための行動も引き起こす。さらに　　C　　へ伝えられ、自律神
経系、内分泌系、免疫系の反応を引き起こす。

① （A）大脳辺縁系　　（B）大脳皮質　　（C）視床下部
② （A）大脳皮質　　（B）大脳辺縁系　　（C）視床下部
③ （A）大脳辺縁系　　（B）視床下部　　（C）大脳皮質
④ （A）大脳皮質　　（B）大脳辺縁系　　（C）脳内物質

第2問［2］　ストレスと健康障害に関する次の記述のうち、最も**不適切なも
の**を一つ選びなさい。

① ストレッサーに直面した時の感情は、脳内のセロトニンなどの神経伝
　　達物質によって引き起こされる。
② 不安を感じたときに動悸がしたり、落ち込んだ時に食欲がなくなった
　　りするのは、感情と自律神経が密接に関係しているためである。
③ ストレス状態が長く続くと感冒にかかりやすくなるのは、主に自律神
　　経系に関連している。
④ アドレナリンは、強いストレス状態で交感神経系の興奮に伴って分泌
　　され、高血圧や狭心症、不整脈、脳卒中などの原因となる。

**第2問 [3]**　産業ストレスに関する次の記述に関して、正しいもの（〇）と誤っているもの（×）の組み合わせとして、最も**適切なもの**を一つ選びなさい。

A．NIOSH（米国立労働安全衛生研究所）の職業性ストレスモデルは、疾病に影響するもののみから構成されている。
B．NIOSHの職業性ストレスモデルは、職場外のストレス要因は、取り入れられていない。
C．NIOSHの職業性ストレスモデルでいう緩衝要因とは、職場における上司や同僚の支援のことである。
D．NIOSHの職業性ストレスモデルでは、個人の年齢、性別、性格や行動パターンなどがストレス反応の強さに影響を与える個人要因とされている。

① （A）×　　（B）×　　（C）〇　　（D）〇
② （A）×　　（B）〇　　（C）〇　　（D）×
③ （A）〇　　（B）×　　（C）×　　（D）×
④ （A）×　　（B）〇　　（C）×　　（D）〇

**第2問 [4]**　心身症に関する次の記述のうち、最も**不適切なもの**を一つ選びなさい。

① 心身症は精神障害である。
② 心身相関を認める。
③ 糖尿病や心筋梗塞が起こることがある。
④ 緊張型頭痛では認知行動療法が有効な場合がある。

**第2問 [5]** パニック障害に関する次の記述のうち、最も**不適切なもの**を一つ選びなさい。

① 身体検査で異常所見を認めない。
② 動悸、呼吸困難、めまいなどが繰り返される。
③ 予後は、良好でないことが多い。
④ 予期不安を伴う。

**第2問 [6]** 適応障害に関する次の記述のうち、最も**不適切なもの**を一つ選びなさい。

① ストレスと関連がある。
② 気分の障害がある。
③ 仕事上の問題は起こらない。
④ 行為の障害を認める。

**第2問 [7]** うつ病に関する次の記述のうち、最も**不適切なもの**を一つ選びなさい。

① 初期に、全身のだるさ、頭重感、食欲不振など身体症状が自覚されやすいため、本人は「身体の病気」と考えることが多い。
② 比較的社会的適応の良好な人に起こる傾向がある。
③ 負担となっているストレス状態が解決すると、症状は数カ月で速やかに軽快することが多い。
④ 若年層に多いうつ状態の特徴として、「他罰傾向」「個人主義的傾向」などが指摘されている。

**第2問 [8]** 心の健康問題のとらえ方に関する次の記述のうち、最も**適切な**ものを一つ選びなさい。

① メンタルヘルス不調は、かかると一生治らない慢性疾患である。
② メンタルヘルス不調は、遺伝性の疾患である。
③ メンタルヘルス不調は、その人の病気になりやすさとストレスを引き起こす環境要因が複雑にかみ合って起こる。
④ メンタルヘルス不調は、心の弱い人の特殊な病気なので、職場の問題というより個人がしっかり取り組んだ方がよい。

**第3問**

**次の [1] ～ [5] の設問に答えなさい。**

**第3問 [1]** 過重労働と健康に関する次の記述のうち、最も**適切なもの**を一つ選びなさい。

① 過労死とは「過度な労働負担が誘因となって、高血圧や動脈硬化などの基礎疾患が悪化し、脳血管疾患や虚血性心疾患、急性心不全などを発症し、死に至った状態」と定義されている。
② 長時間労働によるストレスが、喫煙や飲酒量の増加、食べ過ぎや運動不足などの不健康な生活スタイルを招き、高血圧症、脂質異常症、糖尿病などの生活習慣病を悪化させる。
③ 過重労働がどのように作用して労働者の健康を害することになるのかという科学的因果関係は、完全に解明されている。
④ 「労働者の心の健康の保持増進のための指針」には、事業者が行うべきメンタルヘルス対策の実施方法が示されているが、その中には長時間労働者への対応は含まれていない。

**第3問〔2〕** 労働者の健康状態に関する次の記述のうち、最も**適切なもの**を一つ選びなさい。

① 定期健康診断結果における有所見者の比率は、毎年上昇しており、何らかの異常所見を指摘される労働者は、受診者の7〜8割に及んでいる。

② 定期健康診断の結果において、血中脂質を指摘される労働者が増加している。

③ 過重労働のストレスは、常に副交感神経系と内分泌系を刺激するので、アドレナリンやノルアドレナリンの分泌を抑制する。

④ 過重労働によるストレスは、身体的疲労を引き起こすが、メンタルヘルスの面には影響を及ぼさない。


**第3問〔3〕** 安全配慮義務に関する次の文章の ＿＿＿＿＿ に当てはまる語句の組み合わせとして、最も**適切なもの**を一つ選びなさい。

安全配慮義務は、 ＿ ア ＿ において、以下のように明文化されている。
「使用者（事業者）は、 ＿ イ ＿ に伴い、労働者がその生命、身体等の ＿ ウ ＿ しつつ労働することができるよう、必要な配慮をするものとする。」

① （ア）労働基準法　　（イ）労働契約　　（ウ）安全を確保
② （ア）労働契約法　　（イ）雇用契約　　（ウ）健康を保持
③ （ア）労働契約法　　（イ）労働契約　　（ウ）安全を確保
④ （ア）労働基準法　　（イ）雇用契約　　（ウ）健康を保持

**第3問 [4]** 自己保健義務に関する次の記述のうち、最も**不適切なもの**を一つ選びなさい。

① 自己保健義務については、労働契約法にこれを裏付ける規定がある。

② 自己保健義務とは、労働者の責務として、労働者が安全と健康に対して主体的に取り組むことを意味している。

③ 労働者は健康診断を受診する義務があるが、事業者の指定した医師以外の健康診断を受ける場合は、その結果を証明する書面を事業者に提出する必要がある。

④ 健康診断の結果から、事業者が行う保健指導を活用して健康回復に取り組む行動は、自己保健義務に含まれる。

**第3問 [5]** 心身の不調への早期対処に関する次の記述のうち、最も**不適切なもの**を一つ選びなさい。

① メンタルヘルス不調は、まず身体症状に現れるので、第三者にもわかりやすい。

② 精神面や身体面において不調が現れたら、まず自分なりに何がストレス要因になっているのか、客観的に分析してみることが大切である。

③ メンタルヘルス不調は、多くの場合、独力で解決できる問題ではない。

④ 事業者は、労働者の心身の健康が損なわれないように、まず社内健康管理体制を整備し、健康診断等を適切に実施しなければならない。

次の［1］〜［10］の設問に答えなさい。

**第4問［1］** 職場のストレスのリスクに関する次の記述のうち、最も**適切な**ものを一つ選びなさい。

① 強いストレスを抱えている労働者は、仕事のモチベーションが高まる傾向にある。
② 仕事のストレスは、個人の健康に影響するが、組織には影響は現れない。
③ 職場におけるストレスが最も小さくなるのは、仕事で要求される度合いと自由裁量の度合いが大きく、社会的支援が得られている場合である。
④ ある出来事がストレス要因になるかどうかは、その人の受け止め方により異なる。

**第4問［2］** 「心理的負荷による精神障害の認定基準」（2020年改正）に関する次の記述のうち、最も**不適切なもの**を一つ選びなさい。

① 厚生労働省が労災認定について定めた「心理的負荷による精神障害の認定基準」では、心理的負荷の強度が☆で表現されている。
② 新たな認定基準による「業務による心理的負荷評価表」では、セクシュアルハラスメントを受けたことは、負荷の強度Ⅱ（中）となっている。
③ 「自分の昇格・昇進があった」ことは、本人にとっても家族にとっても喜ばしいことなので、業務による心理的負荷評価表には含まれていない。
④ 「（ひどい）嫌がらせ、いじめ、又は暴行を受けた」ことは、負荷の強度Ⅲ（強）となっている。

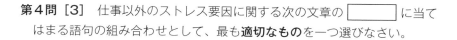

**第4問 [3]** 仕事以外のストレス要因に関する次の文章の [    ] に当てはまる語句の組み合わせとして、最も**適切なもの**を一つ選びなさい。

ワシントン大学精神科の [ **ア** ] らは、生活上の出来事と疾患との関連について研究を行い、[ **イ** ] 尺度と呼ばれるチェックリストを作成した。ストレス値の高い項目の上位は [ **ウ** ] に関する問題となっている。

① （ア）Holmes （イ）社会的再適応評価 （ウ）対人関係
② （ア）Holmes （イ）社会的再適応評価 （ウ）夫婦関係
③ （ア）Rogers （イ）社会的適応出来事 （ウ）対人関係
④ （ア）Rogers （イ）社会的適応出来事 （ウ）夫婦関係

**第4問 [4] ～ [6]** 次の事例を読んで、[4] ～ [6] の設問に答えなさい。

【事例】

　Aさん（32歳　男性）は、職場での評価が高く、半年前に新しいプロジェクトに抜てきされた。しかしその頃より残業が増え、疲れが取れないと感じるようになっていた。また1カ月前に組織変更があり、上司が変わった。今までとは違うタイプの上司となり、職場でのコミュニケーションに気を遣うようになった。この頃から、帰宅しても仕事のことばかり考えてイライラするようになった。次第に寝つきが悪くなり、寝酒をするようになった。週末は、学生時代の仲間とフットサルをしていたのだが、だんだん行く気力がなくなり、次第に休むようになっていった。

　最近は、集中力が落ちて仕事のミスが増え、新しい上司に注意されることが多くなり、毎朝会社に行くのに苦痛を感じている。

第4問［4］　Ａさんのストレス要因に関する次の記述のうち、最も**適切なも**のを一つ選びなさい。

① Ａさんが新しいプロジェクトに抜てきされたことは、喜ばしいことなので、ストレス要因にはならない。
② Ａさんの残業時間が増えたことは、心身の疲労が蓄積されやすくなるので、ストレス要因と考えられる。
③ 上司が変わっても、特に業務内容に変更はないので、職場のストレス要因にはならない。
④ 仕事のミスが増えて、上司に注意されることは、誰にでも起こりうることなので、ストレス要因とはいえない。

第4問［5］　Ａさんの心理面の変化に関する次の記述のうち、最も**不適切な**ものを一つ選びなさい。

① Ａさんがイライラしやすくなったことは、心理面の変化と考えられる。
② Ａさんが週末のフットサルの練習に行く気力がなくなったことは、心理面の「慢性反応」と考えられる。
③ 「いつもと違う」自分に気がついたら、2週間をめどとして、専門家に相談するなどした方がよい。
④ 心理面の変化は、本人より、家族や友人・同僚など第三者が気づきやすい。

第4問［6］　Ａさんの行動面・仕事ぶりの変化に関する（ア）〜（エ）の記述について、正しいもの（○）と誤っているもの（×）の組み合わせとして、最も**適切なもの**を一つ選びなさい。

（ア）　Ａさんが寝酒をするようになったことは、嗜好の変化であって、ストレスによる行動面の変化とはいえない。
（イ）　Ａさんが週末のフットサルの練習を休むようになったことは、仕事のストレスで気力がなくなったことが原因と考えられるので、行動面の変化といえる。

（ウ）　仕事のミスが増えたことは、Ａさんのストレスによる「仕事ぶりの変化」といえる。

（エ）　Ａさんが毎朝会社に行くのに苦痛を感じるようになったことは、行動面の変化と考えられる。

① （ア）×　　　（イ）○　　　（ウ）×　　　（エ）○

② （ア）○　　　（イ）×　　　（ウ）×　　　（エ）×

③ （ア）×　　　（イ）○　　　（ウ）×　　　（エ）×

④ （ア）×　　　（イ）○　　　（ウ）○　　　（エ）×

**第４問［7］**　身体面の変化に関する（ア）～（エ）の記述のうち、正しいもの（○）と誤っているもの（×）の組み合わせとして、最も**適切なもの**を一つ選びなさい。

（ア）　Ａさんが「疲れが取れない」と感じるようになったことは、身体面の慢性反応と考えられる。

（イ）　Ａさんの寝つきが悪くなったことは、身体面の急性反応と考えられる。

（ウ）　Ａさんの身体面の変化は、ストレスが原因と考えられるので、身体疾患の可能性はない。

（エ）　疲労感や寝つきの悪さなどは、誰でも経験することなので、ストレスによる身体面の変化とまではいえない。

① （ア）○　（イ）×　（ウ）×　（エ）×

② （ア）○　（イ）×　（ウ）○　（エ）×

③ （ア）×　（イ）○　（ウ）○　（エ）×

④ （ア）×　（イ）○　（ウ）×　（エ）○

**第4問[8]** 職業性ストレス簡易調査票に関する次の記述のうち、最も**適切**なものを一つ選びなさい。

① 質問項目が75項目と少なく、職場で簡便に利用できるストレスチェックリストである。
② 心理的なストレス反応だけを測定するという特徴がある。
③ 使用できる業種が限られている。
④ 仕事上のストレス要因、ストレス反応、修飾要因が同時に評価できる。

**第4問[9]** 職業性ストレス簡易調査票に関する次の記述のうち、最も**不適切なもの**を一つ選びなさい。

① 心理的ストレス反応では、ポジティブな反応のみ評価する。
② 仕事や家庭生活の満足度に関する項目がある。
③ 結果が常に正確な情報をもたらすとは限らないので、参考資料として活用すべきである。
④ 仕事のストレス要因でチェックのついた数が多くなるにつれて、心理的ストレス反応も要チェックとなる確率が高まる。

**第4問[10]** 職業性ストレス簡易調査票を活用する際の注意点に関する次の記述のうち、最も**不適切なもの**を一つ選びなさい。

① 回答者の性格傾向については考慮されていない。
② うつ病や統合失調症などの精神疾患の診断ができる。
③ 結果に心配な点があった時に利用できるように、事前に事業所内に相談窓口を準備しておくとよい。
④ ストレスチェックを実施した時点のストレス状況しか把握できないので、定期的に受診してセルフチェックに役立てるとよい。

次の［1］～［10］の設問に答えなさい。

**第5問［1］** ストレスへの対処、軽減の方法に関する次の記述のうち、最も**適切なもの**を一つ選びなさい。

① ストレス状態の軽減方法は、大きく分けて「休養・睡眠」「運動・瞑想」「リラクセーション」がある。

② ストレスへの耐性を高めるには、ビタミン、カルシウム、マグネシウム、炭水化物をとるのがよい。

③ 体内のストレス物質を低減させるには、心拍数が20％上昇する有酸素運動を行うとよい。

④ 適度な運動習慣のある人は、不眠になりにくく、睡眠が深い傾向がある。

**第5問［2］** 「健康づくりのための睡眠指針」（2014年　厚生労働省）に関する次の記述のうち、最も**適切なもの**を一つ選びなさい。

① 加齢で睡眠時間は長くなる。

② 睡眠時間は8時間以上取ることが望ましい。

③ 寝酒は、睡眠の質を悪くする。

④ 早寝早起きが望ましい。

**第5問［3］** ストレス状態軽減のための睡眠や休養の取り方に関する次の記述のうち、最も**不適切なもの**を一つ選びなさい。

① 一般的な工夫を行っても眠れなかったり、日中に眠気が強かったりする場合は、何らかの病気の可能性があるので、専門医に相談した方がよい。

② 交代勤務で、夜間に働き、昼間に眠らなければならない労働者は、不眠になりやすい。

③ 夜勤明けの帰宅時は、なるべく目に強い光が入るようにする。

④ 睡眠不足は、生活習慣病のリスクを高める。

**第5問 [4]** リラクセーション法に関する次の記述のうち、最も**不適切なもの**を一つ選びなさい。

① 緊張した時は胸式呼吸になっているので、意識して腹式呼吸をすることで、リラックスできる。
② リラクセーションを行う時は、能動的態度が求められる。
③ 漸進的筋弛緩法とは、筋肉を緊張させることと弛緩させることを繰り返すことで、緊張感の取れた状態を感じやすくすることである。
④ リラクセーションは、楽な姿勢と楽な服装で行うことが望ましい。


**第5問 [5]** リラクセーション法に関する次の記述のうち、最も**適切なもの**を一つ選びなさい。

① 自律訓練法は、7種類すべての公式を実施しなくても効果がある。
② 漸進的筋弛緩法は、自己暗示の練習によって心と身体をリラックスさせるものである。
③ 自律訓練法は、自己催眠の一種なので、練習終了後に必ず「除去動作」を行う。
④ リラクセーションは、その人の好きな音楽を聴きながら行うとよいので、アップテンポの激しい曲でもよい。


**第5問 [6]** ソーシャルサポート（社会的支援）に関する次の記述のうち、最も**不適切なもの**を一つ選びなさい。

① ソーシャルサポート源を増やしたり、サポートされる力を強める工夫をしたりすることは、ストレスに対処する上で重要である。
② ソーシャルサポートは、少人数の密接な人間関係が最も効果がある。
③ なんとなく他人と打ち解けにくいと感じている人は、ソーシャルサポートを高めようと無理をして打ち解けようとせず、共通の話題を探すなどして、少しずつ関係をつくるとよい。
④ ソーシャルサポートは重要であるが、他人からのサポートを期待するだけでなく、自らも問題解決のための努力をすることが大切である。

**第5問 [7]** ソーシャルサポート（社会的支援）に関する次の記述のうち、最も**不適切なもの**を一つ選びなさい。

① 担当していたプロジェクトが評価され、昇格したことは、評価的サポートである。

② 高校野球で同級生や家族、地元の応援団から送られる声援は、情緒的サポートである。

③ チームで担当していた業務が成功し、社内で表彰されたことは、道具的サポートである。

④ カウンセリングを受けてみたいと考えている社員に、社内の保健師が相談機関のパンフレットを渡すのは、情報的サポートである。

**第5問 [8]** ソーシャルサポート（社会的支援）が乏しいことを示す社会的孤立のサインに関するA〜Dの記述のうち、正しいもの（○）と誤っているもの（×）の組み合わせとして、最も**適切なもの**を一つ選びなさい。

A．定期的に友好的な雰囲気を楽しむ機会がある。
B．人見知りをする方だ。
C．ときどき世界でひとりぼっちだと感じる。
D．友人を訪問することに躊躇する。

① （A）× （B）× （C）○ （D）○
② （A）○ （B）× （C）○ （D）×
③ （A）× （B）○ （C）○ （D）○
④ （A）× （B）○ （C）× （D）○

**第5問 [9]** ストレスへの対処（コーピング）に関する次の記述のうち、最も**適切なもの**を一つ選びなさい。

① ストレス反応と免疫力に関係はない。
② どのようなストレス要因に対しても、自分の得意なコーピングを繰り返して対応した方がよい。
③ 情動的興奮の緩和には、アロマテラピーや漸進的筋弛緩法などのリラクセーションが効果的である。
④ 仲間とお酒を飲むことは、情動的興奮や緊張を緩和することができ、気分転換にもなるので、なるべく頻繁に行うべきである。

**第5問 [10]** ストレスに対するコーピングの種類とその具体例の組み合わせとして、最も**適切なもの**を次の中から一つ選びなさい。

① 嫌な仕事をなるべく早く片づける ——————— 情動焦点型コーピング
② 同期の飲み会で愚痴を聞いてもらう ———— 問題焦点型コーピング
③ 自律訓練法の練習をしてリラックスする —— 問題焦点型コーピング
④ 同じ問題を抱えたことのある先輩に対処方法を教えてもらう
——————— 問題焦点型コーピング

**第6問**

**次の [1] ～ [5] の設問に答えなさい。**

**第6問 [1]** 自発的な相談に関する次の記述のうち、最も**不適切なもの**を一つ選びなさい。

① 職場の問題を抱えて、誰に相談すべきか迷ったときは、まず社内の信頼できる人（上司・同僚）や産業保健スタッフに相談するとよい。
② 友人に相談されたら、「よい聴き手」として、身振りや視線、声の調子など、相手が安心して話せるように工夫することも大切である。
③ 誰かに相談しても、悩みの原因が解決しなければ、あまり意味はない。
④ 信頼できる友人に相談して、問題が整理できたならば、専門的なカウンセリングは受けなくてもよい。

**第6問[2]** 職場の後輩Aさんから「仕事のことで困っている」と相談を受けた。「よい聴き手」として、最も**適切**な対応の組み合わせを次の中から一つ選びなさい。

A. Aさんの話の内容を誤解して聴くことのないように、相手の使う単語や言い回しだけに注意を払った。

B. Aさんにも反省すべき点があると思ったが、Aさんが困っている気持ちを理解するよう努力した。

C.「もし私がAさんの立場だったら」と考えて、自分の以前の成功体験を話し、たいしたことではないと慰めた。

D. Aさんが安心して話ができるように、声の調子や表情、目線などに気をつけ、あいづちを打ちながら話を聴くようにした。

① （A）と（C）
② （A）と（D）
③ （B）と（C）
④ （B）と（D）

**第6問[3]** アサーティブなコミュニケーションに関する次の記述のうち、最も**不適切なもの**を一つ選びなさい。

① 相手の意見や言い分を聴いて納得がいかなくても、自分の考えや気持ちは抑えて、相手に同意する。

② 相手に自分の気持ちを知ってもらうことも大切なので、自分の感情を言葉で伝えることもある。

③ 相手の考えと自分の考えが一致しない場合、妥協点を見つけようと努力する。

④ 相手の立場を理解するために、相手の意見によく耳を傾ける。

**第6問 [4]**　コミュニケーションに関する次の記述のうち、最も**不適切なも**のを一つ選びなさい。

① 職場は公共の場なので、一人ひとりが状況や役割に応じたコミュニケーションを取ることが望ましい。

② アメリカの心理学者 Mehrabian によると、日常のコミュニケーションで、言語的なコミュニケーションが占める割合は、およそ半分程度であるという。

③ コミュニケーションには、他者とのコミュニケーションだけでなく、自分で自分に問いかけて問題解決を行う、「内的コミュニケーション」もある。

④ カウンセリングを受けることによって、内省的思考が促進されて、問題を解決できることがある。

**第6問 [5]**　カウンセリングに関する次の記述のうち、最も**不適切なものを**一つ選びなさい。

① カウンセリングとは「言語的および非言語的コミュニケーションを通して行動の変容を試みる人間関係である」と定義されている。

② 電子メールによるカウンセリングでは、文章で相談内容を伝えることができ、記録が残るため、誤解が生じにくい。

③ カウンセリングを受けることで、自分のストレスをためやすい考え方に気づき、見直すことができる。

④ オンラインによるカウンセリングを行う場合は、プライバシーの守られた場所で行うことが望ましい。

次の [1] ～ [7] の設問に答えなさい。

**第7問 [1]**　公共の相談機関に関する次の記述のうち、最も**適切なもの**を一つ選びなさい。

① 保健センターは、各都道府県に1カ所ずつ設置されている。
② メンタルヘルス対策のホームページ「こころの耳」は、内閣府が運営している。
③ だれでも利用できる公的な相談窓口として、保健所や保健センターがある。
④ 「いのちの電話」は厚生労働省が運営している。

**第7問 [2]**　メンタルヘルスにかかわる企業の内部資源に関する次の記述のうち、最も**不適切なもの**を一つ選びなさい。

① 産業看護職（看護師、保健師）は、健康保険組合に所属して活動している場合がある。
② 企業内にいる産業医は、必要に応じて企業内で従業員への治療を行う。
③ 人事労務・総務担当者の中には、メンタルヘルスの問題に対応するメンタルヘルス担当者がいる場合がある。
④ 衛生管理者・衛生推進者は、従業員のメンタル面の健康を保つための労働衛生管理体制を整える役割がある。

**第7問［3］** メンタルヘルスを扱う医療機関に関する次の記述のうち、最も**不適切なもの**を一つ選びなさい。

① 心療内科は、主に身体に症状・疾患が現れる心身症などの場合に受診する。
② 糖尿病は心療内科が、脳血管障害は神経内科が扱う。
③ 重度のうつ病や統合失調症は、精神科より心療内科での治療がよい。
④ 心療内科の看板を掲げる精神科もある。

**第7問［4］** 一般的な「うつ病」の治療に関する次の記述のうち、最も**不適切なもの**を一つ選びなさい。

① うつ病の治療の中で一番大切なことは、休養である。
② うつ病の治療に、薬物療法が有効である。
③ うつ病の心理・精神療法の一つとして、認知行動療法の中の、認知に注目した認知再構成法がある。
④ うつ病で入院治療を受けることはない。

**第7問［5］** 抗うつ薬に関する次の記述のうち、最も**不適切なもの**を一つ選びなさい。

① 三環系抗うつ薬の方が、四環系抗うつ薬よりも副作用が強く出る。
② スルピリドは、少量では潰瘍の治療薬として使われる。
③ 通常、抗うつ薬の効果がなければ増量し、さらに2～4週間後に効果がなければ薬剤の変更などを行う。
④ SSRIやSNRI、NaSSAは副作用が強い薬である。

**第7問 [6]**　うつ病の入院治療に関する次の記述のうち、最も**適切なもの**を一つ選びなさい。

① 自宅で生活が維持できないことは、入院理由になる。
② 同居の家族などが自殺を防げる場合でも、自殺をほのめかす言動があれば入院が必要となる。
③ 社会的な信頼を失う恐れがある病状がみられることは、入院理由とはならない。
④ 気持ちを切り替えるなどの理由の療養・休養のための入院はしてはならない。

**第7問 [7]**　精神疾患の治療薬に関する次の記述のうち、最も**不適切なもの**を一つ選びなさい。

① スルピリドは、大量では統合失調症の治療に使われる薬である。
② 抗うつ薬は、病気の症状がよくなってからも、半年や1年ぐらい継続して投薬を受ける。
③ SSRI（選択的セロトニン再取り込み阻害薬）やSNRI（セロトニン・ノルアドレナリン再取り込み阻害薬）、NaSSA（ノルアドレナリン作動性・特異的セロトニン作動性抗うつ薬）は、うつ病の最終的な選択薬剤である。
④ 幻覚や妄想といった精神症状を伴ううつ病には、統合失調症に用いる抗精神病薬を使用する場合がある。

# 3種　解答・解説

## 第1問

| 問題番号 | 解答 | 解説 |
|---|---|---|
| [1] | ② | ①「仕事や職業生活に関することで、強いストレスとなっていると感じる事柄がある」労働者の割合は、58.0%である。<br>②「強いストレス」があると回答した人の割合は、正社員（61.3%）、派遣労働者（59.4%）、契約社員（55.8%）、パートタイム労働者（39.0%）の順に高い。 |
| [2] | ① | ① 自殺者は1998年以降急増した。2012年には3万人を下回り、以降は減少傾向にある。 |
| [3] | ③ | ③ 2006年に「自殺対策基本法」、2007年に「自殺総合対策大綱」が制定された。自殺対策基本法の制定が先である。 |
| [4] | ④ | ④ 計画の達成状況は、毎月開かれる安全衛生委員会で確認する必要がある。 |
| [5] | ④ | ④ 達成目標は、数値で設定し、評価する必要がある。 |

## 第2問

| 問題番号 | 解答 | 解説 |
|---|---|---|
| [1] | ② | ストレッサーに直面すると、これまでの経験に基づいて負担の大きさなどが[**大脳皮質**]で評価される。これは、[**大脳辺縁系**]に伝達され、感情やストレス軽減のための行動も引き起こす。さらに[**視床下部**]へ伝えられ、自律神経系、内分泌系、免疫系の反応を引き起こす。 |
| [2] | ③ | ① ストレッサーに直面した時の感情は、セロトニンのほか、ノルアドレナリン、ドーパミンなどの神経伝達物質によって引き起こされる。<br>③ ストレス状態が長く続くと感冒にかかりやすくなるのは、主に「免疫系」に関連している。<br>④ アドレナリンは、血圧や心拍数の増加、血液凝固の促進、中枢神経覚醒などの作用がある。 |
| [3] | ① | A NIOSHの職業性ストレスモデルは、「職場のストレッサー」から「急性ストレス反応」を経て「疾病」に至る過程を示したものである。また、「急性ストレス反応」に影響を与える「職場外の要因」「個人要因」「緩衝要因」などの要因も取り入れられている。<br>B NIOSHの職業性ストレスモデルは、職場外のストレス要因である個人要因も取り入れられている。 |
| [4] | ① | 心身症は身体疾患である。 |

| 問題番号 | 解答 | 解説 |
|---|---|---|
| [5] | ③ | ① パニック障害は、動悸や呼吸困難などの症状が現れても、病院で検査を受けた際に、呼吸器系、循環器系、脳神経系などに明らかな異常所見は認められない。<br>③ パニック障害は、薬物治療を中心に治療法が確立されており、予後は比較的良好である。<br>④ パニック障害は、「また、起きるのでは」という不安から外出が困難になることもある。 |
| [6] | ③ | ③ 適応障害は、生活上の重大な変化や強いストレスを契機に1〜3カ月以内に不安、憂うつ感、行為の障害（無断欠勤、けんか、無謀運転など）が出現し、この結果、仕事や日常生活に支障をきたすレベルの状態に至る。 |
| [7] | ③ | ③ うつ病は、ストレス状態が解消すれば数カ月で症状が消えるということはいわれていない。 |
| [8] | ③ | メンタルヘルス不調について、①「かかると一生治らない慢性疾患」、②「遺伝性の疾患」、④「心の弱い人の特殊な病気」というのは、心の健康問題への誤解である。③の「その人の病気になりやすさとストレスを引き起こす環境要因が複雑にかみ合って起こる」というのは、「脆弱性ストレスモデル」に関する適切な記述である。 |

## 第3問

| 問題番号 | 解答 | 解説 |
|---|---|---|
| [1] | ② | ① 過労死とは、「死に至った状態」だけを指すのではなく、「永久的労働不能」な状態に至った場合も含まれる。<br>③ 過重労働（長時間労働）が労働者の健康を害する因果関係は、科学的に完全に証明されているわけではない。<br>④「労働者の心の健康の保持増進のための指針」には、長時間労働者への対応を含めた、事業者が行うべき職場におけるメンタルヘルス対策の原則的な実施方法が示されている。 |
| [2] | ② | ① 定期健康診断結果で異常所見を指摘される労働者は、受診者の約5割である。<br>③ 過重労働のストレスは、アドレナリンやノルアドレナリンの分泌を亢進させる。<br>④ 過重労働などのストレスは、身体的な面だけでなく、心理的な疲労をも引き起こし、メンタルヘルスに悪影響を及ぼす。 |
| [3] | ③ | 安全配慮義務は、[**労働契約法**]において、以下のように明文化されている。<br>「使用者（事業者）は、[**労働契約**]に伴い、労働者がその生命、身体等の[**安全を確保**]しつつ労働することができるよう、必要な配慮をするものとする。」 |
| [4] | ① | ① 自己保健義務は、労働契約法ではなく、労働安全衛生法で規定されている。 |
| [5] | ① | ① メンタルヘルス不調は、心理的なものであり、発症の状態が第三者にわかりにくい。 |

| 問題番号 | 解答 | 解説 |
|---|---|---|
| [1] | ④ | ① 強いストレスを抱えている労働者は、仕事のモチベーションや生産性が低下する傾向がある。<br>② 仕事のストレスは、個人への影響のみならず、組織の競争力や健全な経営などに悪影響が出ることがある。<br>③ 職場におけるストレスが最も小さくなるのは、仕事で要求される度合いは小さく、自由裁量の度合いは大きく、社会的支援が得られている場合である。 |
| [2] | ③ | ③「自分の昇格・昇進があった」ことは、「心理的負荷による精神障害の認定基準」の「業務による心理的負荷評価表」に含まれている。喜ばしい出来事であっても、周囲の対人関係など環境の変化を伴うため、ストレス要因となりうる。 |
| [3] | ② | ワシントン大学精神科の[Holmes]らは、生活上の出来事と疾患との関連について研究を行い、[社会的再適応評価]尺度と呼ばれるチェックリストを作成した。ストレス値の高い項目の上位は[夫婦関係]に関する問題となっている。 |
| [4] | ② | ① 喜ばしい出来事でも、新しいプロジェクトに抜てきされたことは、責任の変化を伴うので、ストレス要因となる。<br>③ 上司が変わることは、ストレス要因となる。「業務による心理的負荷評価表」においても、上司が変わることは負荷の強度Ⅰ（弱）とされている。<br>④ 仕事のミスが増えることも、上司に注意されることもストレス要因となりうる。 |
| [5] | ④ | ④ 心理面の変化は、具合の悪さとして体感されやすく、第三者ではなく自分で気がつきやすい。 |
| [6] | ④ | （ア）寝つきの悪さを解消するため寝酒をするようになったことは、「行動面の変化」であり、慢性反応と考えられる。<br>（エ）出社時に苦痛を感じるようになったことは、「心理面の変化」と考えられる。 |
| [7] | ① | （イ）ストレスにより寝つきが悪くなったことは、急性反応ではなく、慢性反応である。<br>（ウ）事例による身体面の変化は、ストレスが原因と考えられるが、何らかの身体疾患の症状の可能性もあるため、注意が必要である。<br>（エ）今までなかったような、疲労感や寝つきの悪さなどは、ストレスによる身体面の変化と考えられる。 |
| [8] | ④ | ① 職業性ストレス簡易調査票の質問項目は、57項目である。<br>② 職業性ストレス簡易調査票は、心理的ストレス反応だけでなく、身体的ストレス反応も測定できる。<br>③ 職業性ストレス簡易調査票は、あらゆる業種で利用できる。 |

| 問題番号 | 解答 | 解説 |
|---|---|---|
| [9] | ① | ① 職業性ストレス簡易調査票において、心理的ストレス反応では、ポジティブな反応とネガティブな反応の両方を評価している。 |
| [10] | ② | ② 職業性ストレス簡易調査票のみでは、うつ病や統合失調症などの精神疾患の診断はできない。 |

## 第5問

| 問題番号 | 解答 | 解説 |
|---|---|---|
| [1] | ④ | ① ストレス状態の軽減方法の一つは、「運動・瞑想」ではなく、「運動・食事」である。<br>②「炭水化物」ではなく「タンパク質」が正しい。<br>③ 体内のストレス物質を低減させるには、心拍数が20%ではなく、10%上がる有酸素運動を行うとよい。 |
| [2] | ③ | ① 加齢で睡眠時間は短くなる。<br>② 睡眠時間は人それぞれなので、8時間にこだわらない。<br>④ 就床時刻にはこだわらない。眠くなってから寝床につく。 |
| [3] | ③ | ③ ストレス状態軽減のためには、夜勤明けの帰宅時は、なるべく目に強い光が入らないようサングラスなどをかけるとよい。 |
| [4] | ② | ② リラクセーションを行う時は、「受動的態度」が求められる。 |
| [5] | ① | ② 自己暗示の練習により心と身体をリラックスさせるのは、漸進的筋弛緩法ではなく、自律訓練法である。<br>③ 自律訓練法の練習終了後に必ず行うのは、除去動作ではなく、消去動作である。<br>④ リラクセーションは静かな環境で行うのが好ましいので、好きな曲でも激しい音楽は避けたほうがよい。 |
| [6] | ② | ② ソーシャルサポートは、充実したサポート源の中から、場面に応じて適したサポートを得られるようにしておくことが大切である。このため、少人数というよりは、サポート源それぞれについて、人物別に区別しておくことが望ましい。 |
| [7] | ③ | ③ チームで担当していた業務が成功し、社内で表彰されたことは、道具的サポートではなく、評価的サポートである。 |
| [8] | ① | A 定期的に友好的な雰囲気を楽しむ機会があるということは、楽しむ機会があるというポジティブな意識であり、社会的孤立のサインではない。「友好的な雰囲気を楽しむ機会はない」という場合は、社会的孤立のサインである。<br>B 人見知りをするというのは、社会的孤立のサインではなく、その人の性質である。 |

| 問題番号 | 解答 | 解説 |
|---|---|---|
| [9] | ③ | ① ストレス反応で情動的な興奮や身体的な興奮が生じると、免疫力が低下するという関係がある。<br>② 効果的にコーピングを実践するには、さまざまなコーピングの方法を知り、ストレス要因に合わせてコーピング方法を使い分けたり、組み合わせたりすることが重要である。<br>④ 適度な飲酒は問題ないが、飲酒の機会を頻繁にもつとアルコール依存症になる可能性がある。 |
| [10] | ④ | ① 嫌な仕事を片づけるのは、ストレス要因に対するコーピングなので、問題焦点型コーピングである。<br>② 愚痴を聞いてもらうのは、ストレス反応に対するコーピングなので、情動焦点型コーピングである。<br>③ 自律訓練法でリラックスすることは、ストレス反応に対するコーピングなので、情動焦点型コーピングである。 |

## 第6問

| 問題番号 | 解答 | 解説 |
|---|---|---|
| [1] | ③ | ③ 誰かに相談をする効果は、問題解決だけではない。相手が自分を理解してくれることで、孤独感や不安な気持ちがやわらぐこともあるし、他者に話をすることによって、問題が整理され、新たな気づきや洞察が得られることもある。 |
| [2] | ④ | A 相手の話を聴く際には、相手の使う単語や話の内容などの言語的な面にだけ注意を払うのではなく、表情や視線の合わせ方、身振りや姿勢など、非言語的なコミュニケーションの面にも注意を払うことが大切である。<br>B Aさんの側にたとえ反省すべき点があったとしても、まず相手の気持ちを批判せずに無条件に受け入れることが「よい聴き手」には必要である。<br>C 「もし私がAさんの立場だったら」という観点で話を聴き、共感を示そうとしているが、自分の成功体験を語ることは、共感していることにはならない。ストレスは人によって感じ方が違うものであり、「たいしたことではない」と聴き手が評価するのは不適切である。<br>D 人の話を聴く際は、言葉だけでなく、声の調子や表情、身振り手振り、姿勢など、非言語的な面にも注意するとよい。 |
| [3] | ① | ① 相手の意見や言い分をきちんと聴いたうえで、自分の考えや気持ちもしっかり伝えることが、アサーティブなコミュニケーションである。 |
| [4] | ② | ② 日常のコミュニケーションで言語的なコミュニケーションが占める割合は7%、非言語的なコミュニケーションの占める割合は93%とされている。 |
| [5] | ② | ② 電子メールによるカウンセリングでは、文章で気軽に相談内容を伝えることができ、好きな時間に遠隔地からやり取りできるなど利点も多いが、文章の解釈は人によって異なるために誤解が生じたり、相談内容の細かいニュアンスが伝わらなかったりする。 |

# 第7問

| 問題番号 | 解答 | 解説 |
|---|---|---|
| [1] | ③ | ① 保健センターは、都道府県、政令指定都市、市区町村に設置されている。<br>② メンタルヘルス対策のホームページ「こころの耳」は、厚生労働省が運営している。<br>④「いのちの電話」はボランティアが運営している。 |
| [2] | ② | ② 通常、産業医は企業内で治療は行わない。産業医の役割は、事業者に健康管理などに必要な方策や意見を伝えることにある。<br>※産業医が外部で勤務医や開業医をし、まれにその場所に従業員が通院する場合があるが、産業医の役割とは別のものである。 |
| [3] | ③ | ③ 通常、重度のうつ病や統合失調症の治療は、精神科で行われる。 |
| [4] | ④ | ④ うつ病において入院治療が行われることがある。自殺をする可能性など危険性が高い場合や、焦燥感・不安感が強く不安定な場合、社会的信頼を失う恐れがある場合、飲酒行動に問題がある、休むことに罪悪感があるなど、生活リズムを保つことが困難な場合が挙げられる。 |
| [5] | ④ | ④ SSRIやSNRI、NaSSAは副作用が少ない薬とされている。ただし、SSRI・SNRIではまれに吐き気などの消化器症状が、NaSSAでは眠気や体重増加がみられる場合がある。 |
| [6] | ① | ② 自殺する恐れがあり危険性が高く、周囲が防ぎきれないときに入院が必要となる。<br>③ 社会的な信頼を失う恐れがある状態も、病状により入院理由となる。<br>④ 気持ちを切り替え、療養・休養に専念することが目的の入院もあり得る。 |
| [7] | ③ | ③ SSRI（選択的セロトニン再取り込み阻害薬）や、SNRI（セロトニン・ノルアドレナリン再取り込み阻害薬）、NaSSA（ノルアドレナリン作動性・特異的セロトニン作動性抗うつ薬）は、うつ病の第一選択薬剤の一つである。 |

# 索引

## ●数字・アルファベット
4つのケア …………………………………… 14
ADHD ……………………………………… 54
ASD ………………………………………… 54
EAP ………………………………………… 182
Holmes …………………………………… 122
Mehrabian ………………………… 144, 155
NaSSA …………………………………… 187
NIOSH ……………………… 29, 40, 42
OSHMS …………………………… 66, 85
PDCA ……………………………………… 69
SNRI ……………………………………… 187
SSRI ……………………………………… 187
THP ………………………………………… 46

## ●あ行
アサーティブ ……………………… 146, 154
アスペルガー症候群 …………………… 54
アドレナリン ……………………… 38, 114
アルコール依存症 ………………… 27, 48
アルコール健康障害対策基本法 …… 26
安全衛生推進者 …………………………… 19
安全配慮義務 ………………… 6, 106, 116
一次予防 ……………………………………… 14
いつもと違う ………………… 126, 162
いのちの電話 …………………………… 183
医療保護入院 …………………………… 170
うつ病 ………………………… 38, 46, 186
衛生管理者 ……………………………… 175

## ●か行
概日リズム睡眠障害 …………………… 51
カウンセラー …………………………… 148
カウンセリング ………………………… 148
過重労働による健康障害防止のための
　総合対策 ………………………… 21, 92
過食症 ……………………………………… 53
過敏性腸症候群 ………………………… 53

過眠症 ……………………………………… 51
過労死 ……………………………… 93, 115
過労死等防止対策推進法 ……… 93, 115
看護師 ………………………… 106, 175, 178
緩衝要因 ……………………………… 40, 42
管理監督者 …………………………… 17, 70
危機対応 ………………………………… 168
キャリアコンサルタント ……………… 178
休養 ……………………………………… 186
業務起因性 ………………………………… 11
業務遂行性 ………………………………… 11
結晶性知能 ………………………………… 43
血中脂質 ………………………………… 114
幻覚妄想状態 …………………………… 168
健康経営 ……………………………… 30, 66
健康職場モデル ………………………… 29
健康診断の受診義務 ………………… 117
健康の保持増進義務 ………………… 117
健康保険組合 …………………………… 181
言語的コミュニケーション ……… 114, 155
抗うつ薬 ………………………………… 187
交感神経 ……………………………… 39, 114
公認心理師 ………………… 175, 178, 179
合理的配慮 …………………………… 27, 62
コーピング …………………………… 102, 140
呼吸法 ……………………………… 98, 132
心の健康づくり計画 ……… 14, 32, 82
こころの耳 ……………………………… 180
こころの耳電話相談 ………………… 181
こころの耳メール相談 ……………… 181
個人情報保護法 ……………………… 107
個人要因 …………………………… 40, 42
五大疾病 …………………………………… 4

## ●さ行
災害補償責任 …………………………… 10
産業医 ……………………………… 174, 178
産業カウンセラー ………………… 178, 179

産業保健スタッフ ……………………………… 175
産業保健総合支援センター …………………… 181
三次予防 ………………………………………… 14
事業者 …………………………………………… 17
事業場外資源によるケア ……………………… 15
事業場内産業保健スタッフによるケア ……… 15
事業場における労働者の心の健康づくりの
　ための指針 …………………………………… 14
自己充足的コミュニケーション …………… 153
仕事以外の要因 ………………………… 40, 42
仕事のストレス判定図 ………………… 78, 80
仕事のストレス要因 …………………… 74, 78
自己保健義務 ……………………………… 116
自殺者 ………………………………………… 5, 26
自殺対策基本法 ……………………………… 8, 26
脂質異常症 …………………………… 92, 114
視床下部 ………………………………………… 38
疾病性 …………………………………… 71, 164
自閉スペクトラム症 …………………………… 54
私法 ……………………………………………… 6, 8
社会的孤立 …………………………………… 137
社会的再適応評価尺度 ……………………… 122
守秘義務 ……………………………………… 106
障害者雇用促進法 …………………… 27, 63
障害者雇用率 ………………………………… 63
障害者差別解消法 …………………………… 62
情緒的サポート ……………………… 104, 136
情動焦点型コーピング ……………… 102, 140
情報的サポート ……………………… 104, 136
職業性ストレス簡易調査票 …………………… 24
職業性ストレスモデル ………………… 40, 42
職場改善のステップ …………………………… 84
職場環境改善のためのヒント集 ……………… 82
職場における自殺の予防と対応 ……………… 14
職場のパワーハラスメントの予防・解決に
　向けた提言 …………………………………… 13
職場復帰支援プログラム …………………… 194
職場復帰の可否の判断および職場復帰支援
　プランの作成 …………………… 199, 203
女性活躍推進法 ………………………………… 45
ジョハリの窓 ………………………………… 152
自律訓練法 …………………………… 99, 133
自律神経系 …………………………… 39, 52, 130

事例性 …………………………………… 71, 164
神経性食欲不振症 ……………………………… 53
神経性大食症 …………………………………… 53
神経伝達物質 …………………………………… 38
神経内科 ……………………………………… 184
人事労務管理スタッフ ……………………… 176
心身症 …………………………………………… 52
心身相関 ………………………………………… 52
心理相談担当者 ……………………… 178, 179
心理的負荷による精神障害の認定基準 …… 88
心理的負荷評価表 ………………… 90, 91, 121
心療内科 ……………………………………… 184
心療内科医 …………………………… 179, 184
心理療法 ……………………………………… 188
睡眠 …………………………………… 96, 130
睡眠関連呼吸障害 ……………………………… 51
睡眠時間 ………………………………………… 73
睡眠時無呼吸症候群 …………………………… 51
睡眠障害 ………………………………………… 50
スクリーニングテスト ……………………… 164
ストレス ………………………………………… 36
ストレス関連疾患 …………………… 37, 39
ストレスチェック …………………………… 116
ストレスチェック制度 ………………………… 24
ストレス反応 …………… 36, 40, 42, 78, 124
ストレス病 ……………………………………… 36
ストレス要因 ………………………………… 94
ストレッサー …………………………………… 36
脆弱性ストレスモデル ………………………… 59
精神科 ………………………………………… 184
精神科医 ……………………………… 179, 184
精神保健指定医 ……………………………… 179
精神保健福祉士 ……………………………… 179
精神保健福祉センター ……………………… 181
セクシュアルハラスメント …………………… 12
摂食障害 ………………………………………… 53
セルフケア …………………………… 15, 144
漸進的筋弛緩法 ……………………………… 132
躁うつ病 ………………………………………… 48
双極性障害 ……………………………………… 48
躁状態 ………………………………………… 170
措置入院 ……………………………… 170, 179
ソーシャルサポート ………… 104, 136, 138

# 索引

損害賠償責任 ……………………… 6, 10

## ●た行
大脳皮質 …………………………… 38
大脳辺縁系 ………………………… 38
男女雇用機会均等法 …………… 9, 12
地域産業保健センター ……… 181, 205
注意欠陥多動性障害 ……………… 54
中央労働災害防止協会 …………… 180
適応障害 …………………………… 50
電撃療法 …………………………… 188
道具的コミュニケーション ……… 153
道具的サポート ………………… 104, 136
統合失調症 …………………… 48, 184
トータル・ヘルスプロモーション・プラン …… 46
特定健診（特定健康診査） ……… 101
特定保健指導 ……………………… 101

## ●な行
内分泌系 …………………………… 38
ナルコレプシー …………………… 51
二次予防 …………………………… 14
入院治療 …………………………… 189
認知行動療法 ………………… 133, 188
ノルアドレナリン ………………… 39

## ●は行
働く人の悩みホットライン ……… 183
発達障害 ……………………… 52, 154
発病脆弱性 ………………………… 59
パニック障害 ……………………… 50
ハラスメント ……………………… 12
パワーハラスメント ……………… 12
非言語的コミュニケーション …… 144, 155
評価的サポート ………………… 104, 136
不安発作 …………………………… 50
副交感神経 ………………………… 39
不法行為責任 ……………………… 6
不眠症 ……………………………… 51
プライバシー …………………… 106, 204
ブラックアウト …………………… 49
返報性 ……………………………… 153
保健師 ………………………… 175, 178

保健所 ……………………………… 180
保健センター ……………………… 180

## ●ま行
マインドフルネス ………………… 134
マタニティハラスメント ………… 12
マネジメント ……………………… 66
民法 …………………………… 6, 8
メタボリックシンドローム ……… 101
免疫系 ……………………………… 38
面接指導 ……………… 20, 25, 93
メンタルヘルスアクションチェックリスト …… 82
メンタルヘルス不調 …………… 46, 58
メンタルヘルス不調のサイン …… 56, 161
問題焦点型コーピング ………… 102, 140

## ●や行
薬物療法 …………………………… 186
予期不安 …………………………… 50

## ●ら行
ラインケア ……………… 15, 18, 70
両立支援 …………………………… 206
流動性知能 ………………………… 43
リラクセーション ……………… 98, 132
臨床心理士 …………………… 178, 179
労災保険法 ………………………… 10
労働安全衛生調査 ……………… 2, 4, 44
労働安全衛生法 …… 6, 8, 10, 14, 20, 93, 117
労働安全衛生マネジメントシステム …… 66, 85
労働基準監督署 …………………… 180
労働基準法 …………………… 6, 8, 10
労働局 ……………………………… 180
労働契約法 ………………… 6, 116
労働災害 …………………………… 10
労働災害防止義務 ………………… 117
労働者災害補償保険法 …………… 10
労働者の心の健康の保持増進のための指針
……………………… 14, 16, 32

## ●わ行
ワーク・エンゲイジメント ……… 9, 30
ワーク・ライフ・バランス ……… 28

# 本書内容に関するお問い合わせについて

このたびは翔泳社の書籍をお買い上げいただき、誠にありがとうございます。弊社では、読者の皆様からのお問い合わせに適切に対応させていただくため、以下のガイドラインへのご協力をお願い致しております。下記項目をお読みいただき、手順に従ってお問い合わせください。

## ●ご質問される前に

弊社Webサイトの「正誤表」と「追加情報」をご参照ください。これまでに判明した正誤や追加情報を掲載しています。

正誤表　　　https://www.shoeisha.co.jp/book/errata/
追加情報　　https://www.shoeisha.co.jp/book/detail/9784798171180

## ●ご質問方法

弊社Webサイトの「刊行物Q&A」をご利用ください。

刊行物Q&A　　https://www.shoeisha.co.jp/book/qa/

インターネットをご利用でない場合は、FAXまたは郵便にて、下記"翔泳社 愛読者サービスセンター"までお問い合わせください。
電話でのご質問は、お受けしておりません。

## ●回答について

回答は、ご質問いただいた手段によってご返事申し上げます。ご質問の内容によっては、回答に数日ないしはそれ以上の期間を要する場合があります。

## ●ご質問に際してのご注意

本書の対象を越えるもの、記述個所を特定されないもの、また読者固有の環境に起因するご質問等にはお答えできませんので、予めご了承ください。

## ●郵便物送付先およびFAX番号

送付先住所　　〒160-0006　東京都新宿区舟町5
FAX番号　　　03-5362-3818
宛先　　　　　（株）翔泳社 愛読者サービスセンター

> メンタルヘルス・マネジメント® 検定試験は、大阪商工会議所の登録商標です。

## ●免責事項

## ◎著者紹介

### 一般社団法人国際EAP協会日本支部

国際EAP協会の下部組織。従業員支援プログラム（Employee Assistance Program：EAP）を普及する人材育成と専門家の交流を通じて、業界の発展や支援を提供している団体。

- ・EAPコンサルタントの育成（養成講座、継続教育、倫理研修、アドバイジング）
- ・EAPコンサルティング（コアテクノロジー）普及と技術開発
- ・EAPコンサルタント活動支援
- ・EAPコンサルタント研究発表会の開催

上記を基軸に職場で働く人々の物心両面におけるワークライフ発展に寄与することを目的として活動を行っている。
主な事業は次の通り。

### ●EAP導入・教育・普及事業

EAPのコアテクノロジーサービス規格、有用性、投資効果などの理解促進支援のためにEAジャーナルの和訳などアジア、欧州、アメリカのEAP動向について情報発信をする。

### ●国際EAPコンサルタント育成
### （Certified Employee Assistance Professional：CEAP）

訳者注：CEAPはシープと発音されている。
CEAP認定とは国際EAP協会のEAP認定資格委員会（Employee Assistance Certification Committee :EACC）が交付する国際資格。
3年更新で資格保持者は最新のEAPに精通しているということを示す。当協会ではCEAP資格取得を志す方や、保持者に対して研修、ネットワーキングなどの支援を行っている。

### ●EAPコンサルタント技能検定の実施

EAPのコアテクノロジーサービス規格の中でも重要なマネジメント・コンサルテーションのスキル判定を実施。
この資格はEAPの基礎知識、スキル、倫理、行動規範を備えたEAPコンサルタントであることの証である。CEAPが各地で講座を開催している。

協会ホームページ：https://www.eapatokyo.org

## ◎執筆者紹介

[第1章]
**塚原　正明**（つかはら　まさあき）
社会保険労務士法人 ウェルビーイング 代表社員、一般社団法人国際EAP協会日本支部研修委員。
CEAP、特定社会保険労務士。

[第2章]
**澤田　章子**（さわだ　ふみこ）
CEAP、臨床心理士。

**中村　洸太**（なかむら　こうた）
博士（ヒューマン・ケア科学）、ピースマインド株式会社EAPスーパーバイザー。駿河台大学、聖学院大学、ルーテル学院大学非常勤講師。
公認心理師、臨床心理士、精神保健福祉士、産業カウンセラー。

[第3章]
**金子　多香子**（かねこ　たかこ）
株式会社日本ヴィクシー・コーポレーション ウェルビーイング研究所所長。
CEAP、医学博士・認定産業医。

[第4章]
**谷　大助**（たに　だいすけ）
一般社団法人国際EAP協会日本支部理事研修委員長。
CEAP。メンタルヘルス・マネジメント®検定試験Ⅰ種（マスターコース）取得。

[第5章]
**近藤　雅子**（こんどう　まさこ）
合同会社労務トラスト EAPコンサルティング部部長。
（独）労働者健康福祉機構 東京産業保健総合支援センター メンタルヘルス対策促進員。国際医療福祉大学大学院非常勤講師。
CEAP、公認心理師、臨床心理士、精神保健福祉士。

[第6章]
**北田　義夫**（きただ　よしお）
桔梗が丘四番町診療所主任心理士、Office Kitada代表、日本行動医学会評議員、三重県臨床心理士会理事。
CEAP、臨床心理士。

[第7章・第8章]
**斉藤　千加子**（さいとう　ちかこ）
タビーコーポレーション株式会社取締役（フランチャイズオーナーとして経営にかかわる）。
CEAP、衛生管理者。

## ●執筆コーディネーター

**渋谷　英雄**（しぶたに　ひでお）：コーディネーター
ピースマインド株式会社ウェルビーイング・ラボ所長。CEAP、公認心理師、臨床心理士。

**中村　洸太**（なかむら　こうた）：コーディネーター・編集・執筆
前出に同じ。

## 著者紹介

**一般社団法人国際 EAP 協会日本支部**

EAP コンサルタントおよび EAP コンサルティングに関連する業界の改善進歩や、社会的な認知向上を図るための団体。働く人々の物心両面におけるライフスタイルの発展に寄与することを目的とし、活動を行っている。

| 装丁・本文デザイン | 森 裕昌 |
|---|---|
| カバー・本文イラスト | 坂本伊久子 |
| DTP | 株式会社シンクス |

本書は、大阪商工会議所より許諾を得て、『メンタルヘルス・マネジメント検定試験公式テキストII種ラインケアコース第5版』および『メンタルヘルス・マネジメント検定試験公式テキストIII種セルフケアコース第5版』（いずれも株式会社中央経済社発行）をもとに、その副読本として作成されたものです。

安全衛生教科書

# メンタルヘルス・マネジメント®検定
## II種・III種 テキスト&問題集 第3版
にしゅ　さんしゅ

| 2021 年 | 7 月 7 日 | 初版第 1 刷発行 |
|---|---|---|
| 2023 年 | 2 月 20 日 | 初版第 4 刷発行 |

| 著　　　者 | 一般社団法人国際 EAP 協会日本支部 |
|---|---|
| 発　行　人 | 佐々木 幹夫 |
| 発　行　所 | 株式会社翔泳社 （https://www.shoeisha.co.jp） |
| 印　　　刷 | 昭和情報プロセス株式会社 |
| 製　　　本 | 株式会社国宝社 |

本書へのお問い合わせについては，275 ページに記載の内容をお読みください。

造本には細心の注意を払っておりますが，万一，乱丁（ページの順序違い）や落丁（ページの抜け）がございましたら，お取り替えいたします。
03-5362-3705 までご連絡ください。

ISBN978-4-7981-7118-0　　　　　　　　　　　Printed in Japan